岩 波 文 庫

30-116-1

神 皇 正 統 記

岩佐 正校注

岩 波 書 店

凡例

一、本文は京都の出雲路敬直家所蔵本を底本とし、諸伝本と校合、その忠実な復元につとめた。
一、本文の体裁は、次の方針に従った。
1 底本は天地人三巻三冊にわかれ、表紙にそれぞれ神皇正統記天・地・人とあるが、本書では、各巻の冒頭にこれらの巻名を掲げた。
2 あらたに句読点・中黒点を施し、段落を区切り、また会話・引用語句には「」を付した。
3 和歌は、本文より下げて一行組みにし、つづく本文は行を改めた。
4 裏書は、本文より下げて該当個所に挿入した。校合による裏書の補入も同様とした。
5 本文中の親房筆の注記は〈 〉によって示した。
一、あきらかに底本の誤脱・衍入と思われる個所については、諸本との校合により、誤脱を訂補し、衍入を削った。本文のその個所には、*印を付して巻末に校異を示した。また校合によって本文に補入した語句は、すべて〔　〕で示した。

一、底本の本文を本書に復元するにあたって、表記上、次の方針に従った。

1　漢字平仮名交り文でありながら文中片仮名をまじえ用いたところがある。特に助詞、注の部分にはこの傾向がいちじるしいが、今すべて平仮名に改めた。

2　本文には閲読の便をはかって濁音符・半濁音符を付した。

3　底本に表記されていない促音・撥音は、片仮名に（　）を付して本行中に補った。

例　いか(ン)ぞ　た(ッ)とび　あ(ッ)て

4　底本にある振仮名は片仮名のままを残し、読みにくい漢字、読みあやまり易い漢字には適宜平仮名で振仮名を付けた。その際、神・天皇の名号および年号の読みは通行に従った。

5　歴史的仮名遣に相違するものは、その右傍に（　）を付して正しい仮名遣を示した。ただし、底本にある振仮名については、もとのままに残した。

例　きを《(ほ)》い《(ひ)》て　くわ《(は)》へて　を《(お)》よばず　大日孁《ヲホヒルメ》　勢《イキヲイ》

6　送仮名は原則として底本のままにし、特に補う場合にも、漢字の振仮名に付して示すようにした。

例　云傳侍《いひつたへはべる》也　加《くはへ》て　相叶《あひかなふ》にや

7　漢字による表記で、通行とは異なる文字を用いている場合、これを改めたものもある。

例　大宗→太宗　大公→太公　大秦→太秦　伊與→伊豫

この場合、誤用と認められるものは訂正した。

例　盤余→磐余　涏→庭　釼・釖→劍　崫→窟　大鷦鷯→大鷦鷯

參儀→參議

8　漢字の字体は、原則として通行の正字体に改めた。

○俗字・略字の類は、多く正字を用いた。

例　廿→二十　卅→三十　躰・軆→體　軰→輩　决→決　虵→蛇　双→雙

俻→備　号→號　与→與　尒→爾　㝡→最　癸→癸　卩→部　廾→

菩薩　亊→事　勑→勅　莭→節　几→凡　蘓→蘇　圡→土

○異体字は、多く通行の字体を用いた。

例　罸→罰　灾→災　帰→歸　庿→廟　伇→役　筭→算　鐡→鐵
　弃→棄　㝹→害

○振漢字は伝写の間に後人が記入したもので、そのまま残した。
　例　山をか《岡》なりほへ《鳴動》き　おごり《奢》　しり《知》所

9　仮名の反復記号「ゝ」「〱」は、誤解を生じる恐れのある場合以外は底本のままとし、改めた場合はその右傍に底本の反復記号を残した。
　例　坂東をお《ゝ》しなびかし　一國づつ《ゝ》　知たまわ《(は)ゝ》ば

漢字の反復記号「ゝ」は「々」にし、とくに漢字に改めた場合は、その右傍に底本の反復記号を残した。また、漢字の反復記号に「〱」を用いている場合は、その形を残した。
　例　代々義朝朝《々》臣　改元元《々》應　中〱

10　本文の最初の部分と地神・歴代の天皇名の上には朱丸、本文中の人名には真中、地名には右側、年号・書名には左側にそれぞれ朱引きを施しているが、今は省略した。

一、特に必要があると認めたものについては、本文行間に番号を付して巻末に補注をつけた。補注および解説は現代仮名遣によった。

一、天皇の宝算、親王の生誕の順位等については、通行の類書・辞典類の記述と相違するものもある。それについては異説もあることであり、今は一々は訂正せず、後考にまつことにした。

（補注の「地」二参照）

伝本略称表

白本—加賀白山比咩《ひめ》神社本
天村本—天理図書館村岡典嗣旧蔵本
静本—静嘉堂文庫本
大本—大倉精神文化研究所本
天一本—同館亨禄本
国本—国会図書館本
新本—新潟大学人文学部本
天五本—同館九条本
刈本—愛知刈谷図書館本
高本—京都高橋貞一家本
青本—同館青蓮院本
応永本—徳富蘇峯家本
日光本—日光東照宮輪王寺本
天七本—同館鴨林蔵書本
竜門本—奈良竜門文庫本
脇本—穂久邇文庫脇坂本
東本—東京大学付属図書館本

目次

神皇正統記

神皇正統記　天

(一)大日本者《おほやまとは》神國《かみのくに》也。天祖《あまつみおや》はじめて基《もとゐ》をひらき、日神《ひのかみ》ながく統《とう》を傳《つたへ》給ふ。我國《わがくに》のみ此事あり。異《い》朝《てう》には其たぐひなし。此故に神國《かみのくに》といふなり。

神代《かみよ》には豐葦原千五百秋瑞穗國《トヨアシハラノチイホノあきノミヅホノ》といふ。天地開闢《てんちかいびやく》の初《はじめ》より此名《な》あり。天祖國常立尊《あまつみおやくにのとこたちのみこと》、陽《を》神《がみ》陰《め》神《がみ》にさづけ給し勅《みことのり》にきこえたり。天照太神《あまてらすおほみかみ》、天孫《あめみま》の尊に譲《ゆづり》まし〱し〔にも〕、此名あれば根本《こんぽん》の號《な》なりとはしりぬべし。

又は大八洲《おほやしまの》〔國《くに》〕といふ。是は陽神陰神、此國を生《うみ》給しが、八《やつ》の嶋《しま》なりしによつて名《ナヅ》けられたり。又は耶麻土《やまと》といふ。是は大八洲《おほやしま》の中國《なかつくに》の名なり。第八にあたるたび、天御虚空豐秋津《あめノミソラトヨあキツ》*根別《ネわけ》といふ神を生《うみ》給ふ。これを大日本豐秋津洲《おほやまととよあきづしま》となづく。今は四十八ケ國にわかてり。中州《なかつくに》たりし上に、

　又古《いにしへ》より大日本とも若《もし》は大の字をくはへず、日本ともかけり。州《しま》の名を大日本豊秋津といふ。懿徳《いとく》*・〔孝靈《かうれい》・〕孝元《かうげん》等の御諡《おくりな》みな大日本の字あり。垂仁《すいにん》天皇の御女《むすめ》大日本姫《やまとひめ》といふ。これみな大の字あり。天神饒《あまつかみにぎ》の速日《はやひ》の尊《みこと》、天《あま》の磐船《いはふね》*にのり大虚《おほぞら》をかけりて「虚空見日本《そらみつやまと》の國」との給《たまふ》。神武の御名神日本磐余彦《カミヤマトイワレビコ》と號したてまつる。孝安《かうあん》を日本足《ヤマトたらし》、開化《かいくわ》を稚日本《ワカやまと》とも號《かうし》、景行《けいかう》天皇の御子小碓《ヲうす》の皇子《みこ》を日本武尊《やまとたけの》となづけ奉る。是は大を加《くはへ》ざるなり。彼此同《かれこれおなじ》くやまととよませたれど大《おほ》日孁《ひるめ》の義をとらば、おほやまとと讀《よみ》てもかなふべきか。其後漢土《そののちかんど》より字書《じしよ》を傳《つたへ》ける時、倭と書《かき》て此國の名に用《もちゐ》たるを、卽領納《すなはちりやうなふ》して、又此字を耶麻土《やまと》と訓*じて、日本の如《ごとく》に大を加へても又のぞき*ても同《おなじ》訓に通用《つうよう》しけり。

　漢土より倭《わ》と名《なづ》けける事は、昔此國の人はじめて彼土《かのと》にいたれりしに、「汝《なんぢ》が國の名をばいかゞいふ。」と問けるを、「吾國《わがくに》は」といふをきゝて、卽《すなはち》倭《わ》と名づけたりと見ゆ。漢書《かんじよ》に、「樂浪《らくらう》の〈彼土《かのと》の東北に樂浪郡あり〉海中に倭人《わじん》あり。百餘國をわかてり。」といふ。もし前漢《ぜんかん》の時すでに通《つうじ》けるか〈一書《いつしよ》には、秦《しん》の代よりすでに通《つうず》ともみゆ。したにしるせり〉。後《ご》漢書《かんじよ》に、「大倭《じいわ》王《わう》は耶麻堆《やまタイ》に居《きよ》す。」と見えたり〈耶麻堆は山となり〉。これは若《もし》すでに此國の使人本國《しじんほんごく》の例により大倭と稱《しよう》するによりてかくしるせるか〈神功皇后《じんぐうくわうごう》の新羅《しらぎ》・百濟《くだら》・高麗《かうらい》をしたがへ給しは後漢の末ざまにあたれり。すなはち漢地にも通ぜられたりと見《みえ》たれば、文字も定《さだめ》てつたはれるか。一説には秦《しん》の時より書籍《しよじやく》を傳《つたふ》ともいふ〉。大倭といふことは異朝にも領納して書傳《しよでん》にのせたれば此國にのみほめて稱するにあらず〈異朝に大漢《だいかん》・大唐《だいたう》などいふは大《おほき》なりと稱する心なり〉。唐書《たうじよに》「高宗咸亨《かうそうかんかう》年中に倭國の使《つかひ》始てあらためて日本《にほん》と號す。其國東にあり。日の出所《いづるところ》に近《ちかき》をいふ。」と載《のせ》たり。此事我國の古記にはたしかならず。推古《すいこ》天皇の御時、もろこしの隋朝《ずいてう》より使ありて書を《（お）》くれりしに、倭皇《わくわう》とかく。聖德太子《しやうとくたいし》みづから筆《ふで》を取《とり》て、返牒《へんでふ》を書《かき》給しには、「東《ひむがしの》天皇敬白二西皇帝一《つつしみてにしのくわうていにまをす》。」とありき。彼《かの》國よりは倭と書《かき》たれど、返牒には日本とも倭とものせられず。是より上代《かみつよ》には牒ありともみえざるなり。唐の咸亨の比《ころ》は天智《てんぢ》の御代にあたりたれば、實《まこと》には件《くだり》の比《ころ》より日本と書《かき》てを《（お）》くられけるにや。

又此國をば秋津洲《あきつしま》といふ。神武天皇國のかたちをめぐらしのぞみ給て、「蜻蛉《アキツ》の臀呫《トナメ》の如くあるかな。」とのたまひしより、此名ありきとぞ。しかれど、神代《かみよ》に豐秋津根《とよあきつね》といふ名あれば、神武にはじめざるにや。此外《このほか》もあまた名あり。細戈《くはしほこ》の千足國《ちたるの》とも、*磯輪上《シワかみ》の*秀眞《ホツマ》の國とも、玉垣《たまカキ》の内國《ウチつくに》ともいへり。又扶桑國《フサウの》と云名もあるか。「東海の中に*扶桑の木あり。日の出所《いづるところ》なり。」と見えたり。東にあれば、よそへていへるか。此國に彼《かの》木ありといふ事聞えねば、たしかなる名にはあらざるべし。

（二）凡内典《およそないてん》の説《せつ》に須彌《しゅみ》といふ山あり。此山をめぐりて七《ななつ》の金山《こんせん》あり。其中間は皆香水海《かうすいかい》なり。金山の外《そと》に四《し》大海《だいかい》あり。此海中に四大洲あり。州ごとに又二《ふたつ》の中州《ちゅうしう》あり。南州をば瞻部《センブ》と云〈又閻浮提《えんぶだいと》云。同《おなじ》ことばの轉《てん》也〉。是は樹《うゑき》の名なり。南州の中心に阿《あ》耨達《ノクタツ》といふ山あり。山頂に池有《あり》〈阿耨達こゝには無熱《むねつ》といふ。外書《げしょ》に崐崘《こんろん》といへるは即この山なり〉。池の傍《かたはら》に此《この》樹あり。逈《メグリ》七由旬《ゆじゅん》高《たかさ》百由旬なり〈一由旬とは四十里《り》なり。六尺を一歩《いちぶ》とす。三百六十歩を一里とす。*この里をもちて由旬をはかるべし〉。此樹、州の中心にありて最も高し。よりて州の名とす。阿耨達山の南は大雪山《だいせつせん》、北は葱嶺《ソウレイ》なり。葱嶺の北は胡國《ここく》、雪山の南は五天竺《ごてんぢく》、東北によりては震旦《しんたん》國、西北にあたりては波斯《はし》國なり。此瞻《せん》部《ぶ》州は縦横《ジウワウ》七千由旬、里をもちてかぞふれば二十八萬里。東海より西海にいたるまで九萬里。南海より北海にいたるまで又九萬里。天竺は正中《ただなか》によれり。よ(ツ)て瞻部の中國《ちゅうごく》とすなり。地のめぐり又九萬里。震旦ひろしといへども五天にならぶれば一邊《いちへん》の小國なり。

日本は彼土《かのど》をはなれて海中にあり。北嶺《ほくれい》の傳教大師《でんげうだいし》、南都《なんと》の護命僧正《ごみやうそうじやう》は「中州《ちゅうしう》也。」としるされたり。しからば南州と東州との中《なか》なる遮摩羅《シヤモラ》*といふ州なるべきにや。華嚴經《けごんきやう》に「東北の海中に山あり。金剛山《こんがうせん》といふ。」〔と〕あるは大倭《やまと》の金剛山の事也とぞ。されば此國は天竺よりも震旦よりも東北の大海の中にあり。別州に*〔して〕神明《しんめい》の皇統を傳《つたへ》給へる國なり。

同《おなじ》世界の中なれば、天地開闢のはじめはいづくもかはるべきならねど、三國の説各《おのおの》ことなり。(三)天竺の説には、世のはじまりを劫初《こふしよ》といふ〈劫に成《じやう》・住《ぢゆう》・壞《ゑ》・空《くう》の四《よつ》あり。各二十の増減あり。一増一減を〔一〕小劫といふ。二十の増減を一中劫といふ。四十劫を合《あはせ》て一大劫といふ〉。光音《くわうおん》といふ天衆《てんじゆ》、空中に金色《こんじき》の雲をおこし、梵天《ぼんてん》に偏布《へんぷ》す。卽《すなはち》大雨《だいう》をふらす。風輪《ふうりん》の上につもりて水輪《すいりん》となる。増長《ぞうちやう》して天上にいたれり。又大風ありて沫《アハ》を吹立《ふきたて》て空中になげをく《(お)》。卽大梵天の宮殿となる。其水次第に退下《たいげし》て欲界《よくかい》の諸宮殿乃至《ないし》須彌山・四大州・鐵圍《てちゐ》山《せん》をなす。かくて萬億の世界同時になる。是を成劫《じやうこふ》といふなり〈此萬億の世界を三千大千世界といふなり〉。〔光音の〕天衆下生《げしやう》して次第に住す。是を住劫《ぢゆうこふ》といふ。此住劫の間に二十の増減あるべしとぞ。其劫には人の身光明《くわうみやう》とをく《(ほ)》照して飛行《ひぎやう》自在《じざい》也。歡喜《くわんぎ》を以《もちて》食《じき》とす。男女《なんによ》の相《さう》なし。後《のち》に地より甘泉涌出《かんせんゆしゆつ》す。味《あぢはひ》酥《ソ》密《ミツ》のごとし〈或は地味《ちみ》ともいふ〉。これをなめて味着《みちやく》を生ず。仍《よりて》神通《じんづう》を失ひ、光明もきえて、世間《せけん》大《おほき》にくらくなる。衆生《しゆじやう》の報《むくい》しからしめければ、黒風海を吹《ふき》て日《にち》・月《ぐわち》二輪を漂出《へうしゆつ》す。須彌の半腹におきて四天下《してんげ》を照さしむ。是より始て晝夜《ちうや》・晦朔《くわいさく》・春秋《しゆんじう》あり。地味に耽《ふけり》しより顏色《がんしよく》もかしけおとろへて、地味又うせて林藤《りんどう》と云物あり〈或は地皮ともいふ〉。衆生又食《じき》とす。林藤又うせて自然《じねん》の粇稲《かうたう》*あり。諸《もろもろ》の美味《びみ》をそなへたり。朝《あした》にかれば夕《ゆふべ》に熟《にゆく》す。此稲米《たうまい》を食《じき》せしによりて、身に殘穢《ザンエ》いできぬ。此故に始て二道《にだう》あり。男女の相各《おのおの》別にして、つゐ《(ひ)》に婬欲《いんよく》のわざをなす。夫婦となづけ舍宅《しやたく》を構《かまへ》て、共に住《すみ》き。光音の諸天、後に下生《げしやう》する者女人《によにん》の胎中《たいちゆう》にいりて胎生《たいしやう》の衆生となる。其後《そののち》*粇稲生《しやう》ぜず。衆生うれへなげきて、各《おのおの》境《さかひ》をわかち、田種《でんしゆ》を施《ほどこ》しうへ《(ゑ)》て食とす。他人の田種をさへうばひぬすむ者出《いで》て互にうちあらそふ。是を決する人なかりしかば、衆共《とも》にはからひて一人《ひとり》の平等王《びやうどうわう》を立《たて》、名《なづけ》て刹帝《セツテイ》利《り》といふ〈田主《でんしゆ》と云心なり〉。其始の王を民主王と號しき。十善《じふぜん》の正法《しやうぼふ》をおこなひて國をお《(を)》さめしかば、人民《にんみん》是を敬愛《きやうあい》す。閻浮提の天下《てんげ》、豐樂安穩《ぶらくあんをん》にして病患《びやうげん》及び大寒熱あることなし。壽命《じゆみやう》も極《きはめ》て久无量歳《ひさしくむりやうざい》なりき。民主の子孫相續して久く君たりしが、漸《やうやく》正法も衰《おとろへ》しより壽命も減《げん》じて八萬四千歳にいたる。身のたけ八丈《はちぢやう》なり。其間《あひだ》に王ありて轉輪《てんりん》の果報《くわほう》を具足《ぐそく》せり。先《ま》づ天より金輪寶《こんりんほう》飛降《とびくだり》て王の前に現在す。王出給《いでたまふ》ことあれば、此輪《りん》、轉行《テンギヤウ》してもろ〳〵の小王《せうわう》皆むかへて拜す。あへて違者《たがふ》なし。即《すなはち》四大州に主《あるじ》たり。又象《ざう》・馬《め》・珠《しゆ》・玉女《ぎよくによ》・居士《こじ》・主兵《しゆひやう》等の寶《たから》あり。此七寶成就《じやうじゆ》するを金輪王となづく。次々に銀《ごん》・銅《どう》・鐵《てち》の轉輪王あり。福力不同《ふくりきふどう》によりて果報も次第に劣《おと》れる也。壽量《じゆりやう》も百年に一年を減じ、身のたけも同く一尺を減《げんじ》てけり。百二十歳にあたれりし時、釋迦《しやか》佛出給《ぶついでたまふ》〈或は百才《の》時ともいふ。これよりさきに三佛出玉《いでたまひ》き〉。十歳に至らん比《ころ》ほひに小三災《サイ》といふこと有べし。人種《じんしゆ》ほと〳〵盡《つき》て只《ただ》一萬人をあます。その人《ひと》善を行《おこなひ》て、又壽命も増し、果報もすゝみて二萬歳にいたらん時、鐵輪王出《いで》て南《なん》一洲を領すべし。四萬歳の時、銅輪王出て東・南二州を領す。六萬歳の時、銀《ごん》輪王出て東・西・南三州を領し、八萬四千歳の時金輪王出て四天下を統領す。其報上《むくいかみ》にい*へるがごとし。かの時又減《げん》にむかひて彌勒佛《みろくぶつ》出給べし〈八萬才の時ともいふ〉。此後十八ケの増減あるべし。かくて大火災と云ことおこりて、色界《しきかい》の初禪梵天迄《しよぜんぼんてんまで》やけぬ。三千大千世界同時に滅盡《めつじん》する、是を壞劫《ゑこふ》といふ。かくて世界虚《こ》空黑穴《くうこくけつ》の如くなるを空劫《くうこふ》と云。かくのごとくすること七ケの火災をへて大水災あり。此たびは第二禪まで壞《ゑ》す。七々の火〔災〕七々の水災をへて大風災ありて第三禪まで壞す。是を大の三災といふ也。第四禪已上《いじやう》は内外《ないげ》の過患《くわゲン》あることなし。此四禪の中《なか》に五天あり。四《よつ》は凡夫《ぼんぶ》の住所、一《ひとつ》は淨居天《じやうごてん》とて證果《しようくわ》の聖者《しやうじや》の住處《ちゆうしよ》也。此淨居を過て摩醯《まけい》首羅《しゆら》天王の宮殿あり〈大自在天《だいじざいてん》ともいふ〉。色界の最頂《さいちやう》に居《きよ》して大千世界を統領す。其天のひろさ彼《かの》世界にわたれり〈下天《げてん》も廣狹に不同《ふどう》あり。初禪の梵天は一四天下《いちしてんげ》のひろさ*なり〉。此上に無色界の天あり。又四地をわかてりといへり。(四)此等の天は小大の災《さい》にあはずといへども、業力《ごふりき》に際限ありて報盡《はうつき》*なば、退沒《たいもつ》すべしと見えたり。

震旦《しんたん》はことに書契《しよけい》をこと〔と〕する國なれども、世界建立《こんりふ》をいへる事たしかならず。儒書には伏《ふく》犧《き》氏といふ王よりあなたをばいはず。但《ただし》異書の説に、混沌未分《こんとんみぶん》のかたち、天・地・人の初《はじめ》をいへるは、神代《かみよ》の起《おこり》に相似たり。或は又盤古《ばんこ》といふ王あり。「目は日月《じつげつ》となり、毛髪は草木《さうもく》となる。」といへることもあり。それよりしもつかた、天皇《てんくわう》・地皇・〔人皇・〕五龍《ごりよう》等の諸《もろもろの》氏うちつゞきておほく〔の〕王あり。其間數《す》萬歳をへたりといふ。

我朝の初は天神《あまつかみ》の種《しゆ》をうけて世界を建立するすがたは、天竺の説に似たる方もあるにや。されど是は天祖《あまつみおや》より以來《このかた》繼體《けいたい》たがはずして、たゞ一種*ましますこと天竺にも其類《たぐひ》なし。彼國《かの》の初の民主〔王〕も衆のためにえらびたてられしより相續せり。又世くだりては、その種姓《しゆしやう》もおほくほろぼされて、勢力《せいりき》あれば、下劣の種も國主となり、あまさへ五天竺を統領するやからもありき。

震旦又ことさらみだりがはしき國なり。昔世すなほに道*ただしかりし時も、賢をえらびてさづくるあとありしにより、一種をさだむる事なし。亂世になるまゝに、力《ちから》をもちて國をあらそふ。かゝれば民間より出でて位に居たるもあり。戎狄《ジウテキ》より起《おこり》て國を奪《ウバ》へるも有。或は累世の臣〔と〕して其君をしのぎ、つゐ《(ひ)》に讓《ゆづり》をえたるもあり。(五)伏犧氏の後、天子の氏姓《ししやう》をかへたる事三十六。亂《みだれ》のはなはだしさいふにたらざる者哉《ものをや》。唯《ただ》我國のみ天地《あめつち》ひらけし初より今の世の今日《こんにち》に至《いたる》まで、日嗣《ひつぎ》をうけ給ことよこしまならず。一種姓《いちしゆしやう》の中にを《(お)》きてもを《(お)》のづから*傍《かたはら》より傳《つたへ》給しすら猶正《せい》にかへる道ありてぞたもちまし〳〵ける。是*併《シカシナガラ》神明の御誓あらたにして餘國にことなるべきいはれなり。

抑《そもそも》、「神道のことはたやすくあらはさず。」といふことあれば、根元をしらざれば猥《みだりがは》しき始ともなりぬべし。其つゐ《(ひ)》えをすくはむために聊勸《イサヽカロク》し侍り。神代より正理《しやうり》にてうけ傳へるいはれを述《のべむ》ことを志《こころざし》き。常に聞ゆることをばのせず。しかれば神皇《じんわう》の正統記《しやうとうき》とや名《なづ》け侍《はべる》べき。

夫天地未レ分《それあめつちいまだわかれ》ざりし時、混沌《こんとん》として、まろがれること雞子《とりのこ》のごとし。くゝもりて牙《きざし》〔を〕ふくめりき。これ陰陽《いんやう》の元初《げんしよ》未分の一氣《いつき》也。其氣始てわかれてきよくあきらかなるは、たなびきて天《あめ》と成り、を《(お)》もくにごれるはつゞいて地《つち》となる。其中*より一物出《ひとつのものいで》たり。かたち葦牙《あしかび》の如し。即化《すなはちけ》して神となりぬ。國常立《クニノトコたちの》尊と申。又は天《あめ》の〔御《み》〕中主《なかぬし》の神とも號し奉る。此神に木《もく》・火《くわ》・土《と》・金《こん》・水《すい》の五行《ごぎやう》の徳まします。先《まづ》水徳の神にあらはれ給を國狭槌《クニのサツチ》の尊といふ。〔次に火徳の神を〕豊斟渟《トヨクムヌ》の尊と云。天《あめ》の道《みち》ひとりなす。ゆへ《(ゑ)》に純男《ジユンなん》にてます〈純男といへどもその相《さう》ありともさだめがたし〉。次《つぎに》木徳の神を泥土《ウヒヂ》〈蒲鑒反〉瓊《ニノ》尊・沙土瓊《スヒヂニノ》尊と云。次金《つぎにこん》徳の神を大戸《おほト》之《の》道《ぢの》尊・大苫邊《ワウトマベノ》尊と云。次に土徳の神を面足《ヲモタル》の尊・惶根《カシコネ》の尊と云。天地《あめつち》の道相交《あひまじはり》て、各《おのおの》陰陽のかたちあり。然れどそのふるまひなしといへり。此諸神《もろもろのかみ》實《まこと》には國常立の一《ひとはしらの》神にましますなるべし。五行の徳各《おのおの》神とあらはれ給。是を六代ともかぞふるなり。二世三世の次第を立《たつ》べきにあらざるにや。次に化生《けしやう》し給へる神を伊弉諾《いざなぎの》尊・伊弉冊《いざなみの》尊と申す。是は正《まさ》しく陰陽の二《ふたつ》にわかれて造化《ざうくわ》の元《はじめ》となり給ふ。五行はひとつづつの徳なり。此五徳をあはせて萬物を生ずるはじめとす。

こゝに天祖國常立尊《あまつみおやくにのとこたちの》、伊弉諾・伊弉冊の二《ふたはしらの》神に勅《みことのり》してのたまはく、「豊葦原の千五百秋の瑞穂の地《くに》あり。汝往《イマシゆき》てしらすべし。」とて、即天瓊矛《すなはちあまのぬぼこ》をさづけ給。此矛又は天《あま》の逆戈《さかほこ》とも、天《あ》魔返《マノサカ》ほこともいへり。二神このほこをさづかりて、天《あま》の浮橋《うきはし》の上にたゝずみて、矛をさしおろしてかきさぐり給しかば、滄海《あをうなばら》のみありて、そのほこのさきよりしたゝりおつる潮《しほ》こりて一《ひとつ》の嶋となる。これを磤馭盧嶋《おのころじま》といふ。此名に付《つき》て祕說あり。神代、梵語《ぼんご》にかよへるか。其所《ところ》もあきらかに知人《しる》なし。大日本《やまと》の國寶山《くにほうせん》なりと云〈口傳《くでん》あり〉。二神此嶋に降居《くだりまし》て、卽《すなはち》國の中の柱《みはしら》をたて、八尋《やひろ》の殿《との》を化作《けさく》してともにすみ給。さて陰陽和合《わがふ》して夫婦の道あり。此矛は傳《つたへて》、天孫《あめみま》したがへてあまくだり給へりともいふ。又垂仁《すいにん》天皇の御宇《ぎよう》に、大和姬《やまとひめ》の皇女《くわうぢよ》、天照太神の御をしへのまゝに國々をめぐり、伊勢國《いせのくに》に宮所《みやどころ》をもとめ給ひし時、大田《おほた》の命《みこと》といふ神まいり《(ゐ)》あひて、五十鈴《いすず》の河上《かはかみ》に靈物《れいもつ》をまぼりを《(お)》ける所をしめし申《まをし》しに、かの天の逆矛・五十鈴・天宮《あめのみや》の圖形《ヅギヤウ》ありき。大和姬の命よ〔ろ〕こびて、其所《ところ》をさだめて、神宮《かみのみや》をたてらる。靈物は五十鈴の宮の酒殿《さかどの》におさめ《(を)》られきとも、又、瀧祭《タキマツリ》の神と申は龍神《りゆうじん》なり、*その神あづかりて地中におさめ《(を)》たりともいふ。一《ひとつ》には大和の龍田《たつた》の神はこの瀧祭と同體にます、此神のあづかり給へるなり。よりて《(六)》天柱《あまのみはしら》國柱《くにのみはしら》といふ御名ありともいふ。昔磤馭盧嶋に*持《もて》くだり給しことはあきらかなり。世に傳《つたふ》といふ事はおぼつかなし。天孫のしたがへ給ならば、神代より三種《さんじゆ》の神器《じんぎ》のごとく傳給《つたへ》べし。さればはなれて五十鈴河《の》上にありけむもおぼつかなし。但《ただし》天孫も玉矛者《は》みづからしたがへ給といふ事見《みえ》たり〈古語拾遺《こごしふゐ》の說なり〉。しかれども矛も*大汝《おほなたち》の神のたてまつらる丶國をたいら《(ひ)》げし矛もあれば、いづれといふ事をしりがたし。寶山にとゞまりて不動のしるしとなりけむことや正説《しやうせつ》なるべからん。龍田《たつた》も寶山ちかき所なれば、龍神を天柱國柱といへる、深祕《じんぴ》の心あるべきにや〈凡神書《しんしよ》にさまぐ〵の異説あり〉。(七)日本紀《にほんぎ》・舊事本紀《くじほんぎ》・古語拾遺等にのせざらん事は末學《まつがく》の輩《ともがら》ひとへに信用しがたかるべし。彼書《かの》の中《うち》猶一決せざることおほし。況《いはんや》異書にをき《(お)》ては正《しやう》とすべからず。

かくて、此二神《ふたはしらの》相はからひて八《やつ》の嶋《しま》をうみ給ふ。先《まづ》、淡路《あはぢ》の洲《しま》をうみます。淡路穗《あはぢのほ》之《の》狹《さ》別《わ》といふ。次《つぎに》、伊豫《いよ》の二名《ふたな》の洲《しま》をうみます。一身《ひとつのみ》に四面《よつのおも》あり。一《ひとつ》を*愛上比賣《えひめ》と云、これは伊豫なり。二《ふたつ》を飯依比賣《いひよりひめ》といふ、これは*讚岐《さぬき》也。三《みつ》を大宜都比賣《おほげつひめ》といふ、これは阿波《あは》也。四《よつ》を速依別《はやよりわけ》といふ、是は土左《とさ》也。次《つぎに》、筑紫《つくし》の洲《しま》をうみます。又一身に四面あり。一を*白日《しらひ》の別《わけ》と云、是は筑紫《つくし》なり。後に筑前《ちくぜん》・筑後《ちくご》といふ。二を豐日別《とよひわけ》〔と〕いふ、これは豐國《とよくに》なり。後に豐前《ぶぜん》・豐後《ぶご》といふ。三を*晝《ひる》日別《ひわけ》といふ、是は肥《ひ》の國なり。後に肥前《ひぜん》・肥後《ひご》といふ。四を豐久士比泥別《とよくじひねわけ》と云、是は〔日向《ひむか》なり〕。後に日向・大隅《おほすみ》・薩摩《さつま》といふ〈筑紫・豐國・肥の國・日向といへるも、二神の御代の始の名には非る歟《あらざるか》〉。次《つぎに》、壹岐《いき》の國をうみます。天比登都柱《あめひとつはしら》といふ。次《つぎに》、對馬《つしま》の洲《しま》をうみます。天之狹手依比賣《あまのさてよりひめ》といふ。

次《つぎに》、隠岐《おき》の洲をうみます。天之忍許呂別《あめのおしころわけ》と云。次《つぎに》、佐渡《さど》の洲を生《うみ》ます。建日別《たけひわけ》と云。次《つぎに》、大日本《おほやまと》豊秋津洲《とよあきづしま》をうみます。天御虚空豊秋津根別《あめのみそらとよあきづねわけ》と云。すべて是を大八洲《おほやしま》といふ也。此外あまたの嶋を生給《うみたまふ》。後に海山《うみやま》の神、木のを《(お)》や、草のおやまで悉《ことごとく》うみましてけり。何《いづ》れも神にませば、生給へる神の洲《しま》をも山をもつくり給へるか。はた洲山《しまやま》を生給に神のあらはれましけるか、神世《かみよ》のわざなれば、まことに難レ測《ハカリがたし》。

二《ふたはしらの》神又はからひてのたまはく、「我すでに大八洲の國を《(お)》よび山川草木をうめり。いかでかあめのしたの君たるものをうま*ざらむや。」とてまづ日神《ひのかみ》を生《うみ》ます。此みこひかりうるはしくして國の内《うち》にてりとを《(ほ)》る。二神よろこびて天《あめ》にを《(お)》くりあげて、天上の事をさづけ給。此時天地あひさること遠からず。天のみはしらをもてあげ給。これを大日孁《おほひるめ》の尊と申《まをす》〈孁字は靈《れいの》と通ずべき也。陰氣を靈と云ともいへり。女神《めがみ》にましませば*自《おのつか》ら相叶《あひかなふ》にや〉。又天照太神とも申。女神にてましますなり。次《つぎに》、月神《つきのかみ》を生《うみ》ます。其光日につげり。天《あめ》にのぼせて夜《よる》の政《まつりこと》をさづけ給。次に、蛭子《ひるこ》を生《うみ》ます。三とせになるまで脚《あし》たゝず。天《あま》の*磐樟《イハクス》船にのせて風のまゝはなちすつ。次《つぎに》、素戔烏尊《すさのをの》を生《うみ》ます。いさみたけく下忍《イブリ》にして父母《かぞいろ》の御心にかなはず。「根《ね》の國にいね。」とのたまふ。この三柱《みはしら》は男神《をがみ》にてまします。よりて一女三男と申なり。すべてあらゆる神＊みな二神の所生《しよしやう》にましませど、國の主《あるじ》たるべしとて生給しかば、ことさらに此四《よはしらの》神を申傳けるにこそ。

其後火神軻倶突智《ひのかみカクツチ》＊を生《うみ》まし／＼〔し〕時、陰神《めがみ》やかれて神退《カンサリ》給にき。陽神《をがみ》うらみいかりて、火神を三段《みきだ》にきる。その三段をの（お）／＼神となる。血のしたゝりもそそひ（い）で神となれり。經津主《ふつぬし》の神〈齋主《いはひぬし》の神とも申。今の檝取《かとり》の神〉・健甕槌《たけみかづちの》神〈武雷《たけみかづち》の神とも申。今の鹿嶋《かしま》の神〉〔の〕祖《みおや》也。陽神猶したひて黄泉《よみのくに》までおはしまして〔さまざまの〕ちかひありき。陰神＊うらみて「此國の人を一日《ひとひ》に千頭《ちがしら》ころすべし。」とのたまひければ、陽神は「千五百頭《ちいほがしら》を生《うむ》べし。」とのたまひけり。よりて百姓《ひやくしやう》をば天《あま》の益人《マスびと》とも云。死《しぬ》るものよりも生ずるものおほきなり。陽神歸り給て、日向《ひむか》の小戸《をど》の河檍《かはアハギ》が原といふ所にてみそぎし給。この時あまたの神化生《けしやう》したまへり。日月神《ひつきの》もこゝにて生給《うまれたまふ》と云説あり。伊弉諾尊神功《かむこと》すでにをはりければ、天上にのぼり、天祖〔に〕報命《カヘリゴト》申て、即《すなはち》天にとゞまり給けりとぞ。或《ある》説に伊弉諾・伊弉冊は梵語《ぼんご》なり、伊舍那天《いしやなてん》・伊舍那后《いしやなくう》なりといふ。

地神《ちじん》第一代、大日孁尊《おほひるめの》。是を天照太神《あまてらすおほみかみ》（八）と申。又は日神《ひのかみ》とも皇〔祖〕《すめみおや》とも申なり。此神の生給《うまれ》こと三《みつ》の説あり。一《ひとつ》には伊弉諾・伊弉冊尊あひ計《はからひ》て、天下《あめのした》の主《あるじ》をうまざらんやとて、先《まづ》、日神をうみ、次に、月神《つきのかみ》、次《つぎに》、蛭子《ひるこ》、次《つぎに》、素戔烏尊を生給《うみ》といへり。又は伊弉諾の尊、左《ひだりの》御手に白銅《ますみ》の鏡を取て大日孁の尊〔を〕化生《けしやう》し、右《みぎの》御手にとりて月弓《つきゆみ》の尊を生《うみ》、御首《みかうべ》をめぐらしてかへりみ給しあひだに、素戔烏尊を生《うむ》ともいへり。又伊弉諾尊日向の小戸の川にてみそぎし給し時、左の御眼《みめ》をあらひて天照太神を化生し、右の御眼をあらひて月讀《つきよみ》の尊を生《しやうじ》、御《み》鼻を洗《あらひ》て素戔烏尊を生《しやう》じ給とも云。日月神《ひつきのかみ》の御名《みな》も三《みつ》あり、化生の所も三《みつ》あれば、凡慮《ぼんりよ》はかりがたし。又おはします所も、一《ひとつ》には高天《タカマ》の原と云《いひ》、二《ふたつ》には日の小宮《わかみや》と云《いひ》、三《みつ》には我日本國《わがやまとの》これなり。八咫《やた》の御鏡をとらせまし／＼て、「われを見るが如くにせよ。」と勅《みことのりし》給けること、和光《わくわう》の御誓もあらはれて、ことさらに深《ふかき》道あるべければ、三所《みところ》に勝劣の義をば存ずべからざるにや。

爰《ここに》、素戔烏尊、父母《かぞいろ》二《ふたはしらの》神にやらはれて根國《ねのくに》にくだり給べかりしが、天上にまうでゝ姉の尊に見えたてまつりて、「ひたぶるにいなむ。」と申給ければ、*「ゆるしつ。」との給。よりて天上にのぼります。大うみとゞろき、山をかなりほへ《岡鳴動(え)》き。此神の性《さが》たけきがしからしむるになむ。天照太神おどろきまし／＼て、兵《つはもの》のそなへをして待給。かの尊黑心《キタナキ》なきよしをおこたり給ふ。「さらば誓約《うけひ》をなして、きよきか、きたなきかをしるべし。誓約の中《なか》に女《をんな》を生ぜば、きたなき心なるべし。男を生ぜば、きよき心ならん。」とて、素戔烏尊のたてまつられける八坂瓊《やさかに》の玉をとり給へりしかば、其玉に感じて男神《をがみ》化生し給。すさのをの尊悅《よろこび》て、「まさやあれ*かちぬ。」とのたまひける。よりて御名を正哉《まさや》吾《あ》勝々《かつかち》の速日《はやひ》天《あめ》の忍穂《おしほ》耳《みみ》の尊と申〈これは古語拾遺の說〉。又の說には、素戔烏尊、天照太神の御くびにかけ給へる御統《みすまる》の瓊玉《にのたま》をこひとりて、天《あま》の眞《ま》名《な》井《ゐ》にふりすゝぎ、これをかみ給しかば、先《まつ》吾《あ》勝《かつ》の尊うまれまします。其後猶四はしらの男神生《うまれ》給。「物のさねわが物なれば我子なり。」とて天照太神の御子になし給といへり〈これは日本紀の一說〉。此《この》吾勝尊をば太神めぐしとを《(お)》ぼして、つねに御わきもとにすへ《(ゑ)》給しかば、腋子《わきこ》と云。今の世にお《(を)》さなき子をわかこと云《いふ》はひが事也。

かくて、すさのお《(を)》の尊な《(ほ)》を天上にましけるが、さま〴〵のとがををかし給き。天照太神いかりて、天の石窟《いはや》にこもり給。國のうちとこやみになりて、晝夜のわきまへなかりき。もろ〴〵の神達うれへなげき給。其時諸神《しよじん》の上首《じやうしゆ》にて高皇産靈《たかみむすびの》尊と云神まし〳〵き。昔、天御中主《あめのみなかぬし》の尊、みはしらの御子おはします。長《をさ》を高皇産靈とも云《いふ》。次をば神皇産靈《かみむすび》、次を津速産靈《つはやむすび》といふと見えたり。陰陽《いんやう》二《に》神《じん》こそはじめて諸神を生み給しに、直《すぐ》に天御中主の御子と云ことおぼつかなし〈このみはしらを天御中主の御ことい ふ事は日本紀には見えず。古語拾遺にあり〉。此神、天《あま》のやすかはのほとりにして、八百萬《やほよろづ》の神をつどへて*相議《あひぎ》し給。其御子に思兼《おもひかね》と云神のたばかりにより、石凝姥《いしこりどめ》と云神をして日神の御形《みかたち》の鏡を鑄せしむ。そのはじめなりたりし鏡、諸神の心にあはず〈紀伊《き》の國日前《ひのくま》の神にます〉。次に鑄給へる鏡うるはしくまし〳〵ければ、諸神悅《よろこび》あがめ給〈初は皇居にまし〳〵き。今は伊勢國の五十鈴の宮にいつかれ給、これなり〉。又天《あめ》の*明玉《アカルたま》の神をして、八坂瓊の玉をつくらしめ、天《あめ》の日鷲《ひわし》の神をして、青幣《ミテクラ》《アヲニギテ》 白幣《シラニギテ》をつくらしめ、手《タ》置帆《ヲキほ》負《おひ》・彦狹《ひこさ》知《しり》の二神をして、大峡《おほカイ》・小峡《をかひ》の材《き》をきりて瑞《ミツ》の殿《ミヤラカ》をつくらしむ〈この*ほかくさ〴〵あれどしるさず〉。其物すでにそなはりにしかば、天《あめ》の香山《カゴやま》の*五百箇《いほつ》の眞賢木《マサカキ》をねこじにして、上枝《ほつえ》には八坂瓊の玉をとりかけ、中枝《なかつえ》には八咫の鏡をとりかけ、下枝《しづえ》には青和幣《あをにぎて》・白和幣をとりかけ、天《あめ》の太玉《ふとたま》の命〈高皇産靈の神の子なり〉をしてさゝげもたらしむ。天《あめ》の兒屋《こやね》の命〈津速産靈の子、或は孫とも。興台産靈《こことむすび》の神の子也〉をして祈禱《きたう》せしむ。天《あめ》の鈿目《ウズメ》の命、眞辟《マサキ》の葛《かづら》をかづらにし、*蘿葛《ひかげのかづら》を*手繦《タスキ》にし、竹の葉、*飯鵄木《おけのき》の葉を手草《たぐさ》にし、差鐸《さなぎ》の矛をもちて、石窟《いはや》の前にして俳優《わざをぎ》をして、相ともにうたひまふ。又庭燎《ニハヒ》をあきらかにし、常世《トコヨ》の長鳴鳥《なきどり》をつどへて、たがひにながなきせしむ〈これはみな神樂《かぐら》のおこりなり〉。天照太神きこしめして、われこのごろ石窟にかくれおり《(を)》。葦原《あしはら》の中國《なかつくに》はとこやみならん。いか〔ン〕ぞ、天の鈿女の命かくえ《(ゑ)》らぐするやとをぼし《(お)》て、御手をもてほそめにあけてみ給。この時に、天手力雄《アメのタヂカラヲ》の命といふ神〈思兼の神の子〉磐*戸《いはと》のわきに立《たち》給しが、其戸をひきあけて新殿《にひどの》にうつしたてまつる。中臣《なかとみ》の神〈天兒屋命なり〉忌部《いむべ》の神〈天の太玉の命なり〉しりくへなわを《(は)》〈日本紀には端出之縄とかけり。注には左縄《ひだり》の端出《はしいだ》せると云。古語拾遺には日御縄《ひのみなは》とかく。これ日影《ひかげ》の像《かたち》なりといふ〉ひきめぐらして「〔な〕かへりましそ。」

と申。上天《しやうてん》はじめてはれて、もろ〳〵ともに相見《あひみる》。面《おもて》みなあきらかにしろし。手をのべて哥舞《うたひまひ》て、「あはれ〈天のあきらかなるなり〉。あな、おもしろ〈古語に甚切《いとせつ》なるをみなあなし云。面白《おもしろ》、もろ〳〵〔の〕をも《(お)》て明《あきらか》に白き也〉。あな、たのし。あな、さやけ〈竹の葉のこゑ〉。をけ《(お)》〈木の名なり。其《その》はをふるこゑなり。天の鈿目の持給へる手草なり〉。」かくて、つみを素戔烏の尊によせて、おほするに千座置戸《チクラのヲキド》をもて首《かうべ》のかみ、手足のつめをぬき*てあがはしめ、其罪をはらひて神やらひにやら*はれき。

かの尊天《あめ》よりくだりて、出雲《いづも》の簸《ヒ》の川上《かはかみ》と云所にいたり給。其所《そのところ》に一《ひとり》のおきなとうばとあり。一《ひとり》のをとめをすへ《(ゑ)》てかきなでつゝなきけり。素戔烏尊「たそ。」ととひ給ふ。「われはこれ國神《くにつかみ》なり。脚摩乳《アシナツチ》・手摩乳《タナツチ》といふ。このをとめはわが子なり。奇稲田姫《クシイナダヒメ》といふ。さきに八ケの少女《をとめ》あり。

としごとに八岐《やまた》の大蛇《をろち》のためにのまれき。今此をとめ又のまれなんとす。」と申ければ、尊、「我にくれんや。」とのたまふ。「勅《みことのり》のまゝにたてまつる。」と申ければ、此乙女を湯津《ゆつ》のつまぐしにとりなし、みづらにさし、やしほをりの酒を八《やつ》の槽《フネ》にもりて待給に、はたしてかの大蛇きたれり。頭《かしら》を《(お)》の〳〵一《ひとつの》槽に入《いれ》てのみゑひてねぶりけるを、尊はかせる十握《とつか》の剣《つるぎ》をぬきてつた〳〵にきりつ。尾にいたりて剣の刃《は》すこしかけぬ。さきて見給へば一《ひとつ》の剣あり。その上に雲氣《うんき》ありければ、天《あめ》の藂雲《むらくも》の剣と名《なづ》く〈日本武《やまとたけ》の尊にいたりてあらためて草なぎの剣と云。それより熱田社《あつたのやしろ》にます〉。「これあやしき剣《ツルギ》なり。われ、なぞ、あへて私《わたくし》にを《(お)》けらんや。」との給て、天照太神にたてまつり上《あげ》られにけり。其のち出雲の清《スガ》の地にいたり、宮をたてゝ、稲田姫とすみ給。大己貴《おほアナムチ》の神を〈大汝《おほなむち》ともいふ〉うましめて、素戔烏尊はつゐ《(ひ)》に根の國にいでましぬ。

大汝の神、此國にとゞまりて〈今の出雲の大神にます〉天下《あめのした》を經營《けいえい》し、葦原《あしはら》の地を領《りやうじ》給けり。よりてこれを大國主の神とも大物主《おほものぬし》とも申。その幸魂奇魂《サキタマクシたま》は大和《やまと》の三輪《みわ》の神にます。

第二代、正哉吾勝々《まさやあかつかち》の速日天忍穂耳尊《ハヤヒアマノヲシホミミノ》。高皇產靈の尊の女栲幡千々姫《むすめタクハタちぢひめ》の命にあひて、饒速日尊《にぎはやひの》・瓊々杵尊《ににぎの》をうましめ給て、吾勝尊葦原中州《あしはらのなかつくに》にくだりますべかりしを、御子うみ給しかば、「かれ神武《じんむ》天皇東征《てんわうとうせい》より代々《よよ》の皇都《くわうと》也。よりて其名をとりて、餘《ほか》の七州をもすべて耶麻土《やまと》といふなるべし。〔唐《もろこし》にも、〕周《しう》の國より出《いで》たりしかば、天下《てんか》を周といふ。漢《かん》の地《ち》よりを《(お)》こりたれば、海内《かいダイ》を漢と名づけしがごとし。

耶麻土と云へることは山迹《やまあし》といふなり。昔天地《あめつち》わかれて泥《でい》のうるほひいまだかは《(わ)》かず、山をのみ往來《わうらい》として其跡《あと》おほかりければ山迹《やまあと》といふ。或《あるいは》古語に居住を止《と》といふ。山に居住せしによりて山止《やまと》なりともいへり。

大日本とも大倭とも書《かく》ことは、此國に漢字傳《つたはり》て後、國の名をかくに字を大日本と定《さだめ》てしかも耶麻土《やまと》とよませたるなり。大日孁《おほひるめ》のしろしめす御國なれば、其義をもとれるか、はた日のいづる所〔に〕ちかければしかいへるか。義はかゝれども字のまゝ日のもとゝはよまず。耶麻土《やまと》と訓《くん》ぜり。我國の漢字を訓ずることおはく如《かくのごとし》レ此。を《(お)》のづから日《ひ》の本《もと》などいへるは文字《もんじ》によれるなり。國の名とせるにあらず。

裏書云。日のもとゝよめる哥、萬葉云。

いざこどもはや日のもとへおほとものみつの濱松まちこひぬらん

神皇正統記　天

(一)大日本者《おほやまとは》神國《かみのくに》也。天祖《あまつみおや》はじめて基《もとゐ》をひらき、日神《ひのかみ》ながく統《とう》を傳《つたへ》給ふ。我國《わがくに》のみ此事あり。異《い》朝《てう》には其たぐひなし。此故に神國《かみのくに》といふなり。

神代《かみよ》には豐葦原千五百秋瑞穗國《トヨアシハラノチイホノあきノミヅホノ》といふ。天地開闢《てんちかいびやく》の初《はじめ》より此名《な》あり。天祖《あまつみおや》國常立尊《くにのとこたちのみこと》、陽《を》神《がみ》陰《め》神《がみ》にさづけ給し勅《みことのり》にきこえたり。天照太神《あまてらすおほみかみ》、天孫《あめみま》の尊に讓《ゆづり》ましく〳〵し〔にも〕、此名あれば根本《こんぽん》の號《な》なりとはしりぬべし。

又は大八洲《おほやしまの》〔國《くに》〕といふ。是は陽神陰神、此國を生《うみ》給しが、八《やつ》の嶋《しま》なりしによつて名《ナツ》けられたり。

又は耶麻土《やまと》といふ。是は大八《おほや》洲《しま》の中國《なかつくに》の名なり。第八にあたるたび、天御虚空《あめノミソラ》豐秋津《トヨあキツ》根《ネ》別《わけ》*といふ神を生《うみ》給ふ。これを大日本豐秋津洲《おほやまととよあきづしま》となづく。今は四十八ケ國にわかてり。中州《なかつくに》たりし上に、らを天御中主の御ことといふ事は日本紀には見えず。古語拾遺にあり〉。此神、天《あま》のやすかはのほとりにして、八百萬《やほよろづ》の神をつどへて*相議《あひぎ》し給。其御子に思兼《おもひかね》と云神のたばかりにより、石凝姥《いしこりどめ》と云神をして日神の御形《みかたち》の鏡を鑄せしむ。そのはじめなりたりし鏡、諸神の心にあはず〈紀伊《き》の國日前《ひのくま》の神にます〉。次に鑄給へる鏡うるはしくまし〳〵ければ、諸神悅《よろこび》あがめ給〈初は皇居にまし〳〵き。今は伊勢國の五十鈴の宮にいつかれ給、これなり〉。又天《あめ》の*明玉《アカルたま》の神をして、八坂瓊の玉をつくらしめ、天《あめ》の日《ひ》鷲《わし》の神をして、青幣《アヲニギテ》《ミテクラ》 白幣《シラニギテ》をつくらしめ、手置帆負《タヲキほおひ》・彦狹知《ひこさしり》の二神をして、大峽《おほカイ》・小《を》峽《かひ》の材《き》をきりて瑞《ミツ》の殿《ミヤラカ》をつくらしむ〈このほかく*さ〴〵あれどしるさず〉。其物すでにそなはりにしかば、天《あめ》の香山《カゴやま》の*五百箇《いほつ》の眞賢木《マサカキ》をねこじにして、上枝《ほつえ》には八坂瓊の玉をとりかけ、中枝《なかつえ》には八咫の鏡をとりかけ、下枝《しづえ》には青和幣《あをにぎて》・白和幣をとりかけ、天《あめ》の太玉《ふとたま》の命〈高皇産靈の神の子なり〉をしてさゝげもたらしむ。天《あめ》の兒屋《こやね》の命〈津速産靈の子、或は孫とも。興台産靈《こことむすび》の神の子也〉をして祈禱《きたう》せしむ。天《あめ》の鈿目《ウズメ》の命、眞辟《マサキ》の葛《かづら》をかづらにし、*蘿葛《ひかげのかづら》を*手繦《タスキ》にし、竹の葉、*飯鴟木《おけのき》の葉を手草《たぐさ》にし、差鐸《さなぎ》の矛をもちて、石窟《いはや》の前にして俳優《わざをぎ》をして、相ともにうたひまふ。又庭燎《ニハヒ》をあきらかにし、常世《トコヨ》の長《なが》鳴鳥《なきどり》をつどへて、たがひにながなきせしむ〈これはみな神樂《かくら》のおこりなり〉。天照太神きこしめして、べし。男を生ぜば、きよき心ならん。」とて、素戔烏尊のたてまつられける八坂瓊《やさかに》の玉をとり給へりしかば、其玉に感じて男神《をがみ》化生し給。すさのをの尊悦《よろこび》て、「まさやあれ*かちぬ。」とのたまひける。よりて御名を正哉《まさや》吾《あ》勝々《かつかち》の速日《はやひ》天《あめ》の忍穂《おしほ》耳《みみ》の尊と申〈これは古語拾遺の説〉。又の說には、素戔烏尊、天照太神の御くびにかけ給へる御統《みすまる》の瓊玉《にのたま》をこひとりて、天《あま》の眞名井《まなゐ》にふりすゝぎ、これをかみ給しかば、先吾《まつあ》勝《かつ》の尊うまれまします。其後猶四はしらの男神生《うまれ》給。「物のさねわが物なれば我子なり。」とて天照太神の御子になし給といへり〈これは日本紀の一說〉。此《この》吾勝尊をば太神めぐしとを《（お）》ぼして、つねに御わきもとにすへ《（ゑ）》給しかば、腋子《わきこ》と云。今の世にお《（を）》さなき子をわかこと云《いふ》はひが事也。

かくて、すさのお《（を）》の尊なを《（ほ）》天上にましけるが、さま〴〵のとがををかし給き。天照太神いかりて、天の石窟《いはや》にこもり給。國のうちとこやみになりて、晝夜のわきまへなかりき。もろ〳〵の神達うれへなげき給。其時諸神《しよじん》の上首《じやうしゆ》にて高皇産靈尊《たかみむすびの》と云神まし〳〵き。昔、天御中主《あめのみなかぬし》の尊、みはしらの御子おはします。長《をさ》を高皇産靈とも云《いふ》。次をば神皇産靈《かみむすび》、次を津速産靈《つはやむすび》といふと見えたり。陰陽二《いんやうに》神《じん》こそはじめて諸神を生み給しに、直《すぐ》に天御中主の御子と云ことおぼつかなし〈このみはしを下すべし。」と申給て、天上にとゞまります。まづ、饒速日の尊をくだし給し時、外祖《ぐわいそ》高皇産靈尊、十種《とくさ》の瑞寶《みづたから》を授《さづけ》給。瀛都《おきつの》鏡一《ひとつ》、邊津《へつ》鏡一、八握《やつかの》劍一、生玉《いくたま》一、死反《しにかへりの》玉一、足玉《たるたま》一、道反《みちがへしの》玉一、蛇比禮《へみのひれ》一、蜂《はちの》比禮一、品《くさぐさ》の物《ものの》比禮一、これなり。此みことはやく神さり給にけり。凡《およそ》國の主《アルシ》とてはくだし給はざりしにや。吾勝尊くだり給べかりし時、天照太神三種《さんじゅ》の神器《じんぎ》を傳《つたへ》給。後に又瓊々杵尊にも授《さづけ》ましく〳〵〔し〕に、饒速日尊は是をえ給はず。しかれば日嗣の神にはましまさぬなるべし〈此事舊事本紀の說なり。日本紀にはみえず〉。天照太神・吾勝尊は天上に止《とどま》り給へど、地《ち》神《じん》の第一、二にかぞへたてまつる。其始天下《はじめあめのした》の主《あるじ》たるべしとてうまれ給しゆへ《(ゑ)》にや。

第三代、天津《あまつ》彦々火瓊々杵《ひこひこほのににぎの》尊。天孫《あめみま》とも皇孫《すめみま》とも申。皇祖《すめみおや》天照太神・高皇産靈尊いつきめぐみましく〳〵き。葦原の中州の主《あるじ》として天降《あまくだし》給はむとす。こゝに其國邪神《あしきかみ》あれてたやすく下《くだり》給ことかたかりければ、天稚彦《あめわかひこ》といふ神をくだしてみせしめ給しに、大汝《おほなむち》の神の女《むすめ》、下照姫《したてるひめ》にとつぎて、返《かへり》こと申さず。三とせになりぬ。よりて名なし雉《きぎし》をつかはしてみせられしを、天稚彦いころしつ。其矢天上にのぼりて太神の御まへにある、血にぬれたりければ、あやめ給て、なげくだされしに、天稚彦新嘗《にひなめし》てふせりけるむねにあたりて死す。世に返し矢をいむは此故也。さらに又くださるべき神をえらばれし時、經《ふ》津《つ》主《ぬし》の命〈檝取神《かとりの》にます〉武甕槌《たけみかづち》の神〈鹿《か》嶋《しま》の神にます〉みことのりをうけてくだりましけり。出雲國《いづものくに》にいたり、はかせる劍をぬきて、地につきたて、其上にゐて、大汝の神に太神の勅《みことのり》をつげしらしむ。その子都《ツ》〔美《ミ》〕波《ハ》八《ヤ》重《ヘ》事代主《ことシロぬし》の神〈今葛木《かづらき》の鴨《かも》にます〉あひともに從《シタガヒ》申。又次の子健《タケ》御《ミ》名《ナ》方《カタ》刀《と》美《み》の神〈今陬方《すは》の神にます〉したがはずして、にげ給しを、すはの湖《みづうみ》までおゐ(ひ)てせめられしかば、又したがひぬ。かくてもろ〳〵の惡《あしき》神をばつみなへ、まつろえ(へ)るをばほめて、天上にのぼりて返《かへり》こと申給。大物主の神〈大汝の神は此國をさり、やがてかくれ給と見ゆ。この大物主はさきにいふ所の三輪の神にますなるべし〉事代主の神、相共に八十萬《やそよろづ》の神をひきゐて、天《あめ》にまうづ。太神ことにほめ給き。「宜《よろしく》八十萬の神を領《りやうじ》て皇孫をまぼりまつれ。」とて、先《まづ》かへしくだし給けり。

其後、天照太神、高皇產靈尊相計《あひはからひ》て皇孫をくだし給。八百萬《やほよろづ》の神、勅《みことのり》を承《うけたまはり》て御供につかふ(う)まつる。諸神の上首《じやうしゆ》三十二神あり。其中《なか》に五部《いつとものを》神といふは、天兒屋命《あめのこやねの》〈中臣の祖《おや》〉天太玉命《あめのふとたまの》〈忌部の祖〉天鈿女命《あめのうずめの》〈猨女《さるめ》の祖〉石凝姥命《いしこりどめの》〈鏡作《かがみつくり》の祖〉玉屋命《たまのやの》〈玉作《たまつくり》の祖〉也。此中にも中臣・忌部の二《ふたはしらの》神はむねと神勅《しんちよく》をうけて皇孫をたすけまぼり給。又三種《みくさ》の神寶《かむたから》をさづけまします。先《まづ》あらかじめ、皇孫に勅《みことのりし》て曰《のたまはく》、「葦原千五百秋之瑞穗國《あしはらのちいほあきのみづほのくには》是吾子孫可レ主之地也《これワガウミノコノきみたるベキところなり》。宜二爾皇孫就而治一焉《イマシすめみまツイテシラマセ》。

〔行〕給矣《さきくゆきタマヘ》。寶祚之隆《あまつひつぎのサカンナルこと》當《マサニ》下《ベキ》與二天壤《あめつちと》一無中窮上《ときはまりなかる》者矣。」又太神御手に寶鏡をもち給《たまひ》、皇孫にさづけ祝《ほき》て、「吾兒《わがこ》視二此寶鏡《このたからのかがみヲ》一《みテ》當《まさニ》《ヘシ》レ猶《ナヲシ》《コトクナル》レ視レ吾《われヲミルガ》。可下與《トモニ》同レ床《ゆかヲおなじくシ》共レ殿《みあらかヲひとつニシテ》以《もつテ》爲中齋鏡上《いはひのかがみとすベシ》。」とのたまふ。八坂瓊の曲玉《まがたま》・天の藂雲の劍をくはへて三種とす。又「此(九)鏡の如《ごとく》に分明《ふんみやう》なるをもて、天下《あめのした》に照臨《せうりんし》給へ。八坂瓊のひろがれるが如く曲妙《タクミナルワザ》をもて天下をしろしめせ。神劍をひきさげては不レ順《まつろはさ》るものをたいら(ひ)げ給《たまへ》。」〔と〕勅《みことのりし》ましく〳〵けるとぞ。此國の神靈《しんれい》として、皇統《くわうとう》一種たゞしくまします事、まことにこれらの勅に見えたり。三種の神器世に傳《つたふる》こと、日月星《ひつきほし》の天《あめ》にあるにおなじ。鏡は日の體《たい》なり。玉は月の精《せい》なり。劍は星の氣《き》なり。ふかき習《ならひ》あるべきにや。

抑《そもそも》、彼の寶鏡はさきにしるし侍《はべる》石凝姥《いしこりどめ》の命の作《つくり》給へりし八咫の御鏡〈*八咫に口傳〔あり〕〉、

裏書《に》云。

咫《は》說文《に》云。中《の》婦人《の》手《の》長《さ》八寸謂《ふ》二之《を》咫《と》一。*周尺《しうじやく》也。但《ただし》、今の八咫の鏡《の》事は別《べつに》口傳あり。

玉は八坂瓊の曲玉、玉屋《々》の命〈天明玉《あめのあかるたま》とも云〉作給へるなり〈*八坂にも口傳あり〉。劍はすさのをの命え給へる、太神にたてまつられし藂雲の劍也。此三種につきたる神勅は正《まさし》(一〇)く國をたもちますべき道なるべし。鏡は一物《いちもつ》をたくはへず。私の心なくして、萬象《ばんしやう》をてらすに是非善惡のすがたあら

はれずといふことなし。そのすがたにしたがひて感應《かんおう》するを徳とす。これ正直《しやうぢき》の本源なり。玉は柔和《にうわ》善順《ぜんじゆん》を徳とす。慈悲の本源也。劒は剛利決斷を徳とす。智惠《ちゑ》の本源也。此三徳を翕受《あはせうけ》ずしては、天下《あめのした》のお《(を)》さまらんことまことにかたかるべし。神勅あきらかにして、詞《ことば》つゞまやかにむねひろし。あまさへ神器にあらはれ給へり。いとかたじけなき事をや。中《なか》にも鏡〔を〕本《もと》とし、宗廟《そうべう》の正體《しやうたい》とあふがれ給。鏡は明《めい》をかたちとせり。心性《しんしやう》あきらかなれば、慈悲決斷は其中《うち》にあり。又正《まさし》く御影《みかげ》をうつし給しかば、ふかき御心をとゞめ給けむかし。天《あめ》にある物、日月《ひつき》よりあきらかなるはなし。仍《よりて》文字《もんじ》を制するにも「日月を明とす。」といへり。我神、大日《だいにち》(一一)の靈《みたま》にましませば、明徳をもて照臨し給こと陰陽にを《(お)》きてはかりがたし。冥顯《みやうけん》につきてたのみあり。君も臣《おみ》も神明の光《くわう》胤《いん》をうけ、或はまさしく勅をうけし神達の苗裔《べうえい》なり。誰か是をあふぎたてまつらざるべき。此理《ことわり》をさとり、其道にたがはずば、内外典《ないげてん》の學問もこゝにきはまるべきにこそ。されど、此道のひろまるべき事は内外典流布《るふ》のちからなりと云つべし。魚をうることは網《あみ》の一目《いちもく》によるなれど、衆目の力なければ是をうることかたきが如し。應神《おうじん》天皇の御〔代〕より儒書をひろめられ、聖徳太子の御〔時〕より、釋教《しやくけう》をさかりにし給し、是《これ》皆權化《ごんげ》の神聖《かみ》にましませば、天照太神の御心をうけて我國の道をひろめふかくし給なるべし。

かくて此瓊々杵の尊、天降《あまくだり》ましゝに猨田《さるだ》彦《ひこ》と云神まい《(ゐ)》りあひき*〈これはちまたの神也〉。てりかゝやきて目をあはする神なかりしに、天の鈿目の神行《ゆき》あひぬ。又「皇孫いづくにかいたりましますべき。」と問しかば、「筑紫《つくし》の日向の高千穂の槵觸《くしふる》の峯《たけ》にましますべし。われは伊勢の五十鈴の川上にいたるべし。」と申。彼《かの》神の申《まをし》のまゝに、槵觸の峯にあまくだりて、しづまり給べき所をもとめられしに、事勝《ことかつ》・國勝《くにかつ》と云神〈これも伊弉諾尊の御子、又は鹽土《しほつち》の翁《おきな》といふ〉まい《(ゐ)》りて、「わがゐたる吾田《あた》の長狹《ながさ》の御崎《みさき》なむよろしかるべし。」と申ける、其所《ところ》にすませ給けり。

こゝに山の神大山祇《おほやまつみ》、二《ふたり》の女《むすめ》あり。姉を*磐長姫《イワナガヒメ》といふ〈これ*磐石《ばんじやく》の神なり〉、妹を木《こ》の花開耶姫《はなのさくやひめ》と云〈これは花木の神なり〉。二人をめしみ給。あねはかたちみにくかりければ返しつ。いもうとを止《もと》め給しに、*磐長姫うらみいかりて、「我をもめさましかば、世の人は命ながくて*磐石の如くあらまし。たゞ妹をめしたれば、うめらん子は木《こ》の花の如くちりを《(お)》ちなむ。」ととこひけるによりて、人の命はみじかくなれりとぞ。木の花のさくやひめ、めされて一夜《ひとよ》にはらみぬ。天孫のあやめ給ければ、はらたちて無戸室《ウツムロ》をつくりてこもりゐて、みづから火をはなちしに、三人《みたり》の御子生給《うまれたまふ》。

ほのを《(ほ)》のおこりける時、生《うまれ》ますを火闌降《*ホノスセリ》の命と云。火のさかりなりしに生《うまれ》ますを火明《ホアカリノ》命と云。後《のち》に生《うまれ》ますを火《ほ》〔火《ほ》〕出見《でみ》の尊と申。此三人の御子をば火もやかず、母の神もそこなはれ給はず。父の神悦《よろこび》まし〱けり。

此尊天下《あめのした》を治《をさめ》給事三十萬八千五百三十三年と云へり。自レ是《これより》さき、天上にとゞまります神達の御事は年序《ねんじよ》はかりがたきにや。天地《あめつち》わかれしより以來《このかた》のこと、いくとせをへたりと云ことも見えたる文《ふみ》なし。

抑《そもそも》、天竺《てんぢく》の說に、人壽《にんじゆ》無量なりしが八萬四千歲になり、それより百年に一年を減じて百二十歲の時〈或百才とも〉釋迦《しやか》佛出給《ぶついでたまふ》と云《いへ》る、此佛出世は鸕鷀《う》草葺不合《がやふきあへずの》尊のすゑざまの事なれば〈神武天皇元年辛酉《かのととり》、佛滅後《ぶつめつののち》二百九十年にあたる。已上《これより》はかぞふべき也〉、百年に一年を增してこれをはかるに、此瓊々杵の尊の初《はじめ》つかたは迦葉佛《かせふぶつ》の出給ける時にやあたり侍らん。人壽二萬歲の時、此佛は出給けりとぞ。

第四代、彥火々出見《ひこほほでみ》の尊と申。御兄《このかみ》火《ほ》の闌降《すせり》の命、海の幸《さち》ます。此尊は山の幸《さち》ましけり。こゝろみに相かへ給しに、各《おのおの》其幸《さち》なかりき。弟《おとと》の尊の、弓箭《ゆみや》に魚の釣鉤《つりはり》をかへ給へりしを、弓箭をば返《かへし》つ。を《(お)》とゝの聟鉤《ツリバリ》を魚にくはれて失ひ給けるを、あながちにせめ給しに、せんすべなくて海邊《うみべ》にさまよひ給き。鹽土の翁《おきな》〈此神の事さきにみゆ〉まい《(ゐ)》りあひて、あはれみ申て、はかりことをめぐらして、海神《うみのかみ》綿積命《ワタツミノ》〈小童ともかけり〉の所にを《(お)》くりつ。其女《むすめ》を豊玉姫《とよたまひめ》と云。天神《あまつかみ》の御孫にめでたてまつりて、父の神につげてとゞめ申つ。つゐ《(ひ)》に其女《むすめ》とあひすみ給。三とせばかりありて故郷《もとつくに》をおぼす御氣色《みけしき》ありければ、其女《むすめ》父にいひあはせてかへしたてまつる。大小《おほきちひさき》いろくづをつどへてとひけるに、口女《クチメ》と云魚《うを》、やまひありとて見えず。しゐ《(ひ)》てめしいづれば、その口《くち》はれたり。是をさぐりしに、うせにし鉤《つりばり》をさぐりいづ〈一《ひとつ》には赤女《あかめ》といふ。又此魚はなよしと云魚と見えたり〉。*海《うみの》神《かみ》いましめて、「口女いまよりつりくふな。又天孫《あめみま》の饌《おもの》にまい《(ゐ)》るな。」となむ云ふくめける。又海神ひる珠《たま》みつ珠をたてまつりて、兄《このかみ》をしたがへ給べきかたちををしへ申けり。さて故郷にかへりまして鉤を返《かへし》つ。滿珠《みつたま》をいだしてねぎ給へば、鹽みちきて、このかみを《(お)》ぼゝれぬ。なやまされて、「*俳優《ワザヲギ》の民《たみ》とならん。」とちかひ給しかば、ひる珠をもちて鹽をしりぞけ給き。これより天日嗣《あまつひつぎ》をつたへまし〳〵ける。

海中にて豊玉姫はらみ給しかば、「産期《ウミガツキ》にいたらば、海邊に産屋《うぶや》を作《つくり》て待給へ。」と申き。はたして其妹玉依姫《いもたまよりひめ》をひきゐて、海邊に行《ゆき》あひぬ。屋《や》を作て鸕鷀《う》の羽《は》にてふかれしが、ふきもあへず、御子うまれ給によりて鸕《う》鷀草葺不合尊《がやふきあへずの》と申す。又産屋をうぶやと云事もうのはをふける故なり。そも「産《うみ》の時み給な。」と契申《ちぎりまをし》しを、のぞきて見ましければ、龍《りよう》になりぬ。はぢうらみて、「われにはぢみせ給はず〔ば〕、海陸《うみくが》をして相かよはしへだつることなからまし。」とて、御子をすてを《(お)》きて海中へかへりぬ。後に御子のきら〳〵しくましますことをきゝ〔て憐み崇《あが》めて、妹の玉依姫を奉て養ひ〕まい《(ゐ)》らせけるとぞ。

此尊天下を治給こと六十三萬七千八百九十二年と云へり。

震旦の世の始《はじめ》をいへるに、萬物《ばんぶつ》混然としてあひはなれず。是を混沌《こんとん》と云。其後輕《カロク》清《キヨキ》物は天《てん》となり、重《ヲモク》濁《ニゴレル》物は地《ち》となり、中和氣《ちゆうクワのキ》は人《じん》となる。これを三才《さんさい》と云〈これまでは我國の初《はじま》りを云にかはらざる也〉。其はじめの君盤古《ばんこ》氏、天下を治《をさむる》こと一萬八千年。天皇《てんくわう》・地皇・人皇など云王相續《あひつぎ》て、九十一代一百八萬二千七百六十年。さきにあはせて一百十萬七百六十年〈これ一説なり。實《まこと》にはあきらかならず。*廣雅《くわうが》と云書には、開闢より獲麟《くわくりん》に至《いたり》て二百七十六萬歳とも云。獲麟とは孔子《こうし》の在世《ざいせ》、魯《ろ》の哀公の時なり。日本の懿《い》徳《とく》にあたる〉。しからば、盤古のはじめは此尊の御代のするつかたにあたるべきにや。

第五代、彦波瀲武鸕鷀草葺不合尊《ひこなぎさたけうがやふきあへずの》と申。御母豊玉姫の名づけ〔申け〕る御名なり。御姨《ヲバ》玉依姫にとつぎて四《よ》はしらの御子をうましめ給ふ。彦五瀬命《ヒコイツセノ》、*稲飯命《いなひの》、三毛入野命《ミケイリノ》、日本磐余彦《ヤマトイワレヒコ》の尊と申す。磐余彦尊を〔太子に立て〔し〕〕天日嗣《あまつひつぎ》をなむつがしめまし〳〵ける。

此神御代《の》七十七萬餘年の程にや、もろこしの三皇の初、伏犧《ふくぎ》と云王あり。次《つぎに》、神農氏《しんのう》、次《つぎに》、軒轅《えん》氏、三代あはせて五萬八千四百四十年〈一説には一萬六千八百二十七年〉。しからば此尊の八十萬餘の年にあたるなり。親經《ちかつねの》中納言の新古今の序を書《かく》に、伏犧の皇徳に基《もとゐ》して四十萬年といへり。何《いづれの》說によれるにか。無二覺束《おぼつかなき》一事也〉。其後に少昊氏《せうかう》、顓頊氏《センギヨク》、高辛氏《かうしん》、陶唐氏《たうたう》〈堯也〉、有虞氏《いうぐ》〈舜也〉といふ五帝あり。合《あはせ》て*四百三十二年。其次《つぎに》、夏《か》・殷《いん》・周《しう》の三代あり。夏には十七主、四百三十二年。殷には三十主、六百二十九年。周の代と成《なり》て第四代の主《しゆ》を昭王と云き。その二十六年甲寅《きのえとら》の年までは周を《お》こりて一百二十年。このとしは葺不合尊の八十三萬五千六百六十七年にあたれり。ことし天竺に釋迦佛出世しまします。同《おなじ》き八十三萬五千七百五十三年に、佛《ほとけ》御年八十にて入滅《にふめつ》しまし〳〵けり。もろこしには*昭王の子、穆王《ぼくわう》の五十三年壬申《みづのえさる》にあたれり。其後二百八十九年ありて、庚申《かのえさる》にあたる年、此神かくれさせまします。

すべて天下《あめのした》を治給こと八十三萬六千四十三年といへり。

これより上《かみ》つかたを地神《ちじん》五代とは申けり。二代は天上にとゞまり給。下《しも》三代は西の洲《クニノ》宮にて多《おほく》の年をを《(お)》くりまします。神代のことなれば、其行迹《カウセキ》たしかならず。葺不合の尊八十三萬餘年まし〳〵しに、その御子磐余彦尊の御代より、にはかに人王《にんわう》の代《よ》となりて、暦數《れきすう》も短くなりにけること疑ふ人もあるべきにや。されど、神道の事を《(お)》してはかりがたし。まことに*磐長姫の詛《トコヒ》けるまゝ壽命も短くなりしかば、神のふるまひにもかはりて、やがて人の代となりぬるか。天竺の説の如く次第ありて減《げんじ》たりとはみえず。

又百王ましますべしと申める。十々の百にはあらざるべし。窮《キハマリ》なきを百ともいへり。百官《ひやくくわん》百《ひやく》姓《しやう》などいふにてしるべきなり。昔、皇祖天照太神天孫の尊に御ことのりせしに、「寶祚之《あまつひつぎのサカンナルこと》隆當《マサニ》下與二天壤一《あめつちト》無中窮上《きはまりナカルベシ》。」とあり。*天地も昔〔に〕かはらず。日月も光をあらためず。況《いはん》や三種の神器世に現在し給へり。きはまりあるべからざるは我國を傳《つたふ》る寶祚《ほうそ》なり。あふぎてた(ッ)とびたてまつるべきは日嗣をうけ給すべらぎになむおはします。

人皇《にんわう》第一代、神日本《かむやまと》磐余彦《いはれひこの》天皇《すめらみこと》と申《まをす》。後に神武《じんむ》となづけたてまつる。地神《ちじん》鸕鷀草葺不合の尊《の》第四の子。御母玉依姫、海神《うみのかみ》小童《わたつみの》第二女《のむすめ》也。伊弉諾尊には六世、大日孁《おほひるめ》の尊には五世の天孫にまします。神日本磐余彦と申は神代よりのやまとことば也。神武は中古となりて、もろこしの詞《ことば》によりてさだめたてまつる御名なり。又此御代より代ごとに宮所《みやどころ》をうつされしかば、其所《ところ》を名づけて御名とす。此天皇をば橿原《かしはら》の宮と申、是也。

又神代より至《いたり》て尊《たふとき》を尊《みこと》と云《いひ》、其次を命《ミコト》と云。人の代となりては天皇《すめらみこと》とも號したてまつる。臣下にも朝臣《あそむ》・宿禰《すくね》・臣《おみ》などといふ號いできにけり。神武の御時よりはじまれる事なり。上古《しやうこ》には尊とも命とも兼《かね》て稱《しようし》けると見えたり。世くだりては天皇《てんわう》を尊と申ことも見えず、臣《しん》を命と云事もなし。古語の耳なれずなれる故にや。此天皇御年十五にて太子《たいし》に立《たち》、五十一にて父神《ちちの》にかはりて皇位にはつかしめ給。ことし辛酉《かのととり》なり。筑紫《つくしの》日向の宮崎の宮におはしましけるが、兄《このかみ》の神達を《(お)》よび皇子《わうじ》群臣《ぐんしん》に勅《みことのり》して、東征《セイ》のことあり。此大八州《おほやしま》は皆是王地也。神代《かみよ》幽昧《ユウマイ》なりしによりて西偏《にしのほとり》の國にして、おほくの年序《ねんじよ》を《(お)》くられけるにこそ。

天皇舟檝《しうしふ》*をとゝのへ、甲兵《かふへい》をあつめて、大日本洲《おほやまとのくに》にむかひ給。みちのついでの國々をたいら《(ひ)》げ、大やまとにいりまさむとせしに、其國に天《あめ》の神饒《ニギ》の速日《ハヤヒ》の尊の御する宇麻志間見《ウマシマミ》の命と云神あり。

外舅《ハヽカタノヲヂ》の長髓彦《ナガスネひこ》といふ、「天神《あまつかみ》の御子兩種有《あら》んや。」とて、軍《いくさ》をおこしてふせぎたてまつる。其軍こはくして皇軍《みいくさ》しば〳〵利をうしなふ。又邪神毒氣《あしきかみどくき》をはきしかば、*士卒《しそつ》みなやみふせり。こゝに天照太神、健甕槌《タケミカヅチ》の神をめして、「葦原の中つ洲《くに》にさは《(わ)》ぐを《(お)》とす。汝ゆきてたい《(ひ)》らげよ。」とみことのりし給。健甕槌の神申《まをし》給けるは、「*昔國をたい《(ひ)》らげし時《の》劍あり。かれをくださば、自《おのづか》らたい《(ひ)》らぎなむ。」と申て、紀伊國名草《きのくになぐさ》の村に*高倉下《タカクラジノ》命と云神にしめして、此劍をたてまつりければ、天皇悅《よろこび》給て、*士卒のやみふせりけるもみなを《(お)》きぬ。又神魂《かみむすび》の命の孫、武津《たけつ》之《の》身命《みの》大烏となりて軍の御さきにつかふ《(う)》まつる。天皇ほめて八《や》咫烏《たからす》と號し給ぬ。金色《こんじき》の鵄《トビ》くだりて皇弓《みゆみ》のはずにゐたり。其光てりかゝやけり。これによりて皇軍大《おほき》にかちぬ。宇麻志間見《うましまみ》の命其舅《をぢ》のひがめる心をしりて、たばかりてころしつ。その軍《いくさ》をひきゐてしたがひ申にけり。天皇はなはだほめまし〳〵て、天《あめ》よりくだれる神劍をさづけ、「其〔大《だい》〕勳《くん》にこたふ。」とぞのたまはせける。此劍を豐布都《トヨフツ》の神と號す。はじめは大和《やまと》の石上《イソノカミ》にまし〳〵き。後には常陸《ひたち》の鹿嶋《かしま》の神宮にまします。

彼《かの》宇麻志間見の命又饒速日《にぎはやひ》の尊天降《あまくだり》し時、外祖高皇產靈《ぐわいそたかみむすび》の尊さづけ給し十種《とくさ》の瑞寶《みづたから》を傳《つたへ》もたりけるを天皇に奉る。天皇鎮魂《みタマシヅメ》の瑞寶也しかば、其祭を始られにき。此寶をも卽《すなはち》宇麻志間見にあづけ給て、大和《やまとの》石上に安置す。又は布瑠《フル》と號《かうす》。此瑞寶を一《ひとつ》づつ《ゝ》よびて、呪文《じゆもん》をして、ふる事あるによれるなるべし。

かくて天下《あめのした》たいら《(ひ)》ぎにしかば、大和國橿原《やまとのくにかしはら》に都をさだめて、宮つくりす。其制度天上の儀のごとし。天照太神より傳給へる三種の神器を大殿《みあらか》に安置し、床《ゆか》を同くしましましす。皇宮・神宮一《ひとつ》なりしかば、國々の御《み》つき物をも齋藏《いみくら》に《(を)》おさめて官物《くわんもつ》・神物《じんもつ》のわき〔だめ〕なかりき。天兒屋根《あめのこやね》命の孫天種子《あめのタネコ》の命、天太玉《あめのふとたま》の命孫《の》天富《あめのとみ》の命もはら神事《しんじ》をつかさどる。神代の例《ためし》にことならず。又靈《まつりの》時《には》を鳥見山《とみのやま》の中《なか》にたてて《ゝ》、天神《あまつかみ》・地祇《くにつかみ》をまつらしめ給。

〔此〕御代の始、辛酉《かのととり》の年、もろこしの周《しう》の世、第十七代にあたる君、惠王《けいわう》の十七年也。五十七年丁巳《ひのとみ》は周の二十一代の君、定王《ていわう》の三年にあたれり。ことし老子《らうし》誕生す。是は道教の祖也。天竺の釋迦《しやか》如來《によらい》入滅《にふめつ》し給しより元年辛酉までは二百九十年になれるか。

此〔天〕皇天下《てんか》を治《をさめ》給こと七十六年。一百二十七歳を《(お)》はしき。

第二代、綏靖《すいぜい》天皇〈これより和語《わご》の尊號をばのせず〉〔は〕神武第二*《の》御子。御母鞴五十鈴姫《タタライスヽヒメ》、事代主《コトシロヌシ》のします。

神の女《むすめ》也。父の天皇かくれまして、三*とせありて卽位し給。庚辰年《かのえたつの》也。大和葛城高岡《やまとのかづらきのたかをか》の宮にまします。

三十一年庚戌《かのえいぬ》の〔年〕もろこしの周の二十三代の《の》君、靈王《れいわう》の二十一年也。ことし孔子誕生す。自ㇾ是《これより》七十三年までおはしけり。儒教《じゆけう》をひろめらる。此道は昔の賢王、唐堯《たうげう》・虞舜《ぐしゆん》・夏《か》の初《はじめ》の禹《う》・殷《いん》のはじめの湯*《たう》・周《しう》のはじめの文王《ぶんわう》・武王《ぶわう》・周公《しうこう》の國を治め、民をなで給し道なれば、心を正《ただ》しくし、身をなを《(ほ)》くし、家を治め、國を治めて、天下にを《(お)》よぼすを宗《むね》とす。さればことなる道にはあらねども、末代《まつだい》となりて、人不正になりしゆへ《(ゑ)》に、其道をお《(を)》さめて儒教をたてらるゝなり。

天皇天下を治《をさめ》給こと三十三年。八十四歳を《(お)》まし〳〵き。

第三代、安寧《あんねい》天皇は綏靖第二の子。御母五十《い》鈴依姫《すずよりひめ》、事代主《ことしろぬし》の神のを《(お)》と女《むすめ》也。癸丑《みづのとうし》の年卽位。大和《やまと》の片鹽浮穴《カタシホノウクアナ》の宮にまします。

天下を治給こと三十八年。五十七歳を《(お)》まし〳〵き。

第四代、懿徳《いとく》天皇は安寧第二の子。御母淳名底《ヌナソコ》〔中〕媛《なかつヒメ》、事代主の神の孫也。辛卯《かのとうの》年卽位。大和の輕曲峽《カルノマガリヲ》の宮にまします。

天下を治給こと三十四年。七十七歳を《(お)》はしましき。

第五代、孝昭《かうせう》天皇は懿徳第一の子。御母天豊津姫《あまのトヨツひめ》、息石耳《おきしみみ》の命の女《むすめ》也。父の天皇かくれまして一年《ひととせ》ありて、丙寅《ひのえとら》の年即位。大和の掖《わき》の上池《かみのいけ》の心《こころ》の宮にまします。

天下を治給こと八十三年。百〔十〕四歳を《(お)》はしましき。

第六代、孝安《かうあん》天皇〔は〕孝昭第二の子。御母世襲足《よそたらし》の姫《ひめ》、尾張《ヲハリ》の連《むらじ》の上祖《とほつおや》〔瀛〕津世襲《おきつよそ》の女《むすめ》也。乙《きのと》丑《うし》の年即位。大倭秋津嶋《やまとのあきづしま》の宮にまします。

天下を治給こと一百二年。百二十歳を《(お)》まし〳〵き。

第七代、孝靈《かうれい》天皇は孝安の太子《たいし》。御母*押姫《おしひめ》、天足彦國押人《あめたらしひこくにおしひとの》命の女《むすめ》也。辛未《かのとひつじの》年即位。大和の黒田《くろだ》廬戸《イホと》の宮にまします。

三十六年丙午《ひのえうま》にあたる年、もろこしの周の國滅《めつ》して秦《しん》にうつりき。四十五年乙卯《きのとう》、秦の始皇《しくわう》即位。此始皇仙方《せんホウ》をこのみて長生不死《ちやうせいふし》の藥を日本にもとむ。日本より五帝三皇の遺書を彼《かの》國にもとめしに、始皇こと〴〵くこれをおくる。其後三十五年ありて、彼《かの》國、書〔を〕燒《やき》、儒をうづみにければ、孔子の全經《ぜんきやう》日本にとゞまるといへり。此事異朝の書にのせたり。我國には神功皇后《じんぐうくわうごう》三韓をたい《(ひ)》らげ給しより、異國に通じ、應神《おうじん》の御代より經史《けいし》の學つたはれりとぞ申ならはせる。孝靈の御時より此國に文字《もんじ》ありとはきかぬ事なれど、上古《しやうこ》のことは慥《たしか》に注《しるし》とゞめざるにや。應神の御代にわたれる經史だにも今は見えず。聖武《しやうむ》の御時、吉備大臣《きびのだいじん》、入唐《にふたう》して傳《つたへ》たりける本こそ流布《るふ》したれば、この御代より傳けむ事もあながちに疑《うたがふ》まじきにや。

凡此國をば君子不死の國とも云なり。孔子世のみだれたる事を歎《なげき》て、「九夷《きうい》にをらん。」との給ける。日本は九夷の其一《ひとつ》なるべし。異國には此國をば東夷《とうい》とす。此國よりは又彼國《かの》をも西蕃《せいばん》と云るがごとし。四海《しかい》といふは東夷・南蠻《なんばん》・西羌《せいきやう》・北狄《ほくてき》也。南は蛇《じや》の種《しゆ》なれば、虫をしたがへ、西は羊をのみかう《(よ)》なれば、羊をしたがへ、北は犬の種なれば、犬をしたがへたり。たゞ東は仁ありて命《いのち》ながし。よりて大《だい》・弓《きう》の字をしたがふといへり。

裏書《に》云。

*夷《は》說文《に》曰《く》。東方之人也。*从《したがひ》レ大《に》从《ふ》レ弓《に》。*徐氏《(一三)》曰《く》。唯東夷从《ひ》レ大《に》从《ふ》レ弓《に》。仁而《にして》壽。有《りと》二君子不死之國一云《ふ》。仁而《にして》壽、未《だ》レ合《は》二弓字之義《に》一。〔弓者〕以《て》レ近《きを》窮《きはむる》レ遠《きを》也《と》云。若《もしくは》取《れる》二此《の》義《を》一歟。

孔子の時すらこなたのことをしり給ければ、秦の世に通じけむことあやしむに足《タン》ぬことにや。

此天皇天下を治給事七十六年。百十歳を《(お)》はしましき。

第八代、孝元《かうげん》天皇は孝靈の太子《たいし》。御母*細媛《くはしひめ》、磯城縣主《シキのアガタぬし》の女《むすめ》也。丁亥《ひのとゐの》年即位。大倭《やまと》の輕境原《かるのさかひけら》の宮にまします。九年乙未《きのとひつじ》の年、もろこしの秦滅《しんほろび》て漢《かん》にうつりき。

此天皇天下を治給こと五十七年。百十七歳を《(お)》まし〱き。

第九代、開化《かいくわ》天皇は孝元第二の子。御母欝色謎姫《うつしこめひめ》、穂積《ほづみ》の臣《おみの》上祖《トヲツヲヤ》欝色雄《うつしこをの》命《の》妹也。甲申《きのえさるの》年即位。大和《やまと》の春日率川《かすがのいさがは》の宮にまします。

天下を治給こと六十年。百十五歳を《(お)》まし〱き。

第十代、崇神《すじん》天皇は開化第二の子。御母伊香色謎姫《いかがしこめひめ》〈初は孝元の妃《きさき》として彦太忍信《ひこふとおしまこと》の命をうむ〉、太《おほ》*綜麻杵《ヘソキ》の命の女《むすめ》也。甲申《きのえさる》の歳即位。大和の磯城《しき》の瑞籬《みづかき》の宮にまします。

此御時神代をさる事、世は十《と》つぎ、年は六百餘《あまり》になりぬ。やうやく神威をおそれ給て、即位六年己丑《つちのとうしの》年〈神武元年辛酉《かのととり》より此己丑までは六百二十九年〉、神代の鏡造《かがみつくり》の石凝姥《いしコリドメ》の神のはつこをめして鏡をうつし鑄《い》せしめ、天目一箇《あめのまヒトツ》の神のはつこをして剣をつくらしむ。大和宇陀《のうだ》の郡《こほり》にして、此兩種をうつしあらためられて、護身《ごしん》の璽《しるし》として同殿《おなじとの》に安置す。神代よりの寶鏡を《(お)》よび靈劍をば皇《くわう》女豊鋤入姫《ちよとよすきいりひめ》の命につけて、大和の笠縫《かさぬひ》の邑《ムラ》と云所に神籬《ひもろぎ》をたててあがめたてまつらる。これより神宮・皇居各《おのおの》別《べつ》になれりき。其後太神《おほみかみ》のをしへありて、豊鋤入姫の命、神體を頂戴《ちやうだい》して所々《ところどころ》をめぐり給けり。

十年の秋、大彦命《おほひこの》を北陸《ほくろく》に遣し《つかは》、武渟川別《たけぬなかはわけ》の命を東海《とうかい》に、吉備津彦命《きびつひこの》を西道《さいだう》に、丹波《たには》の道主《みちぬし》の命を丹波《たんば》に遣す。ともに印綬《いんじゆ》を給て将軍とす〈将軍の名はじめてみゆ〉。天皇の*叔父《しゆくふ》武埴安彦《たけハニやすひこ》の命、朝廷をかたぶけむとはかりければ、将軍等を止《とどめ》て、まづ追討〔しつ〕。冬十月《かんなづき》に将軍發路《ミチタチ》す。十一年の夏、四道の将軍戎夷《じゆうい》を平《たひらげ》ぬるよし復命《カヘリコト》す。六十五年秋任那《みまな》の國、使《つかひ》をさして御《み》つきをたてまつる〈筑紫をさること二千餘里といふ〉。

天皇〔天〕下を治給こと六十八年。百二十歳おましくき。

第十一代、垂仁《すいにん》天皇は崇神第三の子。御母御間城姫《みまきひめ》、*大彦《おほひこ》の命〈孝元の御子〉〔の〕女《むすめ》也。壬辰《みづのえたつ》の年卽位。大和の巻向《まきむく》の珠城《たまき》の宮にまします。

此御時皇女大和姫の命、豊鋤入姫にかはりて、天照太神をいつきたてまつる。神のをしへによりて、な《(ほ)》を國々をめぐりて、二十六年丁巳《ひのとみ》冬十月甲子《きのえね》に伊勢國度會郡《いせのくにわたらひのこほり》五十鈴川《いすずの》上に宮所《みやどころ》をしめ、高天《たかま》の原に千木《ちぎ》高知下都《たかしりしたつ》磐根《いはね》〔に〕大宮柱廣敷立《フトしきたて》てしづまりまし〱ぬ。此所《ところ》は昔天孫《あめみま》あまくだり給し時、猿田彦《さるだひこ》の神まい《(ゐ)》りあひて、「われは伊勢の狭《さ》長田《ながた》の五十鈴の川上にいたるべし。」と申ける所也。大倭姫《やまとひめ》の命、宮所を尋《たづね》給しに、大田の命と云人〈又興玉《おきたま》とも云〉まい《(ゐ)》りあひて、此所《ところ》をしへ申き。此命は昔の猨田彦の神の苗裔《べうえい》也とぞ。彼《かの》川上に五十鈴・天上の圖形《づぎやう》などあり〈天《あま》の逆戈《さかほこ》もこの所にありきとも一説あり〉。「八萬歳のあひだまぼりあがめたてまつりき。」となむ申ける。かくて中臣《なかとみ》の祖大鹿嶋《おやおほかしま》の命を祭主《さいしゅ》とす。又大幡主《おほはたぬし》と云人を太神主《おほかむぬし》になし給。これより皇太神《すめおほみかみ》とあがめ奉て、天下《てんか》第一の宗廟《そうべう》にまします。

此天皇天下を治給こと九十九年。百四十歳を《(お)》まし〱き。

第十二代、景行《けいかう》天皇は垂仁第三の子。御母〔日〕《ひ》葉洲媛《はすひめ》、丹波道主の〔王の〕女《むすめ》也。辛未《かのとひつじの》年即位。大和の纏向《まきむく》の日代《ひしろ》の宮にまします。

十二年秋、熊襲《くまそ》*〈日向にあり〉そむきてみつきたてまつらず。八月《はつき》に天皇筑紫に幸《みゆき》す。是を征《せい》し給。十三年夏こと〱く平《たひら》ぐ。高屋《たかや》の宮にまします。十九年の秋筑紫より還《かへり》給。

二十七年秋、熊襲又そむきて邊境をお《(を)》かしけり。皇子小碓《ヲウス》の尊御年十六、お《(を)》さなくより雄略氣《ヲヽシキケ》まして、容貌《ようばう》魁偉《スグレタ、ハシ》。身の長《たけ》一丈、力能《ちからよく》かなへをあげ給ひしかば、熊襲をうたしめ給。冬十月ひそかに彼《かの》國にいたり、奇謀《きぼう》をもて、梟帥 取石鹿父《タケルヒトコノカミトリイシカヤ》と云物を殺給《ころしたまふ》。梟帥ほめ奉て、日本武《やまとたけ》とながけ申けり。悉《ことごとく》餘黨を平《たひらげ》て歸給。所々にしてあまたの惡神《あしきかみ》をころしつ。二十八年春かへり〔こと〕申給けり。天皇其の功をほめてめぐみ給こと諸子にことなり。

四十年の夏、東夷をほ《(お)》く背《そむき》て邊境さは《(わ)》がしかりければ、又日本武の皇子をつかはす。吉備《きび》の武《たけ》彦《ひこ》、大伴《おほとも》の武日《たけひ》を左右の將軍としてあひそへしめ給。十月に枉道《ヨギリミチ》して伊勢の神宮にまうでて、大和姫の命にまかり申給。かの命神劍をさづけて、「つゝしめ、なを《(お)》こたりそ。」とをしへ給ける。駿河《するが》に〈駿河日本紀說、或《あるいは》相模《さがみ》古語拾遺說〉いたるに、賊徒《ぞくと》野に火をつけて害《がい》したてまつらんことをはかりけり。火のいきを《(ほ)》ひまぬかれがたかりけるに、はかせる藂雲《むらくも》の劍をみづからぬきて、かたはらの草をなぎてはらふ。こ〔れ〕より名をあらためて草薙《くさなぎ》の劍と云。又火うちをもて火を出《いだし》て、むかひ火を付《つけ》て、賊徒を燒《やき》ころされにき。これより船に乘《のり》給て上總《かづさ》にいたり、轉じて陸奥國《みちのくのくに》にいり、日高見《ひたかみ》の國〈その所異說有〉にいたり、悉 蝦夷《コトゞゞクエビス》を平《たひら》げ給。かへりて常陸《ひたち》をこえ甲斐《かひ》にこえ、又武藏《むさし》・上野《かみつけ》をへて、碓日坂《うすひざか》にいたり、弟橘媛《おとたちばなひめ》と云し妾《みめ》をしのび給〈上總へ渡《わたり》給し時、風波あらかりしに、尊の御命をあがはむとて海に入《いり》し人也〉。東南の方《かた》をのぞみて、「吾嬬者耶《アヅマはや》。」との給しより、山東《さんとう》の諸國をあづまといふなり。これより道をわけ、吉備の武彦をば越後國《ゑちごのくに》に遣《つかは》して不レ順者《まつろはぬもの》を平《たひらげ》しめ給。尊は信濃《しなの》より尾張《をはり》にいで給。かの國に宮簀《みやす》媛《ひめ》と云女《をんな》あり。尾張《をはり》の稲種宿禰《いなたねのすくね》の妹也。此女をめして淹留給《ヒサシクとどまりたまふ》あひだ、五《い》十葺《ぶき》の山に荒神《あらぶるかみ》ありと聞えければ、剣をば宮簀媛の家にとゞめて、かちよりいで〔ま〕す。山神化《やまのかみけ》して小《こ》蛇《へび》になりて、御道によこたはれり。尊またこえてすぎ給しに、山神毒氣を吐《はき》けるに、御心みだれにけり。それより伊勢にうつり給。能褒野《のぼの》と云所にて御やまひはなはだしくなりにければ、武彦の命をして天皇に事のよしを奏《そう》して、つゐ《(ひ)》にかくれ給ぬ。御年三十なり。天皇きこしめして、悲《かなしみ》給事限《かぎり》なし。群卿百寮《ぐんけいひやくれう》に仰《おほせ》て、伊勢國《いせのくに》能褒野におさ《(を)》めたてまつる。白鳥《しらとり》と成《なり》て、大和國《やまとのくに》をさして琴彈原《コトヒヤノ》にとゞまれり。其所《ところ》に又陵《みささぎ》をつくらしめられければ、又飛《とび》て河内古市《かはちのふるいち》にとゞまる。その所に陵を定《さだめ》られしかば、白鳥又飛て天《あめ》にのぼりぬ。仍三《よりてみつ》の陵あり。

彼《かの》草薙の剣は宮簀媛あがめたてまつりて、尾張にとゞまり給。今の熱田《あつたの》神にまします。

五十一年秋八月《はつき》、武内《たけうち》の宿禰《すくね》を棟梁《とうりやう》の臣〔と〕す。五十三年秋、小碓《をうす》の命の平《ことむけ》し國をめぐり見ざらんやとて、東國に幸《みゆき》し給。十二月《しはす》あづまよりかへりて、伊勢の綺《かむはた》*の宮にまします。五十四年秋、伊勢より大和にうつり、纏向《まきむく》の宮にかへり給。

天下を治給こと六十年。百四十歳《(お)》をまし〳〵き。

第十三代、成務《せいむ》天皇は景行第三子《の》。御母八坂入姫《やさかいりひめ》、八坂入〔彦〕の皇子〈崇神の御子〉〔の〕女《むすめ》也。日本武尊《やまとたけの》日《ひ》嗣《つぎ》をうけ給ふべかりしに、世をはやくしまし〳〵しかば、此御《み》門《かど》立《たち》給。辛未《かのとひつじの》歳即位。近江《あふみ》の志賀高穴穂《しがのたかあなほ》の宮にまします。神武より十二代、大和國《やまとのくに》にまし〳〵き〈景行天皇のすゑつかた、此高穴穂にまし〳〵しかども定《さだまれ》る皇都にはあらず〉。此時はじめて他國にうつり給。三年の春、武内の宿禰を大臣《おほおみ》とす〈大臣の號これにはじまる〉。四十八年の春、姪仲足彦《をひなかたらしひこ》の尊〈日本武の尊の御子〉〔を〕たてて《ゝ》皇太子とす。

天下を治給こと六十一年。百七歳《(お)》をまし〳〵き。

第十四代、第十四世、仲哀《ちゆうあい》天皇は日本武尊第二の子、景行御孫《の》也。御母両道《フタチ》入姫《イリひめ》、垂仁《すいにん》天皇女《のむすめ》也。大祖《たいそ》神武より第十二代景行までは代《よ》のまゝに繼體《けいたい》し給。日本武尊世をはやくし給しによりて、成務是をつぎ給。此天皇を太子としてゆづりまし〳〵しより、代《だい》と世《せい》とかはれる初なり。これよりは世を本《もと》としるし奉《たてまつる》べきなり〈代と世とは常の義差別《しやべつ》なし。然《しかれ》ど凡《およそ》の承運《しやううん》とまことの繼體とを分別《ふんべつ》せん爲に書分《かきわけ》たり。但《ただし》字書にもそのいはれなきにあらず。代は更《かう》の義也。世は周禮《しうらい》の註に、父死《しし》て子立《たつ》を世と云とあり〉。此天皇御かたちいときら〳〵しく、御たけ一丈まし〳〵ける。壬申《みづのえさる》の年即位。此御時熊襲又反亂《はんらん》して朝貢せず。天皇軍《いくさ》をめしてみづから征伐をいたし、筑紫《つくし》にむかひ給。皇后息長足《おきナガたらし》姫《ひめの》尊は越前《えちぜん》の國笥飯《けイ》の神にまうでて、それより北海をめぐりて行あひ給ぬ。こゝに神ありて皇后にかたり奉る。「これより西に寶の國あり。うちてしたがへ給へ。熊襲は小國なり。又伊弉諾・伊弉冊のうみ給へりし國なれば、うたずともつゐ(ひ)にしたがひ〔た〕てまつりなむ。」とありしを、天皇うけがひ給はず。事ならずして橿日《かしひ》の行宮《かりみや》にしてかくれ給。長門《ながと》にお(を)さめたてまつる。是〔を〕穴戸豐浦《アナトのとよら》の宮と申す。

天下を治給こと九年。五十二歳を(お)まし〳〵き。

第十五代、神功《じんぐう》皇后は息長《おきなが》の宿禰《すくね》の女《むすめ》、開化天皇四世の御孫なり。息長足姫《おきながたらしひめ》の尊と申す。仲哀たてて皇后とす。仲哀神のをしへによらず、世をはやくし給しかば、皇后いきどを(ほ)りまして、七日あ〔ッ〕て別殿《べつでん》を作り、いもほりこもらせ給。此〔時〕應神天皇はらまれまし〳〵けり。神がかりてさま〲道ををしへ給ふ。此神は「表筒男《うはつつのを》・中筒男《なか》・底筒男《そこ》なり。」となむなのり給*ける。是は伊弉諾尊日向の小戸《をど》の川檍《かはあにぎ》が原にてみそぎし給し時、化生《けしやう》しましける神也。後には攝津國住吉《つのくにすみよし》にいつかれ給神これなり。

かくて新羅《しらぎ》・百濟《くだら》・高麗《かうらい》〈此三ヶ國を三韓《さんかん》と云。正《ただしく》は新羅にかぎるべきか。辰韓《しんかん》・馬韓《ばかん》*・弁韓《べんかん》をすべて新羅と云也。しかれどふるくより百濟・高麗をくはへて三韓と云《いひ》ならはせり〉〔を〕うちしたがへ給き。海《うみの》神《かみ》*かたちをあらはし、御船をはさみまぼり申しかば、思《おもひ》の如く彼國《かの》を平《たひら》げ給。神代より年序ひさしくつもれりしに、かく神威をあらはし給ける、不レ測《ハカラザル》御ことなるべし。海中にして如意《によい》の珠《たま》を得給へりき。さてつくしにかへりて皇子を誕生す。應神天皇にまします。神の申給しによりて、是を胎中《たいちゆう》の天皇とも申。皇后攝政《せつしやう》して辛巳年《かのとみの》より天下をしらせ給。

皇后いまだ筑紫にまし〱し時、皇子の異母の兄《このかみ》忍熊《おしくま》の王謀反《むほん》をおこして、ふせぎ申さむとしければ、皇子をば武内の大臣にいだかせて、紀伊《き》の水門《みなと》につけ、皇后はすぐに難波《なには》につき給て、程なく其亂《みだれ》を平げられにき。皇子をと《(お)》なび給しかば皇太子とす。武内《の》大臣もはら朝政を輔佐《ふさ》し申けり。大和の磐余稚櫻《イハレノワカサクラ》の宮にまします。

是より三韓の國、年ごとに御つきをそなへ、此國よりも彼《かの》國に鎮守《ちんじゅ》のつかさをを《(お)》かれしかば、西《せい》蕃《ばん》相通《あひつうじ》て國家とみさかりなりき。又もろこしへも使をつかはされけるにや。「倭《わ》國《こく》の女王遣使《つかひをつかはし》て來朝す。」と後《ご》漢書《かんじょ》に見えたり。

元年辛巳《かのとみの》年は漢の孝獻《かうけんてい》帝二十三年にあたる。漢の世始りて十四代と云し時、王莽《わうまう》といふ臣位《しんくらゐ》をうばひて十四年＊ありき。其後《のち》漢にかへりて、又十三代孝獻の時に、漢は滅《めつ》して此御代の十九年己亥《つちのとゐ》に獻帝位をさりて、魏《ぎ》の文帝《ぶんてい》にゆづる。是より天下三《みつ》にわかれて、魏《ぎ》・蜀《しょく》・呉《ご》となる。呉《ご》は東によれる國なれば、日本の使もまづ通《つう》じけるにや。呉國《の》より道々《みちみち》のたくみなどまでわたされき。又魏國《の》にも通ぜられけるかと見えたり。四十九年乙酉《きのととり》と云し年、魏又滅《ほろび》て晉《しん》の代にうつりにき〈蜀の國は三十年癸未《みづのとひつじ》に魏のためにほろぼされ、呉は魏より後までありしが、應神十七年辛丑《かのとうし》晉のためにほろぼさる〉。

此皇后天下を治給こと六十九年。一百歳を《(お)》まし〳〵き。

第十六〔代〕、第十五世、應神《おうじん》天皇〔は〕仲哀第四の子。御母神功皇后也。胎中の天皇とも、又は譽田《ほむだの》天皇ともなづけたてまつる。庚寅《かのえとらの》年即位。大和の輕嶋豐明《カルシマトヨアカリ》の宮にまします。

此時百濟《くだら》より博士《はかせ》をめし、經史《けいし》をつたへられ、太子以下《いげ》これをまなびならひて、此國に經史及《および》文字をもちゐることは、これよりはじまれりとぞ。

異朝《いてう》の一書の中に、「日本は呉の太伯《たいはく》が後《のち》なりと云。」といへり。返々《かへすがへす》あたらぬことなり。昔「日本は三韓と同種也。」と云事のありし、かの書をば、桓武《くわんむ》の御代にやきすてられしなり。天地《あめつち》開《ひらけ》て後、「すさのをの尊韓《かん》の地にいたり給き。」など云事あれば、彼等の國々も神の苗裔《べうえい》ならん事、あながちにくるしみなきにや。それすら昔よりもちゐざることなり。天地神《あめつちのかみ》の御すゑなれば、なにしにか代《よ》くだれる呉太伯《の》が後にあるべき。三韓・震旦に通じてより以來《このかた》、異國の人おほく此國に歸化《きくわ》して、秦のすゑ、漢のすゑ、高麗・百濟の種、それならぬ蕃人《ばんじん》の子孫もきたりて、神・皇の御すゑと混亂せしによりて、姓氏錄《しやうじろく》と云文《ふみ》をつくられき。それも人民にとりてのことなるべし。異朝にも人の心まち〳〵なれば、異學の輩《ともがら》の云出《いひいだ》せる事歟《か》。後漢書よりぞ此國のことをばあら〳〵しるせる、符合《ふがふ》したることもあり、*又心えぬこともあるにや。唐書《たうじよ》には、日本の皇代記《くわうだいき》を神代《かみよ》より光孝《くわうかう》の御代まであきらかにのせたり。

さても此御時、武内大臣《たけうちのおとど》筑紫を（を）おさめんために彼國《かの》につかはされける比《ころ》、おとゝの讒《ざん》によりて、すでに追討せられしを、大臣の僕《やつこ》、眞根子《まねこ》と云人あり。かほかたち大臣に似たりければ、あひかはりて誅《ちゆう》せらる。大臣は忍《しのび》て都にまうでて《ゝ》、とがなきよしを明《あきら》められにき。上古神靈《しんれい》の主《あるじ》猶かゝるあやまちましく〱しかば、末代《まつだい》争《いかで》かつゝしませ給はざるべき。

天皇天下を治給こと四十一年。百十一歳を《(お)》ましく〱き。欽明《きんめい》天皇の御代に始て神とあらはれて、筑紫の肥後國《ひごのくに》*菱形《ひしかた》の國と云所にあらはれ給《たまひ》、「われは人皇《にんわう》十六代譽田《ほむだ》の八幡丸《やはたまろ》なり。」との給き。譽田はもとの御名、八幡は垂迹《すいじやく》の號〔也〕。後に豊前《ぶぜん》の國宇佐《うさ》の宮にしづまり給しかば、聖武《しやうむ》天皇東大寺建立《こんりふ》の後、巡禮《じゆんれい》し給べきよし託宣《たくせん》ありき。仍《よりて》威儀《ゐぎ》をとゝのへてむかへ申さる。又神託ありて御出家の儀ありき。やがて彼《かの》寺に勧請《くわんじやう》し奉《たてまつ》る。されど勅使《ちよくし》などは宇佐にまい《(ゐ)》りき。清和《せいわ》の御時、大安寺《だいあんじ》の僧、行教《ぎやうけう》宇佐にまうでたりしに、靈告《れいかう》ありて、今の男山石清水《をとこやまいはしみづ》にうつりまします。爾來《しかしよりこのかた》行幸も奉幣《ほうべい》も石清水にあり。一代一度《いちだいいちど》宇佐へも勅使をたてまつらる。

昔天孫天降《あめみまあまくだり》給し時、*御供《とも》〔の〕神八百萬《やほよろづ》ありき。大物主《おほものぬし》の神したがへて天《あめ》へのぼりしも、八十《やそ》萬《よろづ》の神と云り。今までも幣帛《へいはく》をたてまつらるゝ神、三千餘坐《よざ》也。しかるに天照太神の宮にならびて、二所《ふたところ》の宗廟《そうべう》とて八幡をあふぎ申さるゝこと、いとたふとき御事なり。八幡と申御名は御託宣に「(一三)得レ道來不レ動二法性一《みちをえてよりしてこのかたほつしやうをうごかさず》。示二八正道一垂二權迹一《はちしやうだうをしめしてごんじやくをたる》。皆得レ解二脱苦衆生一《みなくのしゆじやうをげだつすることをえたり》。故號二八幡大《このゆゑにはちまんだいぼさつと》菩薩一《かうす》。」とあり。八正《はちしやう》とは、内典《ないてん》に、正見《しやうけん》・正思惟《しやうしゆい》・正語《しやうご》・正業《しやうごふ》・正命《しやうみやう》・正精進《しやうしやうじん》・正定《しやうちやう》・正恵《しやうゑ》、是を八正道と云。凡心正《およそこころしやう》なれば身口《しんく》はを《(お)》のづからきよまる。三業《さんごふ》に邪《よこしま》なくして、内外《ないげ》眞正《しんしやう》なるを諸佛《しよぶつ》出世の本懐《ほんくわい》とす。神明の垂迹も又これがためなるべし。又八方に八色《やいろ》の幡《はた》を立《たつ》ることとあり。密教の習《ならひ》、西方阿彌陀《さいはうあみだ》の三昧耶形《さんまやぎやう》也。其故にや行教和尚《くわしやう》には彌陀三尊《みださんぞん》の形にて見えさせ給けり。光明袈裟《くわうみやうけさ》の上にうつらせまし〳〵けるを頂戴《ちやうだい》して、男山には安置し申けりとぞ。神明の本地《ほんち》をいふことはたしかならぬたぐひおほけれど、大菩薩《だいぼさつ》の應迹《おうじやく》は昔よりあきらかなる證據《しようこ》おはしますにや。或は又、「昔於二靈鷲山一説二妙法華經一《りやうじゆせんにおいてめうほけきやうをとく》。」とも、或は彌勒《みろく》なりとも、大自在王菩薩《だいじざいわうぼさつ》なりとも託宣し給。中《なか》にも八正の幡をたてて、八方の衆生を濟度《さいど》し給本誓《たまふほんぜい》を、能々思入《よくよくおもひいれ》てつかふ《(う)》まつるべきにや。

天照太神もたゞ正直《しやうちき》をのみ御心とし給へる。神鏡を傳《つたへ》まし〳〵し*ことの起《おこり》は、さきにもしるし侍《はべり》ぬ。又雄略《ゆうりやく》天皇二十二年の冬十一月《しもつき》に、伊勢の神宮の新嘗《にひなめ》のまつり、夜ふけてかたへの人々罷出《まかりいで》て後、神主物忌等《かむぬしものいみ》ばかり留《とどまり》たりしに、皇太神《すめおほみかみ》・豊受《とようけ》の太神、倭姫《やまとひめの》命にかゝりて託宣し給《たまひ》しに、「人はすなはち天下の神物《じんもつ》なり。心神をやぶることなかれ。神はたるゝに祈禱をもつて先《さき》とし、冥《みやう》はくはふるに正直を以て本《もと》とす。」とあり。同《おなじき》二十三年二月《きさらぎ》、かさねて託宣し給しに、「日《じつ》月《げつ》は四州をめぐり、六合《りくがふ》を照すといへ*ども正直の頂《いただき》を照*すべし。」とあり。

大方二所《ふたところの》宗廟の御心をしらんと思はゞ、只《ただ》正直を先とすべき也。大方天地《おほかんあめつち》の間ありとある人、陰陽の氣をうけたり。不正にしてはたつべからず。こと更に此國は神國なれば、神道にたがひては一日も日月をいたゞくまじきいはれなり。倭姫の命人にをしへ給*けるは「黑《キタナキ》心なくして丹《キヨキ》心お《(を)》もて、*清潔齋愼《キヨクイサギヨくいもはりツツシメ》。左の物を右にうつさず、右の物を左にうつさずして、左を左とし右を右とし、左にかへり右にめぐることも萬事《よろづのこと》たがふことなくして、太神《おほみかみ》につかふ《(う)》まつれ。元レ々《ハジメヲハジメトシ》*本レ々《モトヲモトヽス》故なり。」となむ。まことに、君につかへ、神につかへ、國をおさ《(を)》め、人ををしへんことも、かゝるべしとぞおぼえ侍《はべる》。すこしの事も心にゆるす所あれば、おほきにあやまる本《もと》となる。周易《しうえき》に、「霜を履堅氷《フンデカタキコホリ》に至《いたる》。」といふことを、孔子釋してのたまはく、「積善《しやくぜん》[の]家に餘慶《よきやう》あり、[積]不善の家に餘殃《よあう》あり。君を殺《しい》し父を殺すること一朝一夕の故にあらず。」と云《いへ》り。毫釐《がうり》も君をいるかせに〔する〕心をきざすものは、かならず亂臣となる。芥蔕《かいたい》も〔親を〕を《(お)》ろそかにするかたちあるものは、果《はた》して賊子となる。此故に古の聖人、「道は須臾《しゆゆ》もはなるべからず。はなるべきは道にあらず。」といい《(ひ)》けり。但《ただし》其のすゑを學びて源《みなもと》を明《あきら》めざれば、ことに〔のぞみて〕覺《オボ》えざる過《アヤマチ》あり。其源と云は、心に一物《いちもつ》をたくはへざるを云。しかも虚無《きよむ》の中《うち》に留《とゞま》るべからず。天地あり、君臣あり。善惡の報影響《むくいかげひびき》の如し。己《おのれ》が欲をすて、人を利する〔を〕先として、境々《さかひさかひ》に對すること、鏡の物を照すが如く、明々《めいめい》として迷はざらんを、まことの正道と云べきにや。代(一四)くだれりとて自《ミツカ》ら苟《イヤシ》むべからず。天地の始は今日を始とする理なり。加之《しかのみならず》、君も臣も神をさることと遠からず。常に冥《みやう》の知見《ちけん》をかへりみ、神の本誓《ほんぜい》をさとりて、正《しやう》に居《きよ》せんことを心ざし、邪《よこしま》なからんことを思給べし。

第十七代、仁德《にんとく》天皇は應神第一の御子。御母仲姫《なかつひめ》の命、五百城入彦皇子女《いほきイリひこのみこのむすめ》也。大鷦鷯《サヽキ》の尊と申。

應神の御時、菟道稚皇子《ウヂのワカのみこ》と申は最末《さいまつ》の御子にてまし〳〵しをうつくしみ給て、太子に立てんとおぼしめしけり。兄《このかみ》の御子達うけがひ給はざりしを、此天皇ひとりうけがひ給しによりて、應神悦《よろこび》まして、菟道稚を太子とし、此尊を輔佐《ふさ》になむ定め給ける。應神かくれまし〳〵しかば。御兄《このかみ》達太子を失はむとせられしを、此尊さとりて太子と心を一《ひとつ》にして彼を誅《ちゆう》せられき。爰《ここに》太子天位を尊に譲給《ゆづりたまふ》。尊堅《かた》くいなみ給《たまひ》、三年《みとせ》になるまで互《たがひ》に譲《ゆづり》て位を空《むなしく》す。太子は山城《やましろ》の宇治にます。尊は攝津《つ》の難波《なには》にましけり。國々の御《み》つき物もあなたかなたにうけとらずして、民の愁《うれへ》となりしかば、太子みづから失《うせ》給ぬ。尊おどろき歎《なげき》給ことかぎりなし。されどのがれますべきみちならねば、癸酉《みづのととり》の年即位。攝津國《つのくに》難波高津《たかつ》の宮にまします。

日嗣をうけ給しより國をしづめ民をあはれみ給こと、ためしもまれなりし御事にや。民間の貧《まづし》きことをおぼして、三年の御調《みつき》を止《とどめ》られき。高殿《たかどの》にのぼりてみ給へば、にぎはゝしく見えけるによりて、

（一五）高屋《たかきや》にのぼりてみれば烟立民《けふりたつたみ》のかまどはにぎはひにけり

とぞよませ給ける。さて猶三年を許されければ、宮の中破《やぶれ》て雨露《あめつゆ》もたまらず。宮人《みやびと》の衣壞《ころもやぶれ》て其よそほひ全《また》からず。御門《みかど》は是をたのしみとなむおぼしける。かくて六年《むとせ》と云に、國々の民各《おのおの》まい（る）り進《すすみ》て大宮造《づくり》し、色〳〵御調を備《そな》へけるとぞ。ありがたかりし御政《まつりこと》なるべし。

天下を治給こと八十七年。百十歳《(お)》をまし〳〵き。

第十八代、履中《りちゆう》天皇は仁徳の太子。御母磐之姫《いはのひめ》の命、葛城《かづらき》の襲津彦《そつひこ》の女《むすめ》也。庚子《かのえね》の年即位。又大和の磐余稚櫻《いはれのわかさくら》の宮にまします。後の稚櫻の宮と申。

天下を治給こと六年。六十七歳《(お)》をまし〳〵き。

第十九代、反正《はんぜい》天皇は仁徳第三の子、履中同母の弟也。丙午《ひのえうま》年即位。河内の丹比《タヂヒ》の柴籬《しばがき》の宮にまします。

天下を治給こと六年。六十歳《(お)》をまし〳〵き。

第二十代、允恭《いんぎよう》天皇は仁徳第四《の》子、履中・反正同母《の》弟〔也〕。壬子《みづのえね》の年即位。大和の遠明日香《トヲツアスカ》の宮にまします。

此御時までは三韓の御調年々《としどし》にかはらざりしに、これより後はつねにおこたりけりとなむ。八年己未《つちのとひつじ》にあたりて、もろこしの晉《シン》ほろびて南北朝となる。宋《ソウ》・齊《セイ》・梁《リヤウ》・陳《チン》あひつぎて起《おこ》る。是を南朝《なんてう》といふ。後魏《コウギ》・北齊《ホクセイ》・後周《コウシウ》つぎ〳〵におこれりしを北朝《ほくてう》と云。百七十餘年はならびて立《たち》たりき。

此天皇天下を治給こと四十二年。八十歳《お》をまし〳〵き。

第二十一代、安康《あんかう》天皇は允恭第二の子。御母忍坂大中姫《ヲシサカのおほなかつひめ》、稚渟《ワカぬ》野《の》毛《け》二派《ふたまた》の皇子《みこ》〈應神の御子〉〔の〕女《むすめ》也。甲午《きのえうまの》年即位。大和穴穂《やまとのあなほの》宮にまします。

大草香《おほくさかの》皇子を〈仁徳《の》御子〉ころして其妻《め》をとりて皇后とす。彼《かの》皇子の子眉輪王《マユワノ》をさなくて、母にしたがひて宮中に出入《しゆつにふ》しけり。天皇高樓《たかどの》の上に醉臥《ゑひふし》給けるをうかゞひて、さしころして、大臣《おほおみ》葛城《かづらき》の圓《ツブラ》が家ににげこもりぬ。

此天皇天下を治給こと三年。五十六歳《お》をまし〳〵き。

第二十二代、雄略《ゆうりやく》天皇は允恭第五《の》子、安康同母の弟也。大泊瀬《おほはつせの》尊と申。安康ころされ給し時、眉輪の王及圓《およびつぶら》の大臣を誅《ちゆう》せらる。あまさへ其事にくみせられざりし市邊押羽《イチベのヲシハの》皇子をさへにころして位に即給《つきたまふ》。ことし丁酉《ひのととり》の年也。大和の泊瀬朝倉《あさくら》の宮にまします。天皇性猛《セイタケク》まし〳〵けれども、神に通じ給へりとぞ。

二十一年丁巳《ひのとみ》冬十月《かんなづき》に、伊勢の皇太神《すめおほみかみ》大和姫の命にをしへて、丹波國與《たんばのくによ》佐《サ》の魚井《マナキ》の原よりして豐受《とようけ》の太神を迎へ奉らる。大和姫の命奏聞《そうもん》し給しによりて、明年戊午《あくるとしつちのえうま》の秋七月《ふみづき》に勅使《ちよくし》をさしてむかへたてまつる。九月《ながつき》に度會《わたらひ》の郡《こほり》山田の原の新宮《しんぐう》にしづまり給。垂仁天皇の御代に、皇太神五十鈴の宮に遷《うつ》らしめ給しより、四百八十四年〔に〕なむなりにける。神武の始《はじめ》よりはすでに千百餘年になりぬるにや。又これまで大倭姫《やまとひめ》の命存生《ぞんしやう》し給しかば、内外宮《ないげくう》のつくりも、日の小宮《わかみや》の圖《づ》形《ぎやう》・文形《もんぎやう》によりてなさせ給けりとぞ。

抑《そもそも》此神の御事異說まします。外宮《げくう》には天祖《あまつみおや》天御中主《あめのみなかぬし》の神と申傳《まをしつたへ》たり。されば皇太神の託宣にて、此宮の祭を先《さき》にせらる。神拜《かみヲガミ》奉るも先《ま》づ此宮を先とす。天孫《アメミマ》瓊々杵《ににぎ》の尊此宮の相殿《アヒドノ》にまします。仍《よりて》天兒屋《あめのこやね》の命・天太玉《あめのふとたま》の命も天孫につき申て相殿にますなり。これより二所《ふたところの》太神宮と申。丹波より遷らせ給ことは、昔豐鋤入姫の命、天照太神を頂戴《ちやうだい》して、丹波の吉佐《よさ》の宮にうつり給ける比《ころ》、此神あまくだりて一所《ひとつところ》におはします。四年ありて天照太神は又大和にかへらせ給。それより此神は丹波にとまらせ給しを、道主《みちぬし》の命と云人いつき申けり。古《いにしへ》は此宮にて御饌《ミケ》をとゝのへて、内宮《ないくう》へも毎日にを《(お)》くり奉《たてまつり》しを、神龜《じんき》年中より外宮に御饌殿《みけどの》をたて《ゝ》て、内宮のをも一所《ひとつところ》にて奉《たてまつる》となむ。かやうの事によりて、御饌《みけ》の神と申說《まをす》あれど、御食《みけ》(二六)と御氣《みけ》との兩義あり。陰陽元初《いんやうげんしよ》の御氣《け》なれば、天《あめ》の狹霧《さぎり》・國の狹霧と申《まをす》御名もあれば、猶さきの說を正《しやう》とすべしとぞ。天孫《あめみま》さへ相殿にましませば、御饌の神といふ説は用《もちゐ》がたき事にや。

此天皇天下を治給こと二十二年。八十歳〔お〕まし〳〵き。

第二十三代、清寧《せいねい》天皇は雄略第三の子。御母韓姫《からひめ》、葛城の圓《ツブラ》の大臣の女《むすめ》なり。庚申《かのえさる》の年即位。大倭の磐余甕栗《いはれのみかクリ》の宮にまします。誕生の始《はじめ》、白髪《はくはつ》おはしければ、しらかの天皇とぞ申ける。御子な〔か〕りしかば、皇胤《くわういん》のたえぬべき事を歎《なげき》給て、國々へ勅使《ちよくし》をつかはして皇胤を求《もとめ》らる。市邊《いちべ》の押羽《おしは》の皇子、雄略にころされ給しとき、皇女一人《くわうぢよひとり》、皇子二人《わうじふたり》ましけるが、丹波國《たんばのくに》にかくれ給けるを求出《もとめいで》て、御子にしてやしなひ給けり。

天下を治給こと五年。三十九歳おまし〳〵き。

第二十四代、顯宗《けんそう》天皇は市邊《の》押羽の皇子第三の子、履中《りちゆう》天皇孫《の》也。御母荑媛《はえヒメ》*、蟻《あり》の臣女《おみのむすめ》也。白髪《しらかの》天皇養《やしなひ》て子とし給ふ。

御兄《このかみ》仁賢《にんけん》先位に即給《つきたまふ》べかりしを、相共に譲《ゆづり》まし〳〵しかば、同母の御姉飯豐《いひとよ》の尊しばらく位に居給き。されどやがて顯宗定《さだま》りまし〳〵しによりて、飯豐天皇をば日嗣にはかぞへたてまつらぬなり。乙丑《きのとうし》の年即位。大和の近明日香《ちかつあすか》八《や》釣《つり》の宮にまします。

天下を治給こと三年。四十八歳を《(お)》まし〳〵き。

第二十五代、仁賢《にんけん》天皇は顯宗同母の御兄《このかみ》也。雄略の我《わが》父の皇子をころし給しことをうらみて、「御陵《ミサザキ》をほりて御屍《カバネ》*をはづかしめん。」との給しを、顯宗いさめまし〳〵しによりて、徳のを《(お)》よばざることをはぢて、顯宗をさきだて給けり。戊申《つちのえさる》の年卽位。大和の石上廣高《イソノカミひろたか》の宮にまします。

天下を治給こと十一年。五十歳を《(お)》まし〳〵き。

第二十六代、武烈《ぶれつ》天皇は仁賢の太子。御母大娘《おほいらつめ》の皇女、雄略の御女《むすめ》也。己卯《つちのとう》の年卽位。大和の泊瀬列城《はつせなみき》の宮にまします。

性《せい》さがなくまして、惡《あく》としてなさずといふことなし。仍天祚《よりてあまつひつぎ》も久《ひさし》からず。仁徳《にんとく》さしも聖徳《せいとく》まし〳〵しに、此皇胤《くわういん》こゝにたえにき。「聖徳は必《かならず》百代にまつらる。」〈春秋《しゆんじう》に見ゆ〉とこそ見えたれど、不徳の子孫あらば、其宗《そう》を滅すべき先蹤甚《せんしようはなはだ》を《(お)》ほし。されば上古《しやうこ》の聖賢《せいけん》は、子なれども慈愛におぼれず、器《うつはもの》にあらざれば傳《つたふる》ことなし。堯《げう》の子《こ》丹朱《タンシユ》不肖《ふせう》なりしかば、舜《しゆん》にさづけ、舜の子商《シヤウ》均《キン》又不肖にして夏禹《かのう》に讓《ゆづ》られしが如し。堯舜よりこなたには猶天下を私《わたくし》にする故にや、必《かならず》子孫に傳《つたふる》ことになりにしが、禹の後《のち》、桀《ケツ》、暴虐《ボウギヤク》にして國を失ひ、殷《いん》の湯《たう》*聖徳ありしかど、紂《チウ》が時無道《ぶたう》にして永くほろびにき。天竺《てんぢく》にも佛滅度《めつど》百年の後、阿育《あいく》と云王あり。姓は孔雀《くじやく》氏、王位につきし日、鐵輪《てちりん》飛降《とびくだ》る。轉輪《てんりん》の威徳をえて、閻浮提《えんぶだい》を統領す。あまさへ諸《もろもろ》の鬼神《きじん》をしたがへたり。正法《しやうぼふ》を以て天下をお《(を)》さめ、佛理に通じて三寶《さんぼう》をあがむ。八萬四千の塔を立《たて》て、舍利《しやり》を安置し、九十六億千の金《こがね》を棄《ステ》て功徳《くどく》に施《せ》する人なりき。其三世《さんせいの》孫弗沙密多羅《フシヤミツタラ》王の時、惡臣のすゝめによ(ッ)て、祖王《そわう》の立《たて》たりし塔婆《たふば》を破壞《はゑ》せんといふ惡念《あくねん》をおこし、もろ〳〵の寺をやぶり、比丘《びく》を殺害《せつがい》す。阿育王のあがめし雞雀寺《けいじやくじ》の佛牙齒《ぶつゲシ》の塔をこぼたむとせしに、護法神《ごほふじん》いかりをなし、大山《たいせん》を化《け》して王及び四兵《しひやう》の衆をお《(お)》しころす。これより孔雀の種《しゆ》永《なが》く絶《たえ》にき。かゝれば先祖大《おほき》なる徳ありとも、不徳の子孫宗廟《そうべう》のまつりをたゝむことうたがひなし。

此天皇天下を治給こと八年。五十八歳をを《(お)》まし〳〵き。

第二十七代、第二十世、繼體《けいたい》天皇は應神五世の御孫也。應神第八《の》御子隼總別《はやぶさわけ》の皇子、其子大迹《おほと》の王、其子私斐《しひ》の王、其子彦主人《ひこぬし》の王、其子男大迹《をほと》の王と申は*此天皇にまします。御母振姫《フルヒメ》、垂仁七世の御孫なり。越前國《ゑちぜんのくに》にましける。武烈かくれ給て皇胤《くわうゐん》たえにしかば、群臣うれへなげきて國々にめぐり、ちかき皇胤を求奉《もとめたてまつり》けるに、此天皇王者《わうしや》の大度《たいド》まして、潛龍《せんりよう》のいきほひ。世に聞え給けるにや。群臣相議《あひはからひ》て迎《むかへ》たてまつる。三たびまで謙譲《けんじやう》し給けれど、つゐ《(ひ)》に位に即《つき》給ふ。ことし丁亥《ひのとゐ》の年也〈武烈かくれ給て後、二年位《くらゐ》をむなしくす〉。大和の磐余玉穂《いはれのタマほ》の宮にましります。仁賢の御女《むすめ》手白香《たしらか》の皇女を皇后とす。

即位し給しより誠《まこと》に賢王《けんわう》にまし〳〵き。應神御子を《(お)》ほく聞え給しに、仁德賢王にてまし〳〵しかど、御《み》すゑたえにき。隼總別《はやぶさわけ》の御すゑ、かく世をたもたせ給こと、いかなる故にかおぼつかなし。仁德をば大鷦鷯《おほさざき》の尊と申。第八の皇子をば隼總別と申。仁德の御代《みよ》に兄弟たはぶれて、鷦鷯《さざき》は小鳥《ことり》也、隼《はやぶさ》は大鳥《おほとり》也と争《あらそひ》給ことありき。隼の名にかちて、末の世をうけつぎ給けるにや。もろこしにもかゝるためしあり〈左傳《さでん》にみゆ〉。名をつくることもつゝしみを《(お)》もくすべきことにや。それもを《(お)》のづから天命《てんめい》なりといはゞ、凡慮《ぼんりよ》の及《およぶ》べきにあらず。此天皇の立《たち》給しことぞ思外《おもひのほか》の御運とみえ侍《はべ》る。但《ただし》、皇胤《くわういん》たえぬべかりし時、群臣擇求奉《えらびもとめたてまつり》き。賢名《けんめい》によりて天位を傳《つたへ》給へり。天照太神の御本意にこそと見えたり。皇統《くわうとう》に其人ましまさむ時は、賢《かしこき》諸王《しよわう》おはすとも、争《いかで》か望《のぞみ》をなし給べき。皇胤たえ給にとりては、賢《けん》にて天日嗣《あまつひつぎ》にそなはり給はむこと、即《すなはち》又天のゆるす所也。此天皇をば我國中興《ちゆうこう》の祖宗《そそう》と仰ぎたてまつるべきにや。

天下を治給こと二十五年。八*十歳おまし〱き。

第二十八代、安閑《あんかん》天皇は繼體の太子。御母は*目子《めのこ》姫《ひめ》、尾張《をはり》の草香《くさか》の連《むらじ》の女《むすめ》也。甲寅《きのえとらの》年即位。大和の勾金橋《まがりのかなはし》の宮にまします。

天下〔を〕治給こと二年。七十歳おまし〱き。

第二十九代、宣化《せんくわ》天皇は繼體第二の子、安閑同母の弟也。丙辰《ひのえたつ》の年即位。大和の檜隈廬入野《ひのくまのいほりの》の宮にまします。

天下を治給こと四年。七十歳(二七)おまし〱き。

神皇正統記　地

第三十代、第二十一世、欽明《きんめい》天皇は繼體第三の子。御母皇后手白香《たしらか》の皇女、仁賢天皇の女《むすめ》也。兩兄《りやうけい》ましましかど、此天皇の御する世をたもち給。御母方《がた》も仁德のながれにてましませば、猶も其遺德つきずしてかくさだまり給けるにや。庚申年《かのえさるの》卽位。大倭磯城嶋《やまとのシキシマ》の金刺《かなさし》の宮にまします。十三年壬申《みづのえさる》十月《かんなづき》に百濟《クダラ》の國より佛法僧をわたしけり。此國に傳來《の》初也。釋迦《しやか》如來滅後《によらいめつご》一千〔十六〕年にあたる年、もろこしの後漢《ごかん》の明帝永平《めいていえいへい》十年に佛法はじめて彼國《かの》につたはる。それより此壬申《みづのえさる》の年まで四百八十八年。もろこしには北朝の齊文宣帝《せいのぶんせんてい》卽位三年、南朝の梁簡文帝《りやうのかんぶんてい》にも卽位三年也。簡文帝の父を武帝《ぶてい》と申き。大《おほき》に佛法をあがめられき。此御代の初つかたは武帝同時也。佛法はじめて傳來せし時、他國の神をあがめ給はんこと、我國の神慮にたがふべきよし、群臣かたく諫申《いさめまをし》けるによりてすてられにき。されど此國に三寶《さんぼう》の名をきくことは此時にはじまる。又、私《わたくし》にあがめつかへ奉る人もありき。天皇聖德ましまして三寶を感ぜられけるにこそ。群臣の諫《いさめ》によりて、其法をたてられずといへども、天皇の叡志《えいし》にはあらざるにや。昔、佛《ぶつ》在世に、天竺《てんぢく》の月蓋長者《ぐわつがいちやうじや》、鑄《い》たてまつりし彌陀《みだ》三尊《さんぞん》の金像《こんざう》を傳《つたへ》てわたし奉りける、難波《なには》の堀江《ほりえ》にすてられたりしを、善光《ぜんくわう》と云者とり奉て、信濃《しなの》の國に安置し申き。今善光寺《のぜんくわうじ》是なり。

此御時八幡大菩薩《はちまんだいぼさつ》始《はじめ》て垂迹《すいじやく》しましします。

天皇天下を治給《をさめたまふ》こと三十二年。八十一歳おまし〳〵き。

第三十一代、第二十二世、敏達《びだつ》天皇は欽明第二の子。御母石媛《いしひめ》の皇女、宣化天皇の女《むすめ》なり。壬辰《みづのえたつの》年即位。大倭磐余譯語田《やまとのいはれオサダ》の宮にまします。二年癸巳《みづのとみの》年、天皇の御弟豐日《トヨヒノ》皇子の妃《ひ》、御子を誕生す。厩戸《うまやど》の皇子にまします。生《うまれ》給しよりさま〴〵の奇瑞《きずい》あり。たゞ人《ひと》にましまさず。御手をにぎり給しが、二歳にて東方にむきて、南无佛《なむぶつ》とてひらき給しかば、一《ひとつ》の舍利《しやり》ありき。佛法流布《るふ》のために權化《ごんげ》し給へること疑なし。此佛舍利《ぶつしやり》は今に大倭《やまと》の法隆寺《ほふりゆうじ》にあがめ奉る。

天皇天下を治給こと十四年。六十一歳おまし〳〵き。

第三十二代、用明《ようめい》天皇は欽明第四の子。御母堅鹽姫《きたしひめ》、蘇我《そが》の稻目大臣《イナメのおほおみ》の女《むすめ》也。豐日《とよひ》の尊と申。厩戸の皇子の父におはします。丙午《ひのえうまの》年即位。大和の池邊列槻《いけのへのナミツキ》の宮にまします。佛法をあがめて、我國に流布《るふ》せむとし給けるを、弓削守屋《ゆげのもりや》の大連《ヲホムラジ》かたむけ申、つゐ《(ひ)》に叛逆《はんぎやく》にを《(お)》よびぬ。厩戸の皇子、蘇我《そが》の大臣《おほおみ》と心を一《ひとつ》にして誅戮《ちゆうりく》せられ、すなはち佛法をひろめられにけり。

天皇天下を治給こと二年。四十一歳おまし〳〵き。

第三十三代、崇峻《すしゆん》天皇は欽明第十二の子。御母小姉君《コアネきみ》の娘《いらつめ》。これも稲目《いなめ》の大臣《おほおみ》の女《むすめ》也。戊申《つちのえさるの》年即位。大和の倉橋《クラハシ》の宮にまします。天皇横死《わうし》の相《さう》見え給。つゝしみますべきよしを厩戸の皇子奏《そうし》給けりとぞ。

天下を治給こと五年。七十二歳おまし〳〵き。

或人の云《いはく》、外舅《ははかたのをぢそ》蘇我《が》の馬子大臣《うまこのおほおみ》と御中《なか》あしくして、彼《かの》大臣のためにころされ給きともいへり。

第三十四代、推古《すいこ》天皇は欽明の御女《むすめ》、用明同母の御妹也。御食炊屋姫《ミケカシヤひめ》の尊と申。敏達天皇皇后とし給〈仁徳も異母の妹を妃とし給ことありき〉。崇峻かくれ給しかば、癸丑《みづのとうしの》年即位。大倭《やまと》の小墾田《をハリタ》の宮にまします。

昔神功皇后《じんぐうくわうごう》六十餘年天下を治給しかども、攝政《せつしやう》と申て、天皇とは號したてまつらざるにや。

此みかどは正位《しやうゐ》につき給にけるにこそ。即《すなはち》厩戸の皇子を皇太子として萬機《ばんき》の政《まつりごと》をまかせ給、攝政と申き。太子の監國《ケンコク》と云こともあれど、それはしばらくの事也。これはひとへに天下を治給けり。

太子聖徳《せいとく》まし〳〵しかば、天下の人つくこと日の如く、仰ぐこと雲の如し。太子いまだ皇子にてまし〳〵〔し〕時、逆臣守屋《ぎやくしんもりや》を誅《ちゆう》し給しより、佛法始《はじめ》て流布《るふ》しき。まして政《まつりこと》をしらせ給へば、三寶を敬《うやまひ》、正法《しやうぼふ》をひろめ給こと、佛世《ぶつせ》にもことならず。又神通自在《じんづうじざい》にまし〳〵き。御身《み》づから法服を着《ちやく》して、經《きやう》を講じ給しかば、天より花をふらし、放光動地《はうくわうどうち》の瑞《ずい》ありき。天皇・群臣、たう《(と)》とびあがめ奉ること佛のごとし。伽藍《がらん》をたてらるゝ事四十餘ヶ所にをよ《(お)》べり。又此國には昔より人すなほにして法令《はふりやう》なむどもさだまらず。十二年甲子《きのえね》にはじめて冠位《クワンイ》といふことをさだめ〈冠《かうぶり》のしなによりて、上下《かみしも》をさだむるに十八階あり〉、十七年己巳《つちのとみ》に憲法《けんぱふ》十七ケ條をつくりて奏し給。内外典《ないげてん》のふかき道をさぐりて、むねをつゞまやかにしてつくり給へるなり。天皇悦《よろこび》て天下に施行《しかう》せしめ給き。

此ころお《(ほ)》ひは、もろこしには隋《ずい》の世なり。南北朝相分《あひわかれ》〔し〕が、南は正統をうけ、北は戎狄《ジユウテキ》よりおこりしかども、中國をば北朝にぞお《(を)》さめける。隋は北朝の後周《こうしう》と云しがゆづりをうけたりき。

後《のち》に南朝の陳《ちん》をうちたひらげて、一統の世となれり。此天皇の元年癸丑《みづのとうし》は文帝《ぶんてい》一統の後《のち》四年也。十三年乙丑《きのとうし》は煬帝《やうだい》の即位元年にあたれり。彼《かの》國よりはじめて使ををくり《(お)》、よしみを通じけり。隋帝の書に「皇帝　恭《ツツシムデ》　問《トウ》二倭皇《わくわうに》一。」とありしを、これはもろこしの天子の諸侯王《しよこうわう》につかはす禮儀なりとて、群臣あやしみ申けるを、太子ののたまひけるは、「皇の字はたやすく用《もちゐ》ざる詞《ことば》なれば」とて、返報《へんぽう》をもかゝせ給《たまひ》、さま〳〵饗祿《きやうろく》をたまひて使を返しつかはさる。是より此國よりもつねに使をつかはさる。其使を遣隋大使《けんずいたいし》となむなづけられしに、二十七年己卯《つちのとう》の年、隋滅《ほろび》て唐《たう》の世にうつりぬ。二十九年辛巳《かのとみ》の年太子かくれ給。御年四十九。天皇をはじめたてまつりて、天下の人かなしみお《(を)》しみ申こと父母に喪《も》するがごとし。皇位をもつぎましますべかりしかども、權化《ごんげ》の御ことなれば、さだめてゆへ《(ゑ)》ありけむかし。御諱《いみな》を聖徳《しやうとく》となづけ奉《たてまつ》る。

この天皇天下を治給こと三十六年。七十歳おましまし〳〵き。

第三十五代、第二十四世、舒明《じよめい》天皇は忍坂大兄《おしさかおほえ》の皇子の子、敏達の御孫也。御母糠手《ヌカテ》姫《ひめ》の皇女、これも敏達の御女《むすめ》なり。推古《すいこ》天皇は聖徳太子の御子に傳給はむとおぼしめしけるにや。されどまさしき敏達の御孫、欽明の嫡曾孫《ちやくそうそん》にまします。又太子御病《やまひ》にふし給し時、天皇此皇子を御使としてとぶらひまししに、天下のことを太子の申付給《まをしつけ》へりけるとぞ。癸丑《みづのとうしの》年即位。大倭の高市郡《たけちのこほり》岡本《をかもと》の宮にまします。此即位の年は異朝唐の太宗のはじめ、貞觀《ぢやうぐわん》三年にあたれり。

天下を治給こと十三年。四十九歳おまし〳〵き。

第三十六代、皇極《くわうぎよく》天皇は茅渟《チヌノ》王の女《むすめ》、忍坂大兄《ヲシサカオホエ》の皇子の孫、敏達の曾孫《そうそん》也。御母吉備姫《きびひめ》の女王と申き。舒明天皇皇后とし給。天智《てんぢ》・天武《てんむ》の御母なり。舒明かくれまして皇子お(を)さなくおはしましかば、壬寅《みづのえとら》の年即位。大倭明日香河原《やまとのあすかのかはら》の宮にまします。

此時に蘇我蝦夷《そがのエヒス》の大臣《おほおみ》〈馬子《うまこ》の大臣の子〉ならびにその子入鹿《イルカ》、朝權《てうけん》を專《モハラ》にして皇家《くわうか》をないがしろにする心あり。其家を宮門《みかど》と云《いひ》、諸子を王子となむ云ける。上古《しやうこ》よりの國紀重寶《こくきちようほう》みな私家《わたくしのいへ》にはこびを(お)きてけり。中にも入鹿悖逆《ハイゲキ》の心はなはだし。聖德太子の御子達のとがなくまし〳〵しをほろぼしたてまつる。こゝに皇子中《なか》の大兄《おほえ》と申は舒明《じよめい》の御子、やがて此天皇御所生《ごしよしやう》也。中臣《なかとみ》の鎌足《カマタリ》の連《ムラジ》と云人と心を一《ひとつ》にして入鹿をころしつ。父蝦夷《えみし》も家に火をつけてうせぬ。國紀重寶はみな燒《やけ》にけり。蘇我の一門久《ひさし》く權をとれりしかども、積惡《しやくあく》の故にやみな滅《ほろび》ぬ。山田石川丸《やまだのいしかはまろ》と云人ぞ皇子と心をかよはし申ければ滅《めつ》せざりける。此鎌足《かまたり》の大臣は天兒屋根《あめのこやね》の命二十一世《の》孫也。昔天孫《あめみま》あまくだり給し時、諸神の上首《じやうしゆ》にて、此命《みこと》、殊に天照太神の勅《みことのり》をうけて輔佐《ふさ》の神にまします。中臣といふことも、二《ふたはしらの》神の御中にて、神の御心をやはらげて申給ける故也とぞ。其孫天種子《あめのたねこ》の命、神武の御代に祭事《まつりこと》をつかさどる。上古《しやうこ》は神と皇と一《ひとつ》にましくしかば、祭《まつり》をつかさどるは即《すなはち》政《まつりこと》をとれるなり〈政の字の訓《くん》にても知べし〉。其後《のち》天照太神、始て伊《い》勢國《せのくに》にしづまりましし時、種《たね》子《こ》の命のすゑ大鹿嶋《おほかしま》の命祭官《さいくわん》になりて、鎌足《かまたりの》大臣の父〈小徳冠《せうとくくわん》〉御食子《みけこ》までもその官にてつかへたり。鎌足にいたりて大勲《たいくん》をたて、世に寵せられしによりて、祖業《そげふ》をおこし先烈をさかやかされける、無《やんごとなき》レ止ことなり。かつは神代よりの餘風なれば、しかるべきことは《(わ)》りとこそおぼえ侍れ。後に内臣《うちつおみ》に任じ大臣に轉じ、大織冠《たいしよくくわん》〈となる〉〈正一位の名なり〉。又中臣《なかとみ》をあらためて藤原《ふぢはら》の姓《しやう》を給《たまは》らる〈内臣に任ぜらるゝ事は此御代にはあらず。事の次《ついで》*にしるす〉。

此天皇天下を治給こと三年ありて、同母の御弟輕《かる》の王《わう》に讓《ゆづり》給。御名を皇祖母《すめみおや》の尊とぞ申ける。

〔裏書云《に》。

鎌足名一名鎌子。大化元年任《ず》二内大臣《に》一、年三十一。天智天皇八年十月授《さづけ》二大織冠《を》一任《じ》二大臣《に》一、改《あらためて》レ姓《しやうを》爲《す》二藤原《と》一。同年同月辛酉薨《ず》。年五十六。在官二十五年。天皇親臨哀泣《レイ》哀云々。〕

第三十七代、孝徳《かうとく》天皇は皇極同母の弟也。乙巳《きのとみの》年即位。攝津國長柄豐崎《つのくにながらのとよさき》の宮にまします。此御時はじめて大臣《だいじん》を左右《さいう》にわかたる。大臣《おほおみ》は成務の御時武内《たけうち》の宿禰《すくね》はじめてこれに任ず。仲哀《ちゆうあい》の御代に又大連《おほむらじ》の官をを《(お)》かる。大臣《おほおみ》・大連《おほむらじ》ならびて政《まつりこと》をしれり。此御時大連をやめて左右の大臣とす。又八省《はちしやう》百官《ひやくくわん》をさだめらる。中臣の鎌足を内臣《うちつおみ》になし給。

天下を治給こと十年。五十歳おまし〳〵き。

第三十八代、齊明《さいめい》天皇は皇極の重祚《ちようそ》也。重祚と云ことは本朝にはこれに始《はじま》れり。異朝には殷太*甲《いんのたいかふ》不明なりしかば、伊尹《いいん》是を桐宮《とうきゆう》にしりぞけて三年政《まつりこと》をとれりき。されど帝位をすつるまではなきにや。太甲あやまちを悔《くい》て德を《(を)》おさめしかば、もとのごとく天子とす。晉世《しんのよ》に桓玄《くわんげん》と云し者、安帝《あんてい》の位をうば《(ひ)》いて、八十日ありて、義兵《ぎへい》の爲にころされしかば、安帝位にかへり給。唐《たう》の世となりて、則天《そくてん》皇后世をみだられし時、我所生《わがしよしやう》の子なりしかども、中宗をすて〻盧《ロ》陵《レウ》王とす。おなじ御子豫王《よわう》をたてられしも又すて〻みづから位にゐ給。後に中宗位《ちゆうそうくらゐ》にかへりて唐の祚《そ》たえず。豫王も又重祚あり。是を睿宗《えいそう》と云。これぞまさしき重祚なれど、二代には*たてず。中宗・睿宗とぞつらねたる。我朝に皇極の重祚を齊明と號し、孝謙の重祚を稱德と號す。異朝にかはれり。天日《あまつひ》嗣《つぎ》をおもくする故歟《か》。先賢の議さだめてよしあるにや。乙卯年《きのとうの》即位。このたびは大和の岡本にまします。後《のち》の岡本の宮と申。

此御世はもろこしの唐高宗《たうのかうそう》の時にあたれり。高麗をせめしによりてすく《救》ひの兵《つはもの》を申《まをし》うけしかば、天皇・皇太子つくしまでむかはせ給。されど三韓つゐ《(ひ)》に唐に屬ししかば、軍《いくさ》をかへされぬ。其後も三韓よしみをわするゝまではなかりけり。皇太子と申は中《なか》の大兄《おほえ》の皇子の御事也。孝徳の御代より太子に立給《たちたまひ》、此御時は攝政し給と見えたり。

天皇天下を治給こと七年。六十八歳おまし〱き。

御三十九代、第二十五世、天智《てんち》天皇は舒明の御子。御母皇極天皇也。壬戌年《みづのえいぬの》即位。近江國《あふみのくに》大津の宮にまします。即位四年八月《はつき》に内臣鎌足を内大臣大織冠《ないだいじんたいしよくくわん》とす。又藤原朝臣《ふぢはらのあそん》の姓《しやう》を給。昔の大勳を賞給《しやうしたまひ》ければ、朝奨《てうしやう》ならびなし。先後封《せんこうふ》を給こと一萬五千戸なり。病《やまひ》のあひだにも行幸《みユキ》してとぶらひ給けるとぞ。此大皇中興の祖《そ》にまします〈光仁《くわうにん》の御祖《おや》なり〉。國忌《こくき》は時にしたがひてあらたまれども、これはながくかはらぬことになりにき。

天下を治給こと十年。五十八歳おまし〱き。

第四十代、天武《てんむ》天皇は天智同母の弟也。皇太子に立《たち》て大倭《やまと》にまし〳〵き。天智は近江にましまします。御病ありしに、太子をよび申給けるを朝廷の臣《しん》の中《なか》につげしらせ申人《まをすひと》ありければ、みかどの御意のおもむきにやありけむ、太子の位をみづからしりぞきて、天智の御子太政大臣大友《だいじやうだいじんおほとも》の皇子にゆづりて、芳野宮《よしののみや》に入《いり》給。天智かくれ給て後、大友の皇子猶あやぶまれけるにや、軍《いくさ》をめして芳野をを《(お)》そはむとぞはかり給ける。天皇ひそかに芳野をいで、伊勢にこえ、飯高《いひたか》の郡《こほり》にいたりて太神宮を遙拜《エウハイ》し、美濃《みの》へかゝりて東國の軍をめす。皇子高市《タケチ》まい《(ゐ)》り給しを大將軍として、美濃の不破《ふは》をまもらしめ、天皇は尾張國《をはりのくに》にぞこえ給ける。國々したがひ申ししかば、不破の關の軍に打勝《うちかち》ぬ。則《すなはち》勢多《せた》にのぞみて合戰《かつせん》あり。皇子の軍やぶれて皇子ころされ給ぬ。大臣以下《いげ》或は誅《ちゆう》にふし、或は遠流《をんる》せらる。軍にしたがひ申輩《まをすともがら》しな〳〵によりて其賞をおこなはれ、壬申《みづのえさるの》年即位。大倭《やまと》の飛鳥淨御原《あすかのきよみはら》の宮にましまします。朝廷の法度《はつと》おほくさだめられにけり。上下《かみしも》うるしぬりの頭巾《カブリ》をきることも此御時よりはじまる。

天下を治給こと十五年。七十三歳おまし〳〵き。

第四十一代、持統《ちとう》天皇は天智の御女《むすめ》也。御母越智娘《をちのいらつめ》、蘇我の山田《やまだの》石川丸の大臣の女《むすめ》なり。天武天皇、太子にまし〳〵しより妃とし給。後に皇后とす。皇子草壁《くさカベ》わかくまし〳〵しかば、皇后朝《てう》にのぞみ給。戊子《つちのえね》年也。庚寅《かのえとら》の春正月《むつき》一日《ついたち》即位。大倭の藤原の宮にまします。草壁の皇子は太子に立《たち》給しが、世をはやくし給。よりて其御子輕《かる》の王《わう》を皇太子とす。文武《もんむ》にまします。前《さき》の太子は後に追號《ついがう》ありて長岡《ながをかの》天皇と申。

此天皇天下を治給こと十年。位を太子にゆづりて太上《たいしやう》天皇と申き。太上天皇と云ことは、異朝に、漢《かんの》高祖の父を太公《たいこう》と云。尊號ありて太上皇《たいしやうくわう》と號す。其後後魏《のちこうぎ》の顯祖《けんそ》・唐《たうの》高祖・玄宗《げんそう》・睿宗《えいそう》等也。本朝には昔は其例《ためし》なし。皇極天皇位をのがれ給しも、皇祖母《すめみおや》の尊《みこと》と申き。此天皇よりぞ太上天皇の號は侍る。五十八歳むまし〳〵き。

第四十二代、文武《もんむ》天皇は草壁の太子第二《の》の子、天武の嫡孫《ちやくそん》也。御母阿閇《あへ》の皇女、天智御《の》女《むすめ》也〈後に元明《げんめい》天皇と申〉。丁酉《ひのととりの》年即位。猶《なほ》藤原の宮にまします。

此御時唐國《たうこく》の禮をうつして、宮室のつくり、文武官《ぶんぶくわん》の衣服の色までもさだめられき。又即位五年辛丑《かのとうし》より始《はじめ》て年號あり。大寶《たいほう》と云。これよりさきに、孝德の御代に大化《たいくわ》・白雉《はくち》、天智の御時白《はく》鳳《ほう》、天武の御代に朱雀《すざく》・朱鳥《しゆてう》なんどいふ號ありしかど、大寶より後にぞたえぬことにはなりぬる。

よりて大寶を年號の始《はじめ》とするなり。又皇子を親王《しんわう》といふこと此御時にはじまる。又藤原の内大臣《ないだいじん》鎌足の子、不比等《ふひと》の大臣執政《しつせい》の臣《しん》にて律令《りつりやう》なむどをもえらびさだめられき。藤原の氏《うぢ》、此大臣よりいよ〳〵さかりになれり。四人の子おはしき。是を四門《しもん》といふ。一門は武智麿《むちまろ》の大臣の流《ながれ》、南家《なんけ》と云。二門は參議中衞《さんぎちゆうゑの》大將房前《ふささき》の流、北家《ほくけ》といふ。いまの執政大臣を《(お)》よびさるべき藤原の人々みなこのすゑなるべし。三門は式部卿宇合《しきぶきやううまかひ》*の流《ながれ》、式家《しきけ》といふ。四門は左京大夫麿《さきやうのだいぶまろ》の流、京家《きやうけ》といひしがはやくたえにけり。南家・式家も儒胤《じゆいん》にていまに相續すと〔い〕へども、たゞ北家のみ繁昌《はんじやう》す。房前の大將人《ひと》にことなる陰德《いんとく》こそおはしけめ。

〔裏書《に》云。

正一位左大臣武智丸。天平九年七月薨《ず》。天平寶字四年八月贈《おくらる》二太政大臣《を》一。參議正三位中衞大將房前。天平九年四月薨《ず》。十月贈《らる》二左大臣正一位《を》一。寶字四年八月贈《らる》二太政大臣《を》一。天平寶字四年八月大師藤原惠美押勝奏《す》。廻《めぐらして》二所《の》レ帶《おぶる》大師之任《を》一、欲《す》レ讓《ゆづらんと》二南北兩《の》大臣《に》一者。勅處分、依《よりて》レ請《に》南卿藤原武智丸《に》贈《おくられ》二太政大臣《を》一、北卿《には》〈贈左大臣房前〉轉《じて》贈《らる》二太政大臣《を》一云々。〕

又不比等の大臣は後に淡海公《たんかいこう》と申也。興福寺《こうぶくじ》を建立《こんりふ》す。此寺は大織冠の建立にて山背《やましろ》の山階《やましな》にありしを、このおとゞ平城《へいぜい》にうつさる。仍《よりて》山階寺とも申なり。後に玄昉《げんばう》といふ僧、唐へわたりて法相宗《ほつさうしゆう》を傳て、此寺にひろめられしより、氏神《うぢのかみ》春日《かすが》の明神《みやうじん》も殊に此宗を擁護《おうご》し給とぞ〈春日神《かすがのかみ》は天《あめの》兒屋《こやね》の神を本《もと》とす。本社は河内《かはち》の平岡《ひらをか》にます。春日にうつり給ことは神護《じんご》景雲《けいうん》年中のこと也。*しからば、此大臣以後のことなり。又春日第一の御殿《ごてん》、常陸鹿嶋神《ひたちのかしまの》、第二は下總《しもふさ》の香取神《かとりの》、三は平岡、四は姫御神《ひめおんかみ》と申。しかれば藤氏《とうじ》の氏神《うぢのかみ》は三《さんの》御殿にまします〉。

此天皇天下を治給こと十一年。二十五歳おまし／＼き。

第四十三代、元明《げんめい》天皇は天智第四の女《むすめ》、持統異母の妹。御母〔蘇我《そがの》〕嬪《ヒメ》。これも山田石川丸の大臣の女《むすめ》也。草壁の太子の妃、文武の御母にまします。丁未《ひのとひつじの》年即位。戊申《つちのえさる》に改元。三年庚戌《かのえいぬ》始て大倭《やまと》の平城宮《へいぜいのみや》に都をさだめらる。古《いにしへ》には代《よ》ごとに都を改《あらため》、すなはちそのみかどの御名《みな》によび奉りき。持統天皇藤原宮にましゝを文武はじめて改めたまはず。此元明天皇平城にうつりまし／＼しより、又七代の都になれりき。

天下を治給こと七年。禪位《ぜんゐ》ありて太上天皇と申しが、六十一歳おまし／＼き。

第四十四代、元正《げんしやう》天皇は草壁の太子の御女《むすめ》。御母は元明天皇。文武同母の姉也。乙卯《きのとうの》年正月《むつき》に攝政、九月《ながつき》に受禪《じゆぜん》、即《そく》の日即位、十一月《しもつき》に改元。平城宮にましします。此御時百官に笏《しやく》をもたしむ〈五位以上牙笏《げしやく》、六位は木笏《もくしやく》〉。

天下を治給こと九年。禪位の後二十年。六十五歳〔お〕まし〳〵き。

第四十五代、聖武《しやうむ》天皇は文武の太子。御母皇太夫人《くわうたいぶにん》藤原の宮子《みやこ》、淡海公不比等《たんかいこうふひと》の大臣の女《むすめ》也。豐櫻彦《とよさくらひこ》の尊と申。お《(を)》さなくましししによりて、元明・元正まづ位にゐ給き。甲子年《きのえねの》即位、改元。平城宮にましします。此御代大《おほき》に佛法をあがめ給こと先代《せんだい》にこえたり。東大寺を建立し、金銅《こんどう》十六丈《ちやう》の佛《ほとけ》をつくらる。又諸國に國分寺《こくぶんじ》及《および》國分尼寺《こくぶんにじ》を立て、國土安穩《あんをん》のために法花《ほつけ》・最勝兩部《さいしようりやうぶ》の經を講ぜらる。又おほくの高僧他國より來朝す。南天竺《なんてんぢく》の波羅門僧正《ばらもんそうじやう》〈菩提《ぼだい》と云〉、林邑《りんおふ》の佛哲《ぶつテキ》、唐の鑒眞和尚《カンジンわじやう》等是也。眞言《しんごん》の祖師、中《ちゆう》天竺の善無畏《ゼンムイ》三藏《さんざう》も來《きたり》給へりしが、「密機《みつき》いまだ熟せず。」とてかへり給《たまひ》にけりともいへり。此國にも行基《ぎやうぎ》菩薩・朗辨《らうべん》僧正など權化《ごんげの》人也。天皇・波羅門僧正・行基・朗辨をば四聖《ししやう》とぞ申傳《つたへ》たる。

此御時太宰少貳《だざいのせうに》藤原廣繼《のひろつぐ》と云人〈式部卿宇合《しきぶきやうまかひ》の子なり〉謀叛《むほん》のきこえあり、追討せらる〈玄昉《げんばう》僧正の讒《ざん》によれりともいへり。仍靈《よりてりやう》となる。今の松浦《まつら》の明神也云々〉。祈禱のために天平《てんびやう》＊十二年十月《かんなづき》伊勢の神宮に行幸ありき。又左《さ》大臣《だいじん》長屋王《ながやのわう》〈太政大臣高市王《たけちのわう》の子、天武《の》御孫なり〉つみありて誅《ちゆう》せらる。又陸奥國《みちのくのくに》より始て黄金《わうごん》をたてまつる。此朝《てう》に金《こがね》ある始なり。國の司《つかさ》の王、賞ありて三位に敍《じよ》す。佛法繁昌《はんじやう》の感應《かんおう》なりとぞ。

天下を治給こと二十五年。天位を御女《むすめ》高野《タカノ》姫《ひめ》の皇女にゆづりて太上天皇と申す。後に出家せさせ給。天皇出家の始《はじめ》也。昔天武、東宮の位をのがれて御ぐしおろし給へりしかど、それはしばらくの事なりき。皇后光明子《くわうみやうし》もおなじく出家せさせ給。此天皇五十六歳おまし〳〵き。

第四十六代、孝謙《かうけん》天皇は聖武の御女《むすめ》*。御母皇后光明子、淡海公不比等の大臣の女《むすめ》也。聖武の皇子安積《あさかの》親王世をはやくして後、男子ましまさず。仍《よりて》この皇女立《たち》給き。己丑《つちのとうしの》年卽位、改元。平城《へいぜいの》宮《みや》にまします。

天下を治給こと十年。大炊《おほい》の王を養子として皇太子とす。位をゆづりて太上天皇と申す。出家せさせ給て、平城宮の西宮《にしのみや》になむまし〳〵ける。

第四十七代、淡路廢帝《あはぢのはいたい》*は一品舍人親王《いつぽんとねりの》の子、天武の御孫也。御母上總介《かづさのすけ》當麻《タヘマ》の老《ヲキナ》が女《むすめ》なり。舍人親王は皇子の中に御身の才《さい》もましけるにや、知太政官事《ちだいじやうくわんじ》と云職をさづけられ、朝務を輔《たすけ》給けり。

日本紀もこの親王勅《みことのり》をうけ玉は(ッ)てえらび給。後に追號ありて盡敬《じんきやう》天皇と申。孝謙天皇御子ましまさず、又御兄弟もなかりければ、廢帝*を御子にしてゆづり給。たゞし、年號などもあらためられず。女帝の御まゝなりしにや。戊戌《つちのえいぬ》年即位。

天下を治給こと六年。事ありて淡路國《あはぢのくに》にうつされ給き。三十三歳おまし〳〵き。

第四十八代、稱德《しようとく》天皇は孝謙の重祚《ちようそ》也。庚戌《かのえいぬ》年正月一日《むつきついたち》更に即位、同《おなじき》七日改元。太上天皇ひそかに藤原武智麿《のむちまろ》の大臣の第二の子押勝《ヲシカツ》を幸《かう》し給き。大師《たいし》〈其時太政大臣改《あらため》て大師と云〉正一位になる。見給へばえ《(ゑ)》ましきとて、藤原に二字をそへて藤原惠美《ヱミ》の姓《しやう》を給き。天下の政《まつりこと》しかしながら委任《ゐにん》せられにけり。後に道鏡《だうきやう》と云法師《ほふし》〈弓削《ゆげ》の氏人《うぢびと》也〉又寵幸《ちようかう》ありしに、押勝いかりをなし、廢帝*をすゝめ申て、上皇の宮をかたぶけむとせしに、ことあらはれて誅にふしぬ。帝《みかど》も淡路にうつされ給て上皇重祚あり。さき〔に〕出家せさせ給へりしかば、尼ながら位にゐ給けるにこそ。非常の極《きはみ》なりけむかし。唐《たう》の則天《そくてん》皇后は太宗の女御《ちよぎよ》にて、才人《さいじん》といふ官にゐ給*へりしが、太宗かくれ給て、尼《あま》に成《なり》て、感業《かんげふ》と云寺におはしける、高宗み給て長髮《ちやうはつ》せしめて皇后とす。諫申人《いさめまをすひと》おほかりしかども用《もちゐ》られず。高宗崩じて中宗位にゐ給しをしりぞけ、睿宗《えいそう》を立《たて》られしを、又しりぞけて、自《みづから》帝位につき、國を大周《たいしう》とあらたむ。唐の名をうしなはんと思給《おもひ》けるにや。中宗・睿宗もわが生給《うみ》しかども、すてて諸王とし、みづからの族《やから》武氏《ぶし》のともがらをもちて、國を傳《つたへ》しめむとさへし給き。其時にぞ法師も官者《くわんじや》もあまた寵せられて、世にそしらるゝためしおほくはべりしか。この道鏡はじめは大臣に准《じゆん》じて〈日本の准大臣のはじめにや〉大臣禪師《だいじんぜんじ》といひしを*太政大臣になし給。それによりてつぎ〳〵納言《なごん》・參議《さんぎ》にも法師をまじへなされにき。道鏡世をこゝろのまゝにしければ、あらそふ人なかりしにや。大臣吉備《きび》の眞備《まきび》の公、左中辨《さちゆうべん》藤原の百川《ももかは》などありき。されど、ちからをよ《(お)》ばざりけるにこそ。

法師の官に任ずることは、もろこしより始《はじめ》て、僧正・僧統《そうとう》などいふ事のありし、それすら出家の本意《ほんい》にはあらざるべし。いはむや俗の官に任ずる事あるべからぬ事にこそ。されど、もろこしにも南朝の宋の世に惠琳《ゑりん》といひし人、政事《まつりごと》にまじらい《(ひ)》しを黑衣宰相《こくえのさいしやう》といひき〈但《ただし》これは官に任《にんず》とは見えず〉。梁の世に惠超《ゑてう》と云し僧、學士《がくし》の官になりき。北朝《の》魏の明元帝《めいげんてい》の代に法果《ほふくわ》と云僧、安城公《あんじやう》の爵《しやく》をたまはる。唐の世となりてはあまた聞えき。肅宗《シユクソウ》の朝《てう》に道平《だうへい》と云人、帝《みかど》と心《こころ》を一《ひとつ》にして安《あん》祿山《ろくさん》が亂《らん》をたいら《(ひ)》げし故に、金吾《きんご》將軍になされにけり。代宗《だいそう》の時、天竺の不《ふ》空三藏《くうさんざう》をたう《ふ》とび給あまりにや、特進試鴻臚卿《トウシンシコウロケイ》をさづけらる。後に開府儀同三司肅國公《カイフギドウさんししゆくこくこう》とす。歸寂《キジヤク》ありしかば司空《しくう》の官をおくらる〈司空は大臣の官なり〉。則天《そくてん》の朝よりこの女帝《にょたい》の御代《みよ》まで六十年ばかりにや。兩國のこと相似たりとぞ。

天下を治給こと五年。五十七歳おましまし〳〵き。

天武・聖武國に大功あり、佛法をもひろめ給しに、皇胤《くわういん》ましまさず。此女帝にてたえ給ぬ。女帝かくれ給しかば、道鏡をば下野《しもつけ》の講師《かうじ》になしてながしくだされにき。抑《そもそも》此道鏡は法王の位をさづけられたりし、猶《なほ》あかずして皇位につかんといふ心ざしありけり。女帝さすが思《おもひ》わづらひ給けるにや、和氣清丸《わけのきよまろ》と云《いふ》人を勅使《ちよくし》にさして、宇佐《うさ》の八幡宮に申されける。大菩薩さま〴〵託宣《たくせん》ありて更にゆるされず。清丸歸參《きさん》してありのまゝに奏聞《そうもん》す。道鏡いかりをなして、清丸がよぼろすぢをたちて、土左國《とさのくに》にながしつかはす。清丸うれへかなしみて、大菩薩をうらみかこち申ければ、小蛇出來《こ(へ)びいでき》てそのきずをいやしけり。光仁《くわうにん》位につき給しかば、即《すなはち》めしかへさる。神威《しんゐ》をたうと《(ふ)》び申て、河内國《かはちのくに》に寺を立《たて》て、神願寺《じんぐわんじ》と云。後に高雄《たかを》の山にうつし立《たつ》。今の神護寺《じんごじ》これなり。*件《くだり》のころまでは神威もかくいちじるきことなりき。かくて道鏡つゐ《(ひ)》にのぞみをとげず。女帝も又程なくかくれ給。宗廟社稷《しやしよく》をやすくすること、八幡の冥慮《みやうりよ》たりしうへに、皇統をさだめたてまつることは藤原《の》百川朝臣《ももかはのあそん》の功《こう》なりとぞ。

第四十九代、第二十七世、光仁《くわうにん》天皇は施基《しきの》皇子の子、天智天皇の御孫也〈皇子は第三の御子なり。追號ありて田原《たはら》の天皇と申〉。御母贈*皇太后紀旅子《きのもろこ》、贈太政大臣旅人《もろひと》の女《むすめ》也。白壁《しらかべ》の王と申き。天平年中に御年二十九にて従四位下《げ》に叙し、次第に昇進せさせ給て、正三位勲二等大納言に至《いたり》給き。稱徳《しようとく》かくれましゝかば、大臣以下《いげ》皇胤《くわうゐん》の中《うち》をえらび申けるに、をの〳〵《(お)》異議ありしかど、參議百川と云し人、この天皇に心ざしたてまつりて、はかりことをめぐらしてさだめ申てき。天武世をしり給しよりあらそひ申《まをす》人なかりき。しかれど天智御兄にてまづ日嗣《ひつぎ》をうけ給。そのかみ逆臣《ぎやくしん》を誅し、國家をも安《やすく》し給へり。この君のかく繼體にそなはり給《たまふ》、猶正《ただしき》にかへるべきいはれなるにこそ。まづ皇太子に立《たち》、すなはち受禪《じゆぜん》〈御年六十二〉。ことし庚戌《かのえいぬの》年なり。十月《かんなづき》に卽位、十一月《しもつき》改元。平城宮にましします。

天下を治給こと十二年。七十三歳おまし〳〵き。

第五十代、第二十八世、桓武《くわんむ》天皇は光仁第一の〔子〕。御母*皇太后高野《たかの》の新笠《ニイカサ》、贈太政人臣乙繼《おとつぐ》

の女《むすめ》也。光仁即位のはじめ井上《ゐのへ》の內親王《ないしんわう》〈聖武《しやうむ》の御女《むすめ》〉をもて皇后とす。彼所生《かのしよしやう》の皇子澤良《サハラ》(二)の親王、太子に立《たち》給き。しかるを百川朝臣、此天皇にうけつがしめたてまつらんと心ざして、又はかりことをめぐらし、皇后を(お)よび太子をすてて、つゐ(ひ)に皇太子にすへ(ゑ)たてまつりき。その時しばらく不許《ふきよ》なりければ、四十日まで殿《でん》の前に立《たち》て申けりとぞ。たぐひなき忠烈の臣也けるにや。皇后・前《さきの》太子せめられてうせ給にき。怨靈《をんりやう》をやすめられんためにや、太子はのちに追號ありて崇道《すだう》天皇と申。

辛酉《かのととり》の年即位、壬戌《みづのえいぬ》に改元。はじめは平城にましします。山背《やましろ》の長岡にうつり、十年ばかり都なりしが、又今の平安城《へいあんじやう》にうつさる。山背の國をもあらためて山城《やましろ》と云《いふ》。永代《えいたい》にかはるまじくなんはからはせ給ける。昔聖德太子蜂岡《はちをか》にのぼり給て〈太秦《うづまさ》これなり〉いまの城を見めぐらして、「四神《しじん》相應《さうおう》の地《ち》也。百七十餘年ありて都《みやこ》をうつされて、かはるまじき所なり。」とのたまひけりとぞ申傳《つたへ》たる。その年紀《ねんき》もたがはず、又數十代不易《ふえき》の都《みやこ》と也ぬる、誠《まこと》に王氣《わうき》相應の福地《ふくち》たるにや。

この天皇大《おほき》に佛法をあがめ給。延曆《えんりやく》二十三年、傳敎《でんげう》・弘法《こうぼふ》勅《みことのり》をうけて唐へわたり給。其時すなはち唐朝へ使《つかひ》をつかはさる。大使は參議左大辨兼越前守《さだいべんけんゑちぜんのかみ》藤原葛野麿朝臣《のかどのまろのあそん》也。傳敎は天台の道《だう》邃和尚《スイくわしやう》にあひ、その宗をきはめて同《おなじき》二十四年に大使と共に歸朝《きてう》せらる。弘法は猶かの國にとゞまりて大同《だいどう》年中に歸《かへり》給。

この御時東夷《とうい》叛亂《ホンらん》しければ、坂上《さかのうへ》の田《た》村丸《むらまろ》を征東大將軍になしてつかはされしに、こと〳〵くたひらげてかへりまうでけり。この田村丸は武勇《ぶよう》〔人〕にすぐれたりき。初《はじめ》は近衞《こんゑ》の將監《しやうげん》になり、少將にうつり、中將に轉じ、弘仁《こうにん》の御時にや、大將にあがり、大納言をかけたり。文《ぶん》をもかねたればにや、納言の官にものぼりにける。子孫はいまに文士《ぶんし》にてぞつたはれる。

天皇天下を治給こと二十四年。七十歳おまし〳〵き。

第五十一代、平城《へいぜい》天皇は桓武第一の子。御母皇太后*藤原の乙牟漏《ヲトムロ》、贈太政大臣良繼《よしつぐ》の女《むすめ》也。丙《ひのえ》戌《いぬの》年即位、改元。平安宮《へいあんぐう》にまします〈これより遷都《せんと》なきによりて御在所《ございしよ》をしるすべからず〉。

天下を治給こと四年。太弟《たいてい》にゆづりて太上天皇と申。平城の舊都にかへりてすませ給けり。尚侍《ないしのかみ》藤原の藥子《くすりこ》を寵《ちようし》ましけるに、(三)其弟參議右兵衛督《うひやうゑのかみ》仲成《なかなり》等申すゝめて逆亂《げきらん》の事ありき。田村丸を大將軍として追討せられしに、平城の軍《いくさ》やぶれて、上皇出家せさせ給。御子《みこ》東宮高岡《たかをか》の親王もすてられて、おなじく出家、弘法大師の弟子になり、眞如《しんによ》親王と申はこれなり。藥子・仲成等誅《ちゆう》にふしぬ。上皇五十一歳までおまし〱き。

第五十二代、第二十九世、嵯峨《さが》天皇は桓武第二の子、平城同母の弟也。太弟に立《たち》給へりしが、己丑《つちのとうしの》年即位、庚寅《かのえとら》に改元。此天皇幼年より聰明《ソウメイ》にして讀書《とくしよ》を好《このみ》、諸藝を習《ならひ》給。又謙讓《ケンジヤウ》の大度《たいど》もましましけり。桓武帝鍾愛無雙《ショウアイぶさう》の御子になむおはしける。儲君《ちよくん》にゐ給けるも父のみかど繼體のために顧命《コメイ》しまし〱けるにこそ。格式《きやくしき》なども此御時よりえらびはじめられにき。又深《ふかく》佛法をあがめ給。先世《さきのよ》に美濃國神野《みののくにかむの》と云所にたう《（よ）》とき僧ありけり。橘太后《きつたいこう》の先世に懇《ネンゴロ》に給仕《きふじ》しけるを感じて相共に再誕《さいたん》ありとぞ。御諱《いみな》を神野と申けるも自然《じねん》にかなへり。

傳教〈御名最澄《さいちよう》〉・弘法〈御名空海《くうかい》〉兩大師唐《たう》より傳《つたへ》給し天台・眞言の兩宗も、この御時よりひろまり侍ける。此兩師直也人《ただなるひと》におはせず。

傳教入唐以前より比叡山《ひえいざん》のひらきて練行《れんぎやう》せられけり。今の根本中堂《こんぽんちゆうだう》の地をひかれけるに、八《やつ》の舌《した》ある鎰《かぎ》をもとめいでて唐までもたれたり。天台山《てんだいさん》にのぼりて智者《ちしや》大師〈天台の宗おこりて四代の祖なり。天台大師とも云〉六代の正統道邃和尚《だうスイくわしやう》に謁《えつ》して、その宗をならはれしに、彼《かの》山に智者歸寂《きじやく》より以來《このかた》鎰《かぎ》をうしなひてひらかざる一藏《ひとつのくら》ありき。心見《こころみ》に此鎰にてあけらるゝにとゞこほらず。一山《いつさん》こぞりて渇仰《カツガウ》しけり。仍一宗《よりていつしゆう》の奥義《あうぎ》のこる所なく傳られたりとぞ。其後慈覺・智證兩大師又入唐して天台・眞言をきはめならひて、叡山にひろめられしかば、彼門風《かのもんふう》いよ〳〵さかりになりて天下に流布《るふ》せり。唐國みだれしより經教《きやうけう》おほくうせぬ。道邃《だうすい》より四代にあたれる義寂《ぎじやく》と云人まで、たゞ觀心《くわんじん》を傳て宗義をあきらむることたえにけるにや。(三)呉《ご》越國《ゑつこく》の忠懿王《ちゆういわう》〈姓は錢《せん》、名は鏐《リウ》、唐の末つかたより東南の呉越を領して偏霸《へんぱ》*の主《しゆ》たり〉此宗のおとろへぬることをなげきて、使者十人をさして、我朝にを《(お)》くり、教典《けうてん》をもとめしむ。こと〴〵くうつしをはりてかへりぬ。義寂これを見あきらめて、更に此宗を再興す。もろこしには五代《ごだい》の中《うち》、後唐《こうたう》の末ざまなりければ、我朝には朱雀《すざく》天皇の御代にやあたりけむ。日本《にほん》よりかへしわたしたる宗なれば、此國の天台宗はかへりて本《ほん》となるなり。凡《およそ》傳教彼《かの》宗の祕密を傳られたることも〈(四)唐台州刺史《たうのタイしうしし》*陸淳《りくジュン》が印記《いんき》*の文《もん》にあり〉こと〴〵く一宗の論疏《ろんしよ》をうつし、國にかへれることも〈釋志磐《しやくしばん》が佛祖統紀《ぶつそとうき》*にのせたり〉異朝の書に見えたり。

弘法は母懷胎《くわいたい》の始《はじめ》、夢に天竺の僧來《きた》りて宿《やど》をかり給けりとぞ。寶龜《ほうき》五年甲寅《きのえとら》六月《みなづき》十五日誕生。この日唐の大曆《たいれき》*九年六月《ろくぐわつ》十五日にあたれり。不空三藏入滅《ふくうさんざうにふめつ》す。仍《よりて》かの後身《こうしん》と申也。かつは惠果《けいくわ》和尚《わしやう》の告《つげ》にも「我と汝と久《ひさしき》契約《けいやく》あり。誓《ちかひ》て密藏《みつざう》を弘《ヒロメン》。」とあるも其故にや。渡唐の時も或は五《ご》筆《ひつ》の藝をほどこし、さま〴〵の神異《しんい》ありしかば、唐の主《しゆ》、順宗皇帝《じゆんそう》ことに仰信《ぎやうしん》し給き。彼《かの》惠果〈眞言第六の祖、不空の弟子〉和尚《わしやう》六人の附法《フほふ》あり。劍南《ケンなん》の惟上《ユイしやう》・河北の義圓《ぎゑん》〈金剛一界を傳《つたふ》〉、新羅《しらぎ》の惠《ゑ》日《にち》・訶陵《かりよう》の辨弘《べんこう》〈胎藏《たいざう》一界を傳〉、青龍《せいりよう》の義明《ぎめい》・日本の空海〈兩部を傳〉。義明は唐朝におきて灌頂《くわんちやう》(五)の師たるべかりしが世をはやくす。弘法は六人の中に瀉瓶《シヤビヤウ》たり〈惠果の俗弟子呉殷《ごいん》が纂《サン》の詞《ことば》にあり〉。しかれば、眞言の宗には正統なりといふべきにや。これ又異朝の書に見えたる也。傳教も、不空の弟子順曉《じゆんげう》にあひて眞言を傳られしかど、在唐いくばくなかりしかば、ふかく學せられざりしにや。歸朝の後、弘法にもとぶらはれけり。又いまこの流たえにけり。慈覺・智證は惠果の弟子義操《サウ》・法潤《ジユン》と聞えしが弟子法全《はつせん》にあひて傳らる。

凡《およそ》本朝流布《るふ》の宗《しゆう》、今は七宗也。此中にも眞言・天台の二宗は祖師の意《い》巧《ゲウ》専《もはら》鎮護國家のためと心ざされけるにや。比叡山には〈比叡と云こと桓武・傳教心を一《ひとつ》にして興隆せられしゆへ(六)なづくと彼《かの》山の輩《ともがら》稱《しようする》也。しかれど舊事本紀《くじほんぎ》に比叡の神の御こと見えたり〉顯密ならびて紹隆《せうりゆう》す。殊に天子本命《ほんみやう》の道場をたてて御願《ごぐわん》を祈る地なり〈これは密《みつ》につたへし〉。又根本中堂を止觀院《シくわんゐん》と云。法花《ほつけ》の經文《きやうもん》につき、天台の宗義により、かた〴〵鎮護の深義《じんぎ》ありとぞ。東寺《とうじ》は桓武遷都《せんと》の初、皇城の鎮《しづめ》のためにこれをたてらる。弘仁《こうにん》の御時、弘法に給てながく眞言の寺とす。諸宗の雜住《ざふぢゆう》をゆるさざる地也。此宗を神通乘《じんづうじよう》と云。如來果上《によらいくわしやう》の法門にして諸教にこえたる極祕密《ごくひみつ》とおもへり。就中《なかんづく》我國は神代よりの緣起《えんぎ》、此宗の所說《しよせつ》に符合《ふがふ》せり。この故にや唐朝に流布せしはしばらくのことにて、則《すなはち》日本にとゞまりぬ。又相應の宗なりと云もことは《(わ)》りにや。大唐の內道場《ないだうぢやう》に准《じゆん》じて宮中に眞言院をたつ〈もとは勘解由使《かげゆし》の廳《ちやう》なり〉。大師奏聞《そうもん》して毎年正月《むつき》この所にて御修法《みしほ》あり。國土安穩《あんをん》の祈禱、稼穡豐饒《かしよくぶねう》の祕法也。又十八日の觀音供《くわんおんく》、晦日《つごもり》の御念誦《みねんじゆ》等も宗によりて深意《じんい》あるべし。三流の眞言いづれと云べきならねど、眞言お《(を)》もて諸宗の第一とすることもむねと東寺によれり。延喜《えんぎ》の御宇《ぎよう》に綱所《かうしよ》の印鎰《いんやく》を東寺の一阿闍梨《いちのあじやり》にあづけらる。仍《よりて》法務のことを知行《ちぎやう》して諸宗の一座たり。山門・寺門は天台をむねとする故にや、顯密をかねたれど宗の長をも天台座主《てんだいざす》と云めり。此天皇諸宗を並《なら》て興《こう》ぜさせ給けり。中にも傳教・弘法御歸依《ごきえ》ふかゝりき。傳教始て圓頓《ゑんどん》の戒壇《かいだん》をたつべきよし奏せられしを、南京《なんきやう》の諸宗表《へう》を上《たてまつり》てあらそひ申《まを》ししかど、つい《(ひ)》に戒壇の建立をゆるされ、本朝四ケ所の戒場となる。弘法はことさら師資《シシ》の御約《ごやく》ありければ、おもくし給けるとぞ。

此兩宗の外、華嚴《けごん》・三論《さんろん》は東大寺にこれをひろめらる。彼《かの》華嚴は唐の杜順和尚《トジユンくわしやう》よりさかりになれりしを、日本の朗辨《らうべん》僧正傳て東大寺に興隆す。此寺は則《すなはち》此宗によりて建立せられけるにや、大華嚴寺と云名あり。三論は東晉《とうしん》の同時に後秦《こうしん》と云國に、羅什三藏《らじふさんざう》と云師來《きたり》て、此宗をひらきて世に傳たり。孝德の御世に高麗《かうらい》の僧惠灌《あくわん》來朝して傳始ける。しからば最前《さいぜん》流布の敎《をしへ》にや。其後道《だう》慈《じ》律師請來《しやうらい》して大安寺《だいあんじ》にひろめき。今は花嚴《けごん》とならびて東大寺にあり。法相《ほつさう》は興福寺《こうぶくじ》にあり。唐《たうの》玄弉《げんじやう》三藏天竺より傳て國にひろめらる。日本の定惠和尙《ちやうゑわじやう》〈大織冠《たいしよくくわん》の子なり〉彼《かの》國にわたり玄弉の弟子たりしかど、歸朝の後世《のち》をはやくす。今の法相は玄昉《げんばう》僧正と云人入唐《にふたう》して泗州《シしう》の智周《ちしう》大師〈玄弉二世の弟子〉にあひてこれを傳て流布しけるとぞ。春日《かすが》の神もことさら此宗を擁護《おうご》し給なるべし。此三宗に天台をくはへて四家《しけ》の大乘《だいじよう》と云。倶舍《ぐしや》・成實《じやうじつ》なむどいふは小乘《せうじよう》なり。道慈律師おなじく傳て流布せられけれども、依學《えがく》の宗にて、別に一宗を立《たつる》ことなし。我國大乘純熟《じゆんじゆく》の地なればにや、小乘を習人《ならふひと》なきなり。

又律宗は大小に通ずる也。鑒眞和尙《がんじんわじやう》來朝してひろめられしより東大寺を(お)よび下野《しもつけ》の藥師《やくし》寺・筑《つく》紫《し》の觀音寺に戒壇をたてて、此戒をうけぬものは僧籍《そうせき》につらならぬ事になりにき。中古より以來《このかた》、其名ばかりにて戒體《かいたい》をまぼることたえにけるを、南都《なんと》の思圓《しゑん》上人等章疏《しやうしよ》を見あきらめて戒師《かいし》となる。北京《ほくきやう》には我禪上人《がぜんしやうにん》入宋《にふそう》して彼土《かのど》の律法《りつほふ》*〔を〕うけ傳てこれをひろむ。南北の律再興《さいこう》して彼《かの》宗に入輩《いるともがら》は威儀を具《ぐ》することふるきがごとし。

禪宗は佛心宗《ぶつしんしゆう》とも云。佛の教外《りうゲ》別傳《べつでん》の宗なりとぞ。梁《りやう》の代《よ》に天竺の達磨《だるま》大師來《きたり》てひろめられしに、武帝に機《き》かなはず。江《かう》を渡《わたり》て北朝にいたる。嵩山《すうざん》と云所にとゞまり、面壁《めんぺき》して年を《(お)》くられける。後に惠可《ゑか》これをつぐ。惠可より下《しも》、四世に弘忍禪師《ぐにんぜんじ》ときこえし、嗣法《しほふ》南北に相分《あひわか》る。北宗《ほくしゆう》の流《ながれ》をば傳教・慈覺傳て歸朝せられき。安然和尚《あんネンくわしやう》〈慈覺孫弟《じかくのそんてい》〉教時諍論《けうじさうろん》と云書に教理の淺深《せんじん》を判《はん》ずるに、眞言・佛心・天台とつらねたり。されど、うけ傳人《つたふるひと》なくてたえにき。近代となりて南宗《なんしゆう》のながれおほくつたはる。異朝には南宗の下に五家《ケ》あり。その中《うち》臨濟《リンザイ》宗の下より又二流となる。これを五家七宗《ごけしちしゆう》と云。本朝には榮西《ヤウセイ》*僧正、黄龍《ワウリヨウ》の流《ながれ》をくみて傳來の後、聖一《しやういち》上人、石霜《せきさう》の下《しも》つかた虎丘《くきう》のながれ無準《ブシユン》にうく。彼《かの》宗のひろまることは此兩師よりのことなり。うちつゞき異朝の僧もあまた來朝し、此國よりもわたりて傳しかば、諸家《しよけ》の禪おほく流布せり。五家七宗とはいへども、以前の顯《けん》・密《みつ》・權《ごん》・實《じつ》等の不同には相似《あひにる》べからず。いづれも直指《ちきし》人心《にんしん》、見性成佛《けんしやうじやうぶつ》の門《もん》をばいでざるなり。

弘仁の御宇より眞言・天台のさかりになることを聊《いささか》しるし侍《はべる》につきて、大方の宗々傳來のおもむきを載《のせ》たり。極《きはめ》てあやまりおほく侍《はべ》らん。但《ただし》君としてはいづれの宗をも大概しろしめして捨《すて》られざらんことぞ國家攘災《じやうさい》の御はかりことなるべき。菩薩《ぼさつ》・大士《だいし》もつかさどる宗あり。我朝の神明《しんめい》もとりわき擁護し給教《をしへ》あり。一宗に志ある人餘宗をそしりいやしむ、大《おほき》なるあやまりなり。人の機根《きこん》もしな〴〵なれば教法も無盡《むじん》なり。況《いはんや》わが信ずる宗をだにあきらめずして、いまだしらざる教をそしらむ、極《きはめ》たる罪業《ざいごふ》にや。われは此宗に歸《き》すれども、人は又彼《かの》宗に心ざす。共に隨分の益《やく》あるべし。是皆今生一世《こんじやういちせ》の値遇《チグ》にあらず。國の主《あるじ》ともなり、輔政《ふせい》の人ともなりなば、諸教をすてず、機をもらさずして得益《とくやく》のひろからむことを思給《おもひ》べきなり。

且《かつ》は佛教にかぎらず、儒《じゆ》・道《だう》の二教乃至《ないし》もろ〳〵の道、いやしき藝までもおこしもちい《(ゐ)》るを聖《せい》代《だい》といふべきなり。凡男夫《およそなんぶ》は稼穡《かしよく》をつとめてを《(お)》のれも食し、人にもあたへて、飢《うゑ》ざらしめ、女子は紡績《ばうせき》をこととしてみづからもき、人をしてあたゝかにならしむ。賤《いやしき》に似たれども人倫《じんりん》の大本《たいほん》也。天の時にしたがひ、地の利によれり。此外《このほか》商沽《シヤウコ》の利を通ずるもあり、工巧《クゲウ》のわざを好《コノム》もあり、仕官に心ざすもあり、〔是を〕四民と云。仕官するにとりて文武《ぶんぶ》の二《ふたつ》の道あり。坐《ざし》て以《もつて》道〔を〕論ずるは文士の道也。此道に明《あきらか》ならば相《しやう》とするにたへたり。征《ゆき》て功〔を〕立《たつる》は武人《ぶじん》のわざなり。此わざに譽《ほま》れあらば将《しやう》とするにたれり。されば文武の二《ふたつ》はしばらくもすて給べからず。「世みだれたる時は武を右にし文を左にす。國《(を)》おさまれる時〔は〕文を右にし武を左にす。」といへり〈古に右を上《かみ》にす。仍《よりて》しかいふなり〉。かくのごとくさま〴〵なる道をもちい《(ゐ)》て、民のうれへをやすめ、おの〳〵あらそひなからしめん事を本《もと》とすべし。民の賦斂《フレン》をあつくしてみづからの心をほしきまゝにすることは亂世亂國のもとい《(ゐ)》なり。我國は王種《わうしゆ》のかはることはなけれども、政《まつりこと》みだれぬれば、暦數《れきすう》ひさしからず。繼體もたがふためし、所々にしるし侍りぬ。又いはむや、人臣として其職をまぼるべきにを《(お)》きてをや。

抑《そもそも》民をみちびくにつきて諸道・諸藝みな要樞《えうすう》也。古には詩・書・禮・樂《がく》をもて國を治《をさむ》る四術《しじゆつ》とす。本朝は四術の學をたてらるゝことたしかならざれど、紀傳《きでん》・明經《みやうぎやう》・明法《みやうばふ》の三道に詩・書・禮《れい》を攝《せつ》すべきにこそ。算道《さんだう》を加《くはへ》て四道と云。代々《よよ》にもちい《(ゐ)》られ、其職を置《おか》るゝことなればくはしくするにあたはず。醫・陰陽《おんやう》の兩道又これ國の至要《しえう》也。金石絲竹《キンセキシちく》の樂《がく》は四學の一《ひとつ》にて、もつぱら政《まつりこと》をする本《もと》なり。今は藝能の如くに思へる、無念のことなり。「風《フウ》を移《うつ》し俗をかふるには樂よりよきはなし。」といへり。一音より五聲・十二律に轉じて、治亂をわきまへ、興衰《コウスイ》を知《しる》べき道とこそ見えたれ。又詩賦《しふ》哥詠《かえい》の風《ふう》もいまの人のこのむ所、詩學の本《ホン》にはことなり。しかれど一心よりおこりて、よろづのことの葉《は》となり、末の世なれど人を感ぜしむる道なり。これをよくせば僻《ヘキ》をやめ邪をふせぐをしへなるべし。かゝればいづれか心の源《みなもと》をあきらめ、正《しやう》にかへる術《じゆつ》なからむ。輪扁《リンヘン》が輪をけづりて齊桓公《セイノくわんこう》ををしへ、弓工《きゆうこう》が弓をつくりて唐の太宗をさとらしむるたぐひもあり。乃至《ないし》圍碁《ゐご》彈棊《だんき》の戯《たはぶれ》までもおろかなる心をお《(を)》さめ、かろ〲しきわざをとゞめんがためなり。たゞし其源《みなもと》にもとづかずとも、一藝はまなぶべきことにや。孔子《こうし》も「飽食《アクマデニクウ》て終日《ヒネモス》に心を用《もちゐる》所なからんよりは博弈《バクエキ》をだにせよ。」と侍《はべる》めり。まして一道をうけ、一藝にも携《たづさは》らん人、本《もと》をあきらめ、理《ことわり》をさとる志あらば、これより理《り》〔世《せい》〕の要ともなり、出離《しゆつり》のはかりことゝも也なむ。（六）一氣一心にもとづけ、五大・五行により相剋《さうこく》・相生《さうしやう》をしり、自《みづから》もさとり他にもさとらしめむ事、よろづの道其理一《ことわりひとつ》なるべし。

此御門《みかど》誠に顯密の兩宗に歸《きし》給しのみならず、儒學もあきらかに、文章もたくみに、書藝もすぐれ給へりし、宮城《きゆうじやう》の東面《ひがしおもて》の額《ガク》も御みづからかゝしめ給き。

天下を治給こと十四年。皇太弟にゆづりて太上天皇と申。帝都の西、嵯峨山《さがやま》と云所に離宮をしめてぞましくける。一旦國をゆづり給しのみならず、行末までもさづけましまさむの御心ざしにや、新帝の御子、恆世《つねよ》の親王を太子に立《たて》給しを、親王又かたく辭退して世をそむき給けるこそありがたけれ。上皇ふかく謙讓《けんじやう》しましけるに、親王又かくのがれ給ける、末代《まつだい》までの美談にや。昔仁德兄弟相讓《あひゆづり》給し後にはきかざりしことなり。五十七歳おましくき。

第五十三代、淳和《じゆんわ》天皇、西院《さいゐん》の帝《みかど》とも申。桓武第三の子。御母贈皇太后藤原の旅子《もろこ》、贈太政大臣百川《ももかは》の女《むすめ》也。癸卯《みづのとうの》年卽位、甲辰《きのえたつ》に改元。

天下を治給こと十年。太子にゆづりて太上天皇と申。此時兩上皇ましくければ、嵯峨をば前《さきの》太上天皇、此御門《みかど》をば後《のちの》太上天皇と申き。嵯峨御門《さがのみかど》の御《(お)》をきてにや、東宮には又此帝の御子恆貞《つねさだ》親王立《たち》給しが、兩上皇かくれましし後にゆへ《(ゑ)》ありてすてられ給き。五十七歳おましくき。

第五十四代、第三十世、仁明《にんみやう》天皇。諱《いみな》は正良《マサラ》〈これよりさき御諱たしかならず。おほくは乳母《めのと》の姓《しやう》などを諱にもちい《(ゐ)》られき。これより二字たゞしくましませばのせたてまつる〉、深草《ふかくさ》の帝《みかど》とも申。嵯峨第一の子。御母皇太后橘《たちばな》の嘉智子《かちこ》、贈太政大臣清友女《きよとものむすめ》也。癸丑《みづのとうしの》年卽位、甲寅《きのえとら》に改元。此天皇は西院の御門《みかど》の猶子《いうし》の儀《ぎ》まし〳〵ければ、朝覲《てうきん》も両皇《りやうくわう》にせさせ給。或時は両皇同所にして覲禮《きんれい》もありけりとぞ。

我國のさかりなりしことはこの比をい《(ほひ)》にやありけむ。遣唐使《けんたうし》もつねにあり。歸朝の後、建禮門《けんれいもん》の前に、彼國《かの》のたから物の市《いち》をたてて、群臣にたまはすることもありき。律令《りつりやう》は文武《もんむ》の御代よりさだめられしかど、此御代にぞえらびととのへられにける。

天下を治給こと十七年。四十一歳おまし〳〵き。

第五十五代、文徳《もんとく》天皇。諱は道康《みちやす》、田村《たむら》の帝とも申。仁明第一の子。御母〔太皇〕太后藤原順子《のじゆんし》〈五條の后《きさき》と申〉、左大臣冬嗣《ふゆつぐ》の女《むすめ》也。庚午《かのえうまの》年即位、辛未《かのとひつじ》に改元。

天下を治給こと八年。三十三歳おまし〳〵き。

第五十六代、清和《せいわ》天皇。諱は惟仁《これひと》、水尾《みづのを》の帝とも申。文徳第四の子。御母皇太后藤原の明子《あきらけいこ》〈染殿《そめどの》の后と申〉、攝政《せつしやう》太政大臣良房の女《むすめ》也。我朝は幼主位にゐ給ことまれなりき。此天皇九歳にて即位、戊寅《つちのえとらの》年也。己卯《つちのとう》に改元。

踐祚《せんそ》ありしかば、外祖《ぐわいそ》良房の大臣はじめて攝政せらる。攝政と云こと、もろこしには唐堯《たうげう》の時、虞舜《ぐしゅん》を登用《とうようし》て政《まつりごと》をまかせ給き。これを攝政と云。かくて三十年ありて正位をうけられき。殷《いん》の代《よ》に伊尹《いいん》と云聖臣《せいしん》あり。湯《タウ》及《および》*太甲《たいカウ》を輔佐《ふさ》す。是は保衡《ホウカウ》と云〈阿衡《あかう》とも云〉。其心《こころ》は攝政也。周の世に周公旦《しうこうたん》又大聖《たいせい》なりき。文王の子、武王の弟、成王の叔父《しゆくふ》なり。武王の代には三公につらなり、成王わかくて位につき給しかば、周公みづから南面《なんめん》して攝政す〈成王を負《おひ》て南面せられけりとも見えたり〉。漢《かん》の昭帝又幼にて卽位。武帝の遺詔《ゆいぜう》により博陸《はくりく》侯霍光《くわくくわう》と云人、大司馬大将軍にて攝政す。中にも周公・霍氏をぞ先蹤《せんしよう》にも申める。本朝には應神うまれ給て襁褓《キヤウホウ》にましく〱しかば、神功皇后天位にゐ給。しかれども攝政と申傳《まをしつたへ》たり。これは今の儀にはことなり。推古天皇の御時厩戸《うまやどの》皇太子攝政し給。これぞ帝は位に備《そなはり》て天下の政《まつりごと》しかしながら攝政の御まゝなりける。齊明天皇の御世に、御子中《なか》の大兄《おほえ》の*皇太子攝政し給。元明の御世のすゑつかた、皇女淨足姫《きよたらしひめ》の尊〈元正天皇の御ことなり〉しばらく攝政し給き。この天皇の御時良房の大臣の攝政よりしてぞまさしく人臣にて攝政することははじまりにける。但《ただし》此藤原の一門神代より故ありて國主をたすけたてまつることはさきにも所々にしるし侍りき。淡海公の後、参議中衛《ちゆうゑの》大将房前《ふささき》、其子大納言眞楯《マタテ》、その子右大臣内麿、この三代は上《かみ》二代のごとくさかへ《(え)》ずやありけむ。内麿の子冬嗣の大臣〈閑院《かんゐん》の左大臣と云。後に贈太政大臣〉、藤氏《とうじ》の衰《おとろへ》ぬることをなげきて、弘法大師に申あはせて興福寺に南圓堂《なんゑんだう》をたてゝて祈《いのり》申されけり。此時明神役夫《えきふ》にまじはりて、

(七)補陀落《ふだらく》の南の岸に堂たてゝ今ぞさかへ《(え)》ん北の藤《ふぢ》なみ

と詠《えいじ》給けるとぞ。「此時源氏の人あまたうせにけり。」と申人あれど、大《おほき》なるひがことなり。皇子・皇孫の源《みなもと》の姓《しやう》を給《たまはり》て高官・高位にいたることは此後のことなれば、誰人《たれひと》かうせ侍べき。されど彼《かの》一門のさかへ《(え)》しこと、まことに祈請《きせい》にこたへたりとは見えたり。大方この大臣とほき慮《おもひはかり》おはしけるにこそ。子孫・親族の學問をすゝめんために勸學院を建立す。大學寮に東西の曹司《ざうし》あり。菅《くわん》・江《がう》の二家これをつかさどりて、人を教《をしふ》る所也。彼《かの》大學の南にこの院を立《たて》られしかば、南曹とぞ申める。氏長者《うぢのちやうじや》たる人むねとこの院を管領して興福寺及《および》氏の社《やしろ》のことをとりおこなはる。良房の大臣攝政せられしより彼《かの》一流につたはりてたえぬことになりたり。幼主の時ばかりかとおぼえしかど、攝政關白もさだまれる職になりぬ。を《(お)》のづから攝關と云名をとめらるゝ時も、內覽の臣を《(お)》かれたれば、執政の儀かはることなし。

天皇を《(お)》となび給ければ、攝政まつりことをかへしたてまつりて、太政大臣にて白河に閑居せら

れにけり。君は外孫にましませば、なを《(ほ)》も權をもはらにせらるともあらそふ人あるまじくや。されど謙退《けんたい》の心ふかく閑適をこのみて、つねに朝參《てうさん》などもせられざりけり。其比大納言伴善男《とものよしを》といふ人寵《ちよう》ありて大臣をのぞむ志なむありける。時に三公闕《けつ》なかりき〈太政大臣良房、左大臣信《まこと》、右大臣良相《よしすけ》〉。信《マコト》の左大臣をうしなひて、其闕にのぞみ任ぜむとあひはかりて、まづ應天門を燒《やか》しむ。左大臣世をみだらんとするくはたてなりと讒奏《ざんそう》す。天皇おどろき給て、糺明《きうめい》にを《(お)》よばず、右大臣に召仰《めしおほせ》て、すでに誅せらるべきになりぬ。太政大臣このことをきゝ驚遽《オドロキアハテ》られけるあまりに、烏帽《えぼ》子直衣《しなほし》をきながら、白晝《はくちう》に騎馬《きば》して、馳參《はせさん》じて申なだめられにけり。其後に善男が陰謀あらはれて流刑《るけい》に處せらる。此大臣の忠節まことに無レ止《やんごとなき》ことになむ。天皇佛法に歸《きし》給て、つねに脱屣《ダツシ》の御志ありき。慈覺大師に受戒し給、法號を授《さづけ》たてまつらる。素眞《そしん》と申。在位の帝、法號をつき給ことよのつねならぬにや。昔隋煬帝《ずいのヤウだい》の晉王《しんわう》と云し時、天台の智者《ちしや》に受戒して惣持《そうぢ》と云名をつかれたりし、よからぬ君の例《ためし》なれど、智者の昔のあとなれば、なぞらへもちゐられにけるにや。又この御時、宇佐の八幡大菩薩皇城の南、男山石清水《をとこやまいはしみづ》にうつり給。天皇聞食《きこしめし》て勅使《ちよくし》をつかはし、その所を點《てん》じ、もろ〳〵のたくみにおほせて、新宮をつくりて宗廟に擬《ギ》せらる〈鎭坐の次第は上《かみ》にもみえたり〉。

天皇天下を治給こと十八年。太子にゆづりてしりぞかせ給。中みとせばかりありて出家、慈覺の弟子にて灌頂うけさせ給。丹波《たんば》の水尾《みつのを》と云所にうつらせ給て、練行《れんぎやう》しましゝが、ほどなくかくれ給。御年三十一歳おまし〳〵き。

第五十七代、陽成《やうぜい》天皇。諱は貞明《さだあきら》、清和第一の子。御母皇太后藤原高子《のたかきこ》〈二條の后と申〉、贈太政大臣長良《ながら》の女《むすめ》也。丁酉《ひのととりの》年即位、改元。右大臣基經《もとつね》攝政して太政大臣に任ず〈此大臣は良房の養子なり。實《まこと》は中納言長良の男。此天皇の外舅《ははかたのをぢ》なり〉。忠仁公《ちゆうじんこう》の故事のごとし。

此天皇性惡《せいあく》にして人主《じんしゆ》の器《うつはもの》にたらず見え給ければ、攝政なげきて*廢立《はいりふ》のことをさだめられにけり。昔漢の霍光《くわくくわう》、昭帝をたすけて攝政せしに、昭帝世をはやくし給しかば、昌邑王《しやうユウわう》〔を〕立《たて》て天子とす。昌邑不德にして器《うつはもの》にたらず。即《すなはち》*廢立をおこなひて宣帝《せんてい》を立《たて》奉りき。霍光が大功とこそしるし傳《つたへ》はべるめれ。此大臣まさしき外戚《ぐわいせき》の臣にて政《まつりこと》をもはらにせられしに、天下のため大義をおもひてさだめおこなはれける、いとめでたし。されば一家にも〔人こそ〕おほく聞えしかど、攝政關白はこの大臣のすゑのみぞたえせぬことになりにける。つぎ〳〵大臣・大将にのぼる藤原の人々もみなこの大臣の苗裔《べうえい》なり。積善《しやくぜん》の餘慶《よきやう》なりとこそおぼえはべれ。

天皇天下を治給こと八年にてしりぞけられ、八十一歳までおまし〳〵き。

第五十八代、第三十一世、光孝《くわうかう》天皇。諱は時康《ときやす》、小松御門《こまつのみかど》とも申。仁明第二の子。御母贈〔皇〕太后藤原の澤子《さはこ》、贈太政大臣總繼《ふさつぐ》の女《むすめ》なり。陽成しりぞけられ給し時、攝政昭宣公《せうせんこう》もろ〳〵の皇子の相《さう》申されけり。此天皇一品《いつぽん》式部卿《しきぶきやう》兼常陸《ひたちの》太守ときこえしが、御年たかくて小松の宮にまし〳〵けるに、俄にまうでゝ見給ければ、人主の器量餘《よ》の皇子たちにすぐれましけるによりて、すなはち儀衛《ぎゑい》をとゝのへてむかへ申されけり。本位《ほんゐ》の服を着しながら鸞輿《らんよ》に駕《が》して大内《だいだい》にいらせ給にき。ことし甲辰《きのえたつの》年なり。乙巳《きのとみ》に改元。

踐祚のはじめ攝政を改《あらため》て關白とす。これ我朝關白の始なり。漢の霍光《くわくくわう》攝政たりしが、宣帝の時政《まつりごと》をかへして退《しりぞき》けるを、「萬機の政《まつりごと》猶霍光に關白《アヅカリマウサ》しめよ。」とありし、その名を〔取りて〕さづけられにけり。此天皇昭宣公のさだめによりて立《たち》給しかば御志もふかゝりしにや、其子を殿《てん》上《じやう》にめして元服せしめ、御みづから位記《ゐき》をあそばして正五位下《げ》になし給けりとぞ。久《ひさしく》絶《たえ》にける芹川《せり》の御幸《ごかう》などありて、ふるきあとをおこさるゝことども聞えき。

天下を治給こと三年。五十七歳おまし〱き。

大かた天皇(八)の世つぎをしるせるふみ、昔より今に至《いたる》まで家々にあまたあり。かくしるし侍《はべる》もさらにめづらしからぬことなれど、神代より繼體正統のたがはせ給はぬ一《ひと》はしを申さむがためなり。我國は神國《かみのくに》なれば、天照太神の御計《おんはからひ》にまかせられたるにや。されど其中《なか》に御あやまりあれば、暦《レキ》數《スウ》もひさしからず。又つゐ(ひ)には正路《しやうろ》にかへれど、一旦もしづませ給ためしもあり。これはみなみづからなさせ給御とがなり。冥助《みやうじよ》のむなしきにはあらず。佛《ほとけ》も衆生をみちびきつくし、神も萬姓《ばんせい》をすなを(ほ)ならしめむとこそし給へど、衆生の果報しな〲に、うくる所の性《しやう》おなじからず。十善《じふぜん》の戒力《かいりき》にて天子とはなり給へども、代々の御行迹《かうせき》、善惡又まち〱なり。かゝれば本《モト》を本として正《しやう》にかへり、元《ハジメ》をはじめとして邪《じや》をすてられんことぞ祖神《そじん》の御意《みこころ》にはかなはせ給べき。神武より景行まで十二代は御子孫其まゝつがせ給へり。うたがはしからず。日本武《やまとたけ》の尊世をはやくしましゝによりて、御弟成務陟《のぼ》*(九)り給しかど、日本武の御子にて仲哀傳《つたへ》まし〱ぬ。仲哀・應神の御後《おんのち》に仁德つたへ給へりし、武烈惡王にて日嗣《ひつぎ》たえましゝ時、應神五世の御孫にて、繼體天皇えらばれ立《たち》給。これなむめづらしきためしに侍る。されど二《ふたつ》をならべてあらそふ時にこそ傍正《ばうしやう》の疑《うたがひ》もあれ、群臣皇胤なきことをうれへて求出《もとめいだし》奉りしうへに、その御身賢《けん》にして天の命をうけ、人の望《のぞみ》にかなひまし〳〵ければ、とかくの疑《うたがひ》あるべからず。其後相續《あひつぎ》て天智・天武御兄弟立給しに、大友の皇子の亂《みだれ》によりて、天武の御ながれ久《ひさしく》傳《つたへ》られしに、稱德女帝にて御嗣《おんつぎ》もなし。又政《まつりこと》もみだりがはしく聞えしかば、たしかなる御讓《ゆづり》なくて絶にき。光仁又かたはらよりえらばれて立《たち》給。これなむ又繼體天皇の御ことに似たまへる。しかれども天智は正統にてまし〳〵き。第一の御子大友こそあやまりて天下をえ給はざりしかど、第二の皇子にて施基《しき》のみこ御とがなし。其御子なれば、此天皇の立給へること、正理《しやうり》にかへるとぞ申侍べき。今の光孝又昭宣公のえらび〔に〕て立《たち》給といへども、仁明の太子文德の御ながれなりしかど、陽成惡王にてしりぞけられ給しに、仁明第二の御子にて、しかも賢才諸親王にすぐれまし〳〵ければ、うたがひなき天命とこそ見え侍し。かやうにかたはらより出《いで》給こと是まで三代なり。人のなせることとは心えたてまつるまじきなり。さきにしるし侍ることは《(わ)》りをよくわきまへらるべきもの哉《か》。

光孝より上《かみ》つかたは一向上古《いつかうじやうこ》なり。よろづの例《ためし》を勘《かんがふる》も仁和《にんわ》より下《しも》つかたをぞ申める。古《いにしへ》すら猶かゝる理《ことわり》にて天位を嗣《つぎ》給。ましてすゑの世にはまさしき御ゆづりならでは、たもたせ給まじきことゝ心えたてまつるべきなり。

この御代より藤氏の攝籙《せふろく》の家も他流にうつらず、昭宣公の苗裔《べうえい》のみぞたゞしくつたへられにける。上《かみ》〔は〕光孝の御子孫、天照太神の正統とさだまり、下《しも》は昭宣公の子孫、天兒屋《あめのこやね》の命の嫡流《ちやくりう》となり給へり。(二〇)二《ふたはしらの》神の御ちかひたがはずして、上は帝王三十九代、下は攝關四十餘人、四百七十餘年にもなりぬるにや。

第五十九代、第三十二世、宇多《うだ》天皇。諱は定省《さだみ》、光孝第三の子。御母皇太后班子《くわうたいこうはんし》の女王、仲野《なかのの》親王〈桓武の御子〉〔の〕女《むすめ》也。元慶《ぐわんぎやう》の比《ころ》、孫王《そんわう》にて源氏の姓《しやう》を給《たまは》らせまします。そのかみ、つねに鷹狩《たかがり》をこのませ給けるに、ある時賀茂《かもの》大明神あらはれて皇位につかせ給べきよしをしめし申されけり。踐祚《せんそ》の後、彼社《かのやしろ》の臨時の祭をはじめられしは、大神の申うけ給ける故とぞ。仁和《にんわ》三年丁未《ひのとひつじ》の秋《あき》、光孝御病《やまひ》ありしに、御兄の御子たちを(お)きて讓《ゆづり》をうけ給。先《まづ》親王とし、皇太子にたち、卽《すなはち》受禪。同《おなじき》年の冬卽位。中一とせありて己酉《つちのととり》に改元。踐祚の初より太政大臣基經又關白せらる。此關白薨《こうじ》て後《のち》はしばらくその人なし。

天下を治給こと十年。位を太子にゆづりて太上天皇と申。

中一とせばかりありて出家せさせ給。御年三十三にや。わかくよりその御志ありきとぞ仰《おほせ》給ける。弘法大師四代の弟子益信僧正《やくしんそうじやう》を御師にて東寺にして灌頂《くわんちやう》せさせ給。又智證《ちしよう》大師の弟子増命《ぞうみやう》僧正にも〈于時法橋也《ときにはつけう》。後諡《のちにおくりなして》云二静観一《じやうくわんといふ》〉比叡山にてうけさせ給へり。弘法の流をむねとせさせ給ければ、其御法流とて今にたえず、仁和寺《にんわじ》に傳侍《つたへはべる》は是なり。を《(お)》よそ弘法の流に廣澤《ひろさは》〈仁和寺〉・小《を》野《の》〈醍醐《だいご》幷《ならびに》勧修寺《くわんじゆじ》〉の二《ふたつ》あり。廣澤は法皇の御弟子寛空《くわんぐう》僧正、寛空の弟子寛朝《くわんでう》僧正〈敦實《あつみの》親王《の》子、法皇《の》御孫也〉。寛朝廣澤にすまれしかば、かの流《ながれ》といふ。そののち代々《だいだい》の御室《おむろ》相傳《あひつたへ》てたゞ人《びと》はあひまじはらず〈法流をあづけられて師範となることは兩度あり。されど御室代々親王なり〉。小野の流は益信の相弟子《あひでし》に聖寶《しやうぼう》僧正とて*知《ち》法無雙《はふぶさう》の人ありき。大師の嫡流と稱することのあるにや。しかれど年《ねん》戒《かい》おとられけるゆゑにや、法皇御灌頂の時は色衆《しきしゆ》につらなりて歎徳《タンどく》といふことをつとめられたりき。延喜《えんぎ》の護持僧《ごちそう》にて、ことに崇重《そうちようし》給き。其弟子觀賢《くわんげん》僧正もあひついで護持申。おなじく崇重ありき。綱中《かうちゆう》〔の〕法務を東寺の一阿闍梨《いちのあじやり》につけられしもこの時より始る〈正《しやう》の法務はいつも東寺の一《いち》の長者《ちやうじや》なり。諸寺になるはみな權《ごんの》法務なり。又仁和寺の御室、惣《そう》の法務にて、綱所《かうしよ》を召仕《めしつかは》るゝことは後白川以來《このかた》の事歟《か》〉。此僧正は高野《かうや》にまうでて、大師入定《にふぢやう》の窟《くつ》を開《ひらき》て御髪を剃《そり》、法服をきせかへ申《まをし》人なり。其弟子淳祐《じゆんいう》〈石山の内供《ないぐ》と云〉相伴はれけれどもつゐ《(ひ)》に見たてまつらず。師の僧正、その手をとりて御身にふれしめけりとぞ。淳祐罪障《ざいしやう》の至《いたり》をなげきて卑下《ひげ》の心ありければ、弟子元杲僧都《げんがうそうづ》に〈延命院《えんみやうゐん》と云〉許可《こか》ばかりにて授職《じゆしき》をゆるさず。勅定《ちよくぢやう》によりて法皇の御弟子寛空にあひて授職灌頂をとぐ。彼《かの》元杲の弟子仁海《にんかい》僧正又知法の人なりき。小野といふ所にすまれけるより小野流といふ。しかれば法皇は兩流の法主《ほふしゆ》にまします。

王位をさりて釋門《しやくもん》に入《いる》ことは其例《ためし》おほし。かく法流の正統となり、しかも御子孫繼體し給へる、有がたきためしにや。今の世までもかしこかりしことには延喜・天暦と申ならはしたれども、此御世こそ上代に*よれれば無爲《ぶゐ》の御政《まつりごと》なりけむ、を《(お)》しはかられ侍る。菅氏の才名《さいめい》によりて、大納言大将まで登用し給しも此御時なり。又讓國《じやうこく》の時さま〴〵をしへ申されし、寛平《くわんぺい》の御誡《ぎよかい》とて君臣あふぎて見た〔てま〕つることもあり。昔もろこしにも「天下の明德は虞舜《ぐしゆん》より始る。」と見えたり。唐堯《たうげう》のもちゐ給しによりて、舜の德もあらはれ、天下の道もあきらかになりにけるとぞ。二代の明德をもて此御ことをし《(お)》はかり奉るべし。御壽《いのち》も長《ながく》て朱雀《すざく》の御代にぞかくれさせ給ける。七十六歳おまし〳〵き。

第六十代、第三十三世、醍醐《だいご》天皇。諱は敦仁《あつひと》、宇多第一の子。御母贈皇太后藤原の胤子《たねこ》、内大臣高藤《たかふぢ》の女《むすめ》也。丁巳《ひのとみの》年即位、戊午《つちのえうま》に改元。大納言左大將藤原時平《のときひら》、大納言右大將菅氏、兩人上皇の勅《みことのり》をうけて輔佐《ふさ》し申されき。後に左右の大臣に任《にんじ》てともに萬機を内覽せられけりとぞ。御門《みかど》御年十四にて位につき給。お《(を)》さなくまし〳〵しかど、聰明叡哲《そうめいえいテツ》にきこえ給き。兩大臣天下の政《まつりこと》をせられしが、右相は年もたけ才もかしこくて、天下ののぞむ所なり。左相は譜第《ふだい》の器《うつはもの》也ければすてられがたし。或時上皇の御在所朱雀院に行幸、猶右相にまかせらるべしと云さだめありて、すでに召仰《めしおほせ》たまひけるを、右相かたくのがれ申されてやみぬ。其事世にもれにけるにや、左相いきどを《(ほ)》りをふくみ、さま〳〵讒《ざん》をまうけて、つゐ《(ひ)》にかたぶけたてまつりしことこそあさましけれ。此君の御一失と申傳はべり。但《ただし》菅氏權化《ごんげ》の御事なれば、末世《まつせ》のためにやありけむ、はかりがたし。善相公清行《ぜんしやうこうきよつら》朝臣はこの事いまだきざさざりしに、かねてさとりて菅氏に災《わざはひ》をのがれ給べきよしを申けれど、さたなくて此事出來《いでき》にき。

さきにも申はべりし、我國には幼主の立《たち》給こと昔はなかりしこと也。貞觀《ちやうぐわん》・元慶《ぐわんぎやう》の二代始て幼にて立《たち》玉ひしかば、忠仁公《ちゆうじんこう》・昭宣公《せうせんこう》攝政にて天下を治《をさめ》らる。此君ぞ十四にてうけつぎ給て、攝政もなく御みづから政《まつりごと》をしらせまし〳〵ける。猶御幼年の故にや、左相の讒《ざん》にもまよはせ給けむ。聖も賢も一失はあるべきにこそ。其趣《おもむき》經書《けいしょ》に見えたり。されば曾子《そうし》は、「吾日《われひニ》三《みタビ》省《カヘリミル》二吾躬《わがミヲ》一。」といふ。季文子《きぶんし》〔は〕「三思《みタビおもふ》。」とも云。聖徳のほまれましまさむにつけてもいよ〳〵つゝしみましますべきことなり。昔應神天皇も讒をきかせ給ひて、武内の大臣を誅せられんとしき。彼はよくのがれてあきらめられたり。このたびのこと凡慮《（お）》をよびがたし。ほどなく神とあらはれて、今にいたるまで靈驗《れいげん》無雙《ぶさう》なり。末世《まつせ》の益《やく》をほどこさむためにや。讒を入《いれ》し大臣はのちなくなりぬ。同心ありけるたぐひもみな神罰《しんばつ》をかふ《（う）》ぶりにき。此君久《ひさし》く世をたもたせ給て、德政《とくせい》をこのみ行はせたまふこと上代にこえたり。天下泰平《たいへい》民間安穏にて、本朝仁德のふるき跡にもなぞらへ、異域《イイキ》堯舜のかしこき道にもたぐへ申き。延喜七年丁卯《ひのとうの》年、もろこしの唐滅《ほろび》て梁《りやう》と云國にうつりにけり。うちつゞき後唐《こうたう》・晉・漢・周となむ云五代ありき。

此天皇天下を治給こと三十三年。四十四歳おまし〳〵き。

第六十一代、朱雀《すざく》天皇。諱は寛明《ひろあきら》、醍醐十一の子。御母皇太后藤原穩子《のをんし》、關白太政大臣基經の女《むすめ》也。御兄保明《やすあきら》の太子〈謚《おくりな》を文彦《ぶんげん》と申〉早世、その御子慶頼《よしより》の太子もうちつゞきかくれましし《ゝ》かば、保明一腹《ひとつはら》の御弟にて立給《たち》。庚寅《かのえとらの》年卽位、辛卯《かのとう》に改元。外舅《ははかたのをぢ》左大臣忠平《ただひら》〈昭宣公の三男、後貞信公《のちにていしんこう》と云〉攝政せらる。寛平《くわんぺい》に昭宣公薨《こうじ》てのちには、延喜御一*代まで攝關なかりき。此君又幼主にて立《たち》給によりて、故事にまかせて萬機を攝行《せつかう》せられけるにこそ。

此御時、平《たひら》の將門《まさかど》と云物あり。上總介高望《かづさのすけたかもち》が孫《まご》也〈高望は葛原《かづらはら》の親王《の》孫、平姓《たひらのしやう》を給《たまは》る。桓武四代の御苗裔《べうえい》なりとぞ〉。執政《しつせい》の家につかうまつりけるが、使宣旨《しのせんじ》を望《のぞみ》申けり。不許《ふきよ》なるによりいきどを《(ほ)》りお《(を)》なし、東國に下向《げかう》して叛逆《ほんぎやく》をおこしけり。まづ伯父《をぢ》常陸《ひたち》の大掾國香《だいじようくにか》をせめしかば、國香自殺しぬ。これより坂東《ばんどう》をを《(お)》しなびかし、下總國相馬郡《しもふさのくにさうまのこほり》に居所をしめ、都《みやこ》となづけ、みづから平《へい》親王と稱し、官爵をなしあたへけり。これによりて天下騷動す。參議《さんぎ》民部卿《みんぶきやう》兼《けん》右《う》衛門督《ゑもんのかみ》藤原忠文朝臣《のただふんのあそん》を征東大將軍とし、源經基《のつねもと》〈清和の御すゑ六孫王といふ。頼義《よりよし》・義家先祖《よしいへのせんぞ》なり〉・藤原仲舒《のなかノブ》〈忠文の弟なり〉を副將軍としてさしつかはさる。平貞盛《のさだもり》〈國香が子〉・藤原秀郷《のひでさと》等心を一《ひとつ》にして、將門をほろぼして其首《かうべ》をたてまつりしかば、諸將は道よりかへりまい《(ゐ)》りにき〈將門、承平《じようへい》五年二月《きさらぎ》に事をおこし、天慶《てんぎやう》三年二月に滅ぬ。其間《あひだ》六年へたり〉。藤原純友《のすみとも》と云物、かの將門に同意して西國にて叛亂《ほんらん》せしかば、少將小《を》野好古《ののよしふる》を遣《つかはし》て追討せらる〈天慶四年に純友はころさるとぞ〉。かくて天下しづまりにき。延喜の御代さしも安寧《あんねい》なりしに、いつしか此亂《みだれ》出來《いできた》る。天皇もおだやかにまし〳〵けり、又貞信公の執政なりしかば、政《まつりこと》たがふことははべらじ。時の災難にこそとおぼえ侍る。

天皇御子ましまさず。一腹《ひとつはら》の御弟太宰帥《だざいのそつ》の親王を太弟《たいてい》にたてて、天位をゆづりて尊號あり。後に出家せさせ給。

天下を治給こと十六年。三十歳おまし〳〵き。

第六十二代、第三十四世、村上《むらかみ》天皇。諱は成明《なりあきら》、醍醐十四の子、朱雀同母の御弟也。丙午《ひのえうまの》年即位、丁未《ひのとひつじ》に改元。兄弟相讓《あひゆづら》せ玉ひしかば、まめやかなる禪讓の禮儀ありき。

此天皇賢明の御ほまれ先皇《せんくわう》のあとを繼《つぎ》申させ給ければ、天下安寧なることも延喜・延長の昔にことならず。文筆諸藝を好《このみ》給こともかはりまさざりけり。よろづのためしには延喜・天暦の二代とぞ申侍る。もろこしのかしこき明王も二、三代とつたはるはまれなりき。周にぞ文・武・成・康〈文王は正位《しやうゐ》につかず〉、漢には文・景《ケイ》なむどぞありがたきことに申ける。光孝かたはらよりえらばれ立給しに、うちつゞき明主の傳《つたは》り給し、我國の中興すべきゆへ(ゑ)にこそ侍けめ。又繼體もたゞこの一流にのみぞさだまりぬる。

するゐつかた天徳《てんとく》年中にや、はじめて内裏《だいり》に炎上《えんしやう》ありて内侍所《ないしどころ》も燒《やけ》にしが、神鏡は灰の中よりいだし奉らる。「圓規《ゑんき》損ずることなくして分明《ふんみやう》にあらはれ出《いで》給。見奉る人、驚感《きやうかん》せずといふことなし。」とぞ御記《ぎよき》に見え侍る。「此時神鏡南殿《なでん》の櫻にかゝらせ給けるを、小野宮《をののみや》の實頼《さねより》のおとゞ袖にうけられたり。」と申ことあれど、ひが事をなん云傳侍《いひつたへはべる》なり。
應和《おうわ》元年辛酉《かのととりの》年もろこしの後周滅《ほろび》て宋の代にさだまる。唐の後、五代、五十五年のあひだ彼《かの》國大《おほき》に亂《みだれ》て五姓《ごせい》うつりかはりて國の主《しゆ》たり。五季《ごき》とぞ云ける。宋の代に賢主うちつゞきて三百二十餘年までたもてりき。

此天皇天下を治給こと二十一年。四十二歳おましくき。御子おほくましくし中《なか》に冷泉《れいぜい》・圓融《ゑんゆう》は天位につき給しかば申にをよ(お)ばず。親王の中に具平《ともひらの》親王〈六條の宮と申。中務卿《なかつかさのきやう》に任《にじ》給き。前《さき》に兼明《かねあきらの》親王名譽おはしき。仍《よりて》是をば後中《のちの》書王と申〻、賢才文藝のかた代々の御あとをよく相繼《あひつぎ》申たまひけり。一條の御代に、よろづ昔をおこし、人を用《もちゐ》ましくければ、この親王昇殿し給し日、清涼殿《せいりやうでん》にて作文《さくもん》ありしに〈中殿の作文と云ことこれよりはじまる〉「所レ貴《たふとぶところ》是《これ》賢才。」と云題にて韻《ゐん》をさぐらるゝことあり。此親王の御ためなるべし。凡《およそ》諸道にあきらかに、佛法の方《かた》までくらからざりけるとぞ。昔より源氏おほかりしかども、此御するゑのみぞいまに至《いた》るまで大臣以上に至て相繼侍る。

源氏と云ことは、嵯峨の御門《みかど》世のつい(ひ)えをおぼしめして、皇子・皇孫に姓《しやう》を給《たまひ》て人臣となし給。すなはち御子あまた源氏の姓を給《たまは》る。桓武の御子葛原《かづらはらの》親王の男、高棟平《たかむねたひら》の姓を給る。平城の御子阿保《あほの》親王の男、行平《ゆきひら》・業平《なりひら》等在原《ありはら》の姓を給ることも此後のことなれど、これはたま〳〵の儀なり。弘仁以後代々の御後《のち》はみな源《みなもとの》姓を給《たまひ》しなり。親王の宣旨を蒙《かうぶ》る人は才不才《さいふさい》によらず、國々に封戸《ふこ》など立《たて》られて、世のつい(ひ)へ(え)なりしかば、人臣につらね＊宮學《ミヤヅカヘシモノマナビ》して朝要《てうえう》にかなひ、器《うつはもの》にしたがひ、昇進すべき御を(お)きてなるべし。姓を給る人は直《すぐ》に四位に敍す〈皇子・皇孫にとりての事也〉。當君のは三位なるべしと云〈かゝれど其例《ためし》まれなり。嵯峨の御子大納言定《さだむの》卿三位に敍せしかども、當代にはあらず〉。かくて代々のあひだ姓を給《たまはり》し人百十餘人もやありけむ。しかれど他流の源氏、大臣以上にいたりて二代と相續する人の今まで聞えぬこそいかなる故なるらむ、おぼつかなけれ。嵯峨の御子姓を給《たまはる》人二十一人。この中《うち》、大臣にのぼる人、常《ときは》の左大臣兼《けん》大將、信《まこと》の左大臣、融《とほる》の左大臣。仁明の御子に姓を給人十三人。大臣にのぼる人、多《まさる》の右大臣、光《ひかる》の右大臣兼大將。文德の御子に姓を給人十二人。大臣にのぼる人、能有《よしあり》の右大臣兼大將。清和の御子に姓を給人十四人。大臣にのぼる人、十世の御すえ《(ゑ)》に實朝《さねとも》の右大臣兼大將〈これは貞純《さだずみの》親王の苗裔也〉。陽成の御子に姓を給人三人。光孝の御子に姓を給人十五人。宇多の御孫に姓を給《たまはり》て大臣にのぼる人、雅信《まさのぶ》の左大臣、重信《しげのぶ》の左大臣〈ともに敦實《あつみの》親王の男なり〉。醍醐の御子に姓〔を〕給人二十人。大臣にのぼる人、高明《たかあきら》の左大臣兼大將、兼明《かねあきら》の左大臣〈後には親王とす。中務卿に任ず。前《さきの》中書王是也〉。この後は皇子の姓を給《たまはる》ことはたえにけり。皇孫にはあまた有。任大臣を本《ほん》としるすによりてこと〴〵く〔は〕のせず。ちかくは後三條の御孫に有仁《ありひと》の左大臣兼大將〈輔仁《すけひとの》親王の男、白川院の御猶子にて直《すぐ》に三位せし人なり〉二世の源氏にて大臣にのぼれり。かやうにたま〴〵大臣に至ても*いづれか二代と相繼《あひつげ》る。ほと〴〵納言《なふごん》以上までつたはれるだにまれなり。雅信の大臣の末ぞを《(お)》のづから納言までものぼり〔ての〕りたる。〔高〕明の大臣の後四代、大納言にてありしもはやく絶にき。いかにも故あることかとおぼえたり。

皇胤《くわういん》の貴種《きしゅ》より出《いで》ぬる人、蔭《おん》をたのみ、いと才なむどもなく、あまさへ人にを《(お)》ごり、ものに慢《まん》ずる心もあるべきにや。人臣の禮にたがふことありぬべし。寛平の御記にそのはしのみえはべりしなり。後をもよくかゞみさせ給けるにこそ。皇胤は誠に他にことなるべきことなれど、我國は神代よりの誓《ちかひ》にて、君は天照太神の御すゑ國をたもつて、臣は天兒屋《あめのこやね》の御流君《きみ》をたすけ奉るべき器《うつはもの》となれり。源氏はあらたに出たる人臣なり。徳もなく、功もなく、高官にのぼりて人にを《(お)》ごらば二《ふたはしらの》神の御とがめありぬべきことぞかし。なか〳〵上古には皇子・皇孫もおほくて、諸國にも封《ほう》ぜられ、將相《しやうしやう》にも任ぜられき。崇神天皇十年に始て四人《しにん》の將軍を任じて四道《しだう》へつかはされしも皆これ皇族なり。景行天皇五十一年始て棟梁《とうりやう》の臣を置《おき》て武内の宿禰を任ず。成務天皇三年に大《おほ》臣《おみ》とす〈我朝大臣《だいじん》これに始る〉。六代の朝につかへて執政たり。此大臣《おほおみ》も孝元の曾孫なりき。しかれど、大織冠氏《うぢ》をさかやかし、忠仁公政《まつりこと》を攝《せつ》せられしより、もはら輔《ふ》佐《さ》の器《うつはもの》として、たちかへり、神代の幽契《いうけい》のまゝに成ぬるにや。閑院の大臣《おとど》冬嗣氏《うぢ》の衰《おとろへ》たることをなげきて、善をつみ功をかさね、神にいのり佛に歸せられける、其しるしも相くはゝり侍けむかし。

此親王ぞまことに才もたかく徳もおはしけるにや。其子師房《もろふさ》姓を給《たまはり》て人臣に列せられし、才藝古《いにしへ》にはぢず、名望世に聞《きこえ》あり。十七歳にて納言に任じ、數十年の間《あひだ》朝廷の故實《こしつ》に練じ、大臣大將にのぼりて、懸車《けんしや》の齡《よはひ》までつかうまつ〔ら〕る。親王の女《むすめ》祇子《きし》の女王は宇治《うぢの》關白の室《しつ》なり。仍《よりて》此大臣をば彼《かの》關白の子にし給て、藤氏《とうじ》にかはらず、春日社《かすがのやしろ》にもまいり《ゐ》つかうまつられけりとぞ。又やがて御堂の息女に相嫁《あひか》せられしかば、子孫もみな彼《かの》外孫なり。この故に御堂・宇治をば遠祖《とほつおや》の如くに思へり。それよりこのかた和漢の稽古《けいこ》をむねとし、報國の忠節をさきとする誠《まこと》あるによりてや、此一流のみたえずして十餘代にをよべ《お》り。その中にも行跡《かうせき》うたがはしく、貞節おろそかなるたぐひは、をのづから《お》衰《おとろへ》てあとなきもあり。向後《きやうこう》と云ともつゝしみ思給べきことなり。大かた天皇の御ことをしるし奉る中《なか》に、藤氏のおこりは所々に申侍ぬ。源《みなもと》の流《ながれ》も久くなりぬる上に、正路をふむべき一はしを心ざしてしるし侍るなり。君も村上の御流一《ひと》とをり《ほ》にて十七代にならしめ給。臣も此御するの源氏こそ相つたはりたれば、たゞ此君の徳すぐれ給ける故に餘慶《よきやう》あるかとこそあふぎ申はべれ。

第六十三代、冷泉院《れいぜいのゐん》。諱は憲平《のりひら》、村上第二の子。御母中宮藤原安子《のやすこ》、右大臣師輔《もろすけ》の女《むすめ》也。丁卯《ひのとう》年卽位、戊辰《つちのえたつ》に改元。この天皇邪氣《じやき》おはしければ、卽位の時大極殿《だいごくでん》に出給《いで》こともたやすかるまじかりけるにや、紫宸殿《ししんでん》にて其禮《れい》ありき。二年ばかりして讓國。六十三歲おはしましき。

此御門《みかど》より天皇の號を申さず。又宇多より後、(一一)諡《おくりな》をたてまつらず。遺詔《ゆいぜう》ありて國忌《こくき》(一二)・山陵《さんりよう》ををを《お》かれざることは君父《くんぷ》のかしこき道なれど、尊號をとゞめらるゝことは臣子の義にあらず。神武以來《このかた》の御號も皆後代の定《さだめ》なり。持統・元明より以來避位或《は》出家の君も謚をたてまつる。天皇とのみこそ申めれ。中古の先賢の議なれども心をえぬことに侍なり。

第六十四代、第三十五世、圓融院《ゑんゆうの》。諱は守平《もりひら》、村上第五の子、冷泉同母の弟也。己巳《つちのとみの》年卽位、庚午《かのえうま》に改元。

天下を治給こと十五年。禪讓、尊號つねの如し。翌《ツギノ》年の程にや御出家。永延《えいえん》の比、寛平の例《ためし》をおふ《（う）》て、東寺《とうじ》にて灌頂《くわんちやう》せさせ給。御師はすなはち寛平の御孫弟子寛朝《くわんでう》僧正なり。三十三歳おまし〱き。

第六十五代、花山院《くわざんの》。諱は師貞《もろさだ》、冷泉第一の子。御母皇后藤原懷子《かねこ》、攝政太政大臣伊尹《これまさ》の女《むすめ》也。

甲申《きのえさるの》年卽位、乙酉《きのととり》に改元。

天下を治給こと二年ありて、俄《にはか》に發心《ほつしん》して花山寺《くわざんじ》にて出家し給。弘徽殿《こきでん》の女御《にようご》〈太政大臣爲光《ためみつ》の女《むすめ》也〉かくれて悲歎《かなしみなげき》ましけるおり《（を）》をえて、粟田關白道兼《みちかね》のおとゞのいまだ藏人辨《くらうどのべん》ときこえし比にや、そゝのかし申てけるとぞ。山々をめぐりて修行せさせまししが、後には都にかへりてすませ給けり。是も御邪氣ありとぞ申ける。四十一歳おまし〳〵き。

第六十六代、第三十六世、一條院《いちでうの》。諱は懷仁《かねひと》、圓融第一の子。御母皇后藤原詮子《のせんし》〈後には東三條院と申。后宮院號《こうぐう》の始也〉、攝政太政大臣兼家《かねいへ》の女《むすめ》なり。花山の御門《みかど》神器をすてゝ宮を出給しかば、太子の外祖にて兼家の右大臣おはせしが、內《うち》にまい《(ゐ)》り、諸門をかためて讓位の儀をおこなはれき。新主もお《(を)》さなくまし〳〵しかば、攝政の儀ふるきがごとし。丙戌年《ひのえいぬの》卽位、丁亥《ひのとゐ》に改元。

そのゝち攝政病《やまひ》により嫡子《ちやくし》內大臣道隆《みちたか》に讓《ゆづり》て出家、猶准三宮《じゆさんぐう》の宣《せん》を蒙《かうぶる》〈執政の人出家の始也〉。その比は出家の人なかりしかば、入道殿となむ申。仍《よりて》*源の滿仲《まんぢゆう》出家したりしをはゞかりて新發《しんぼち》とぞいい《(ひ)》ける〉。此道隆始て大臣を辭《じし》て前官《ぜんくわん》にて關白せられき〈前官の攝政もこれを始とす〉。病ありて其子內大臣伊周《これちか》しばらく相かはりて內覽《ないらん》せられしが、相續して關白たるべきよしを存《ぞん》ぜられけるに、道隆かくれて、やがて弟右大臣道兼ならられぬ。七日と云しにあへなくうせられにき。其弟にて道長《みちなが》、大納言にておはせしが內覽の宣をかうぶりて左大臣までいたられしかど、延喜・天曆の昔をおぼしめしけるにや、關白はやめられにき。三條の御時にや、關白して、後一條の御世の初、外祖にて攝政せらる。兄弟おほくおはせしに、此大臣のながれ一《ひとつ》に攝政關白はし給ぞかし。昔もいかなる故にか、昭宣公の三男にて貞信公、貞信公《々々々》の二男にて師輔の大臣のながれ、師輔の三男にて東三條のおとゞ、東三條の三男にて〈道綱《みちつなの》大將は一男歟。されど三弟にこされたり。仍《よりて》道長を三男としるす〉このおとゞ、みな父の立《たて》たる嫡子ならで、自然《じねん》に家をつがれたり。祖神《そじん》のはからはせ給へる道にこそ侍りけめ〈いづれも兄にこえて家をつたえ《(へ)》らるべきゆへ《(ゑ)》ありと申ことのあれど、ことしげければしるさず〉。

此御代にはさるべき上達部《かんだちめ》・諸道の家々・顯密の僧までもすぐれたる人おほかりき。されば御《み》門《かど》も「われ人を得たることは延喜・天暦にまされり。」とぞ自歎《じたん》せさせ給ける。

天下を治給こと二十五年。御病の程に讓位ありて出家せさせ給。三十三歳おまし〳〵き。

第六十七代、三條院《さんでうの》。諱〔は〕居貞《をきさだ》、冷泉第二の子。御母皇太后藤原超子《のてうし》、これも攝政兼家の女《むすめ》也。花山院世をのがれ給しかば、太子に立給しが、御邪氣のゆへ《(ゑ)》にや、おり《(を)》〳〵御目のくらくおはしけるとぞ。辛亥《かのとゐの》年卽位、壬子《みづのえね》に改元。

天下を治給こと五年。尊號ありき。四十二歳おまし〳〵き。

第六十八代、後一條院《ごいちでうの》。諱〔は〕敦成《あつヒラ》、一條第二の子。御母皇后藤原彰子《のしやうし》〈後に上東《じやうとう》門院と申〉、攝政道長の大臣の女《むすめ》也。丙辰《ひのえたつの》年卽位、丁巳《ひのとみ》に改元。外祖道長のおとゞ攝政せられしが、後に攝政をば嫡子頼通《よりみち》の内大臣におはせしにゆづり、猶太政大臣にて、天皇御元服の日、加冠《かくわん》・理髪《りはつ》父子ならびて勤仕《きんし》せられしこそめづらしく侍しか。

冷泉・圓融の兩流かはる〴〵しらせ給しに、三條院かくれ給てのち、御子敦明《あつあきら》の御子、太子にゐ給しが、心とのがれて院號かうぶりて小一條院と申き。これより冷泉の御流はたえにけり。冷泉はこのかみにて御するも正統とこそ申べかりしに、昔天暦《てんりやくの》御時元方《もとかた》の民部卿のむすめ御息所《みやすどころ》、一《いち》のみこ廣平《ひろひらの》親王をうみたてまつる。九條殿の女御《にようご》まい《(ゐ)》り給て、第二の皇子〈冷泉にまします〉いできたまひし比より、惡靈《あくりやう》になりてこのみこも邪氣になやまされましき。花山院の俄《にはか》に世をのがれ、三條院の御目のくらく、此東宮のかくみづからしりぞき給ぬるも怨靈《をんりやう》のゆへ《(え)》なりとぞ。圓融も一《ひとつ》腹《はら》の御弟におはしませど、これまではなやまし申さざりけるもしかるべき繼體の御運まし〳〵けるにこそ。東宮しりぞき給しかば、此天皇同母の御弟敦良《あつよしの》親王立給き。天皇も御子なくて、彼《かの》東宮の御末ぞ繼體せさせ給ぬる。

天皇天下を治給こと二十年。二十九歳おまし〳〵き。

第六十九代、第三十七世、後朱雀院《ごすざくの》。諱〔は〕敦良《あつよし》、後一條同母の弟也。丙子年《ひのえねの》即位、丁丑《ひのとうし》に改

元。天皇賢明にまし〳〵けるとぞ。されど其比〔執《しっ》〕柄《ぺい》權をほしきまゝにせられしかば、御政《まつりごと》のあときこえず。無念なることにや。長久《ちやうきう》の比内裏《ころだいり》に火《ひ》ありて、神鏡燒給《しんきやうやけたまふ》。猶靈光《れいくわう》を現《げん》じ給ければその灰をあつめて安置せられき。

天下を治給こと九年。三十七歳おまし〳〵き。

第七十代、後冷泉院《ごれいぜいのゐん》。諱〔は〕親仁《ちかひと》、後朱雀第一の子。御母贈皇太后藤原嬉子《のきし》〈本《もと》は尙侍《ないしのかみ》〉、攝政道長のおとゞ第三の女《むすめ》なり。乙酉《きのととりの》年卽位、丙戌《ひのえいぬ》改元。此御代のすゑつかた、世の中やすからず聞えき。陸奥《みちのく》にも貞任《さだたふ》・宗任《むねたふ》など云し者、國をみだりければ、源 賴義《みなもとのよりよし》に仰《おほせ》て追討せらる〈賴義陸奥守に任じ、鎭守府の將軍を兼《けん》す。彼家《かのいへ》鎭守將軍に任ずる始なり。曾祖父經基《つねもと》は征東副將軍たりき〉。十二年ありてなむしづめ侍ける。

此君御子ましまさざりし上、後朱雀の遺詔《ゆいぜう》にて、後三條東宮にゐ給へりしかば、繼體はかねてよりさだまりけるにこそ。

天下を治給こと二十三年。四十四歳おまし〳〵き。

第七十一代、第三十八世、後三條院《ごさんでうのゐん》。諱〔は〕尊仁《たかひと》、後朱雀第二の子。御母中宮禎子《ていし》内親王《ないしんわう》〈陽明《やうめい》

門院と申〻、三條院の皇女也。後朱雀の御素意《おんそい》にて太弟に立《たち》給き。又三條の御すゑをもうけ給へり。むかしもかゝるためし侍き。兩流を内外《ないぐわい》に〈*欽明《きんめい》天皇の御母手白香《たしらか》の皇女、仁賢《にんけん》天皇の御女《むすめ》、仁徳《にんとく》の御後也〉うけ給て繼體の主となりましします。戊申《つちのえさるの》年即位、己酉《つちのととり》に改元。

此天皇東宮にて久《ひさし》くおはしましければ、しづかに和漢の文《ふみ》、顯密の教《をしへ》までもくらからずしらせ給。詩哥《しいか》の御製もあまた人の口に侍《はべ》めり。後冷泉のすゑざま世の中あれて民間のうれへ有き。四月《うづき》より位《くらゐ》にゐ給しかば、いまだ秋のお《(を)》さめにもを《(お)》よばぬに、世の中のなを《(ほ)》りに〔ける〕、有《う》德《とく》の君にを《(お)》ましましけるとぞ申傳はべる。始て記錄所《きろくしよ》なむど云所おかれて國のおとろへたることをなを《(ほ)》されき。延喜・天暦よりこなたにはまことにかしこき御ことなりけるむかし。

天下を治給こと四年。太子にゆづりて尊號あり。後に出家せさせ給。此御時より執柄の權おさへられて、君の御みづから*政《つりこと》をしらせ給ことにかへり侍にし。されどそのころまでも讓國の後、院中にて政務《せいむ》ありとは見えず。四十歳おましましき。

第七十二代、第三十九世、白河院《しらかはの》。諱は貞仁《さだひと》、後三條第一の子。御母贈皇太后藤原茂了《のもちこ》、贈太政大臣能信《よしのぶ》の女《むすめ》、實《まこと》は中納言公成《きんなり》の女《むすめ》也。壬子《みづのえねの》年即位、甲寅《きのえとら》に改元。古《いにしへ》のあとをおこされて野《り》の行幸なむどもあり。又白河に法勝寺《ほつしようじ》を立《たて》、九重《くぢゆう》の塔婆《たふば》なども昔の御願《ごぐわん》の寺々にもこえ、ためしなきほどぞつくりとゝのへさせ給ける。このゝち代ごとにうちつゞき〔御《ご》〕願寺《ぐわんじ》を立られしを、造《ざう》寺《じ》熾盛《しじやう》のそしり有き。造作《ざうさく》のために諸國の重任《ちようにん》なんどいふことおほくなりて、受領《ずりやう》の功課《こうくわ》もたゞしからず、封戸《ふこ》・庄園《しやうゑん》あまたよせを《(お)》かれて、まことに國の費《つひえ》とこそ成侍《なりはべり》にしか。

天下を治給こと十四年。太子にゆづりて尊號あり。世の政《まつりごと》をはじめて院中にてしらせ給。後に出家せさせ給ても猶そのまゝにて御一期《おんいちご》はすごさせまし〳〵き。

おりゐにて世をしらせ給こと昔はなかりしなり。孝謙脱屣《だつし》の後《のち》にぞ廢帝《はいたい》は位にゐ給ばかりと見えたれど、古代のことなればたしかならず。嵯峨・清和・宇多の天皇もたゞゆづりてのかせ給。圓融の御時はやう〳〵しらせ給こともありしにや。院の御前《おんまへ》にて攝政兼家のおとゞうけたまはりて、源の時中《ときなかの》朝臣を參議になされたるとて、小野宮の實資《さねすけ》の大臣などは傾《かたぶけ》申されけるとぞ。されば上皇ましませど、主上《しゆしやう》お《(を)》さなくおはします時はひとへに執柄の政《まつりごと》なりき。宇治の大臣の世となりては三代の君の執政にて、五十餘年權をもはらにせらる。先代には關白の後は如在《じよさい》の禮《れい》にてありしに、あまりなる程になりにければにや、後三條院、坊の御時よりあしざまに*おぼしめすよし聞えて、御中《なか》らひあしくてあやぶみおぼしめすほどのことになむありける。踐祚の時卽《すなはち》關白をやめて宇治にこもられぬ。弟の二條の敎通《のりみち》の大臣、關白せられしはことの外に其權もなくおはしき。まして此御代には院にて政《まつりこと》をきかせ給へば、執柄はたゞ職にそなはりたるばかりになりぬ。されどこれより又ふるきすがたは一變するにや侍けむ。執柄世をおこなはれしかど、宣旨《せんじ》・官符《くわんぷ》にてこそ天下の事は施行《しかう》せられしに、此御時より院宣《ゐんぜん》・廳御下文《ちやうのおんくだしぶみ》をおもくせられしによりて在位の君又位にそなはり給へるばかりなり。世のすゑになれるすがたなるべきにや。

又城南《せいなん》の鳥羽《とば》と云所に離宮《りきゆう》をたて、土木《とぼく》の大《おほき》なる營《いとなみ》ありき。昔はおり位《ゐ》の君《きみ》は朱雀《すざく》院にまします。これを後院《ごゐん》と云。又冷然院にも〈然字火《ぜんのじひ》のことにはゞかりありて泉の字に改む〉おはしけるに、彼《かの》所々にはすませ給はず。白河よりのちには鳥羽殿《とばどの》をもちて上皇御坐《ござ》の本所《ほんじよ》とはさだめられにけり。御子堀河《ほりかは》のみかど・御孫鳥羽の御門《みかど》・御ひこ崇德《すとく》の御在位まで五十餘年〈在位にて十四年、院中にて四十三年〉世をしらせ給しかば、院中《ゐんちゆう》(一三)の禮《れい》なんどいふこともこれよりぞさだまりける。すべて〔御〕心のまゝにひさしくたもたせ給し御代なり。七十七歳おまし〱き。

第七十三代、第四十世、堀河院《ほりかはの》。諱〔は〕善仁《たるひと》、白河第二の子。御母中宮賢子《けんし》、右大臣源顯房《みなもとのあきふさ》

の女《むすめ》、關白師實《もろざね》のおとゞの猶子《いうし》也。丙寅《ひのえとら》の年卽位、丁卯《ひのとう》に改元。このみかど和漢の才ましくけり。ことに管絃《くわんげん》・郢曲《えいきよく》・舞樂《ぶがく》の方《かた》あきらかにましします。神樂《かぐら》の曲《きよく》などは今の世まで地下《ちげ》につたへたるもこの御說《こせつ》也。

天下を治給こと二十一年。二十九歲おましくき。

神皇正統記　人

第七十四代、第四十一世、鳥羽院《とばの》。諱は宗仁《むねひと》、堀川《ほりかは》第一の子。御母贈皇太后藤原苡《のじ》子《し》、贈太政大臣實季《さねすゑ》の女《むすめ》也。丁亥《ひのとゐ》の年即位、戊子《つちのえね》に改元。

天下を治給こと十六年。太子に讓《ゆづり》て尊號あり。

白河代をしらせ給しかば、新院とて所々の御幸《ごかう》にもおなじ御車にてありき。雪見の御幸の日御烏帽子直衣《えぼしなほし》にふか沓《ぐつ》をめし、御馬にて本《ホン》院の御車のさきにまし〳〵ける、世にめづらかなる事なればこぞりてみたてまつりき。昔弘仁《こうにん》の上皇、嵯峨の院にうつらせ給し日にや、御馬にてみやこよりいでさせまして宮城の内《うち》をもとを《(ほ)》らせ給へりといふことの見え侍《はべり》し、かやうの例《ためし》にやありけむ。御容儀めでたくまし〳〵ければ、きらをもこのませ給けるにや、裝束《しやうぞく》のこわ《(は)》くなり烏帽子のひたい《(ひ)》なんど云ことも其比より出來《いでき》にき。花園の有仁《ありひと》のおとど又容儀ある人にて、おほせあはせて上下おなじ風になりにけるとぞ申める。

白河院かくれ給て後、政《まつりこと》をしらせ給。御孫ながら御子の儀なれば、重服《ちゆうぶく》をきさせ給けり。これも院中にて二十餘年、そのあひだに御出家ありしかど、猶世をしらせ給き。されば院中のふるきためしには白河・鳥羽の二代を申侍なり。五十四歳〔お〕まし〳〵き。

第七十五代、崇徳院《すとくの》。諱は顯仁《あきひと》、鳥羽第二の子。御母中宮藤原璋子《しやうし》〈待賢《たいけん》門院と申〉、入道大納言公實《きんざね》の女《むすめ》也。癸卯《みづのとう》の年即位、甲辰《きのえたつ》に改元。戊申《つちのえさるの》年、宋欽宗皇帝靖康《せいかう》三年にあたる。宋の政《まつりこと》みだれしより北狄《ほくテキ》の金國起《きんこくおこり》て上皇徽《キ》宗幷《そうならび》に欽宗をとりて北にかへりぬ。皇弟高宗江をわたりて杭州《カウしう》と云所に都をたてて行在所《あんざいしよ》とす。南渡《なんと》と云はこれなり。

此天皇天下を治給こと十八年。上皇と御中らひ心よからでしりぞかせ給き。保元《ほうげん》に、事ありて御出家ありしが、讃岐國《さぬきのくに》にうつされ給。四十六歳おまし〳〵き。

第七十六代、近衛院《このゑの》。諱は體仁《ナリひと》、鳥羽第八の子。御母皇后藤原得子《のとくこ》〈美福《びふく》門院と申〉、贈左大臣長《なが》實《ざね》の女《むすめ》也。辛酉《かのととりの》年即位、壬戌《みづのえいぬ》に改元。

天下を治給こと十四年。十七歳にて世をはやくしまし〳〵き。

第七十七代、第四十二世、後白河院《ごしらかはの》。諱は雅仁《まさひと》、鳥羽第四《の》子。崇徳同母の御弟也。近衛は鳥羽

の上皇鍾愛《しようあい》の御子也しに、早世しまし〳〵ぬ。崇徳の御子重仁《しげひと》親王つがせ給べかりしに、もとより御中《おんなか》心よからでやみぬ。上皇おぼしめしわづらひけれど、この御門《みかど》たゝせ給。立太子もなくてすぐにゐさせ給。今は此御末のみこそ繼體し給へばしかるべき天命とぞおぼえ侍る。乙亥《きのとゐ》の年即位、丙子《ひのえね》に改元。〔年〕號を保元と云。鳥羽晏駕《あんか》ありしかば天下をしらせ給。

左大臣頼長《よりなが》と聞えしは知足院《ちそくゐん》入道關白忠實《ただざね》の次郎也。法性寺《ほふしやうじ》關白忠通《ただみち》のおとゞ此大臣の兄にて和漢の才たかくて、久《ひさしく》執柄《しつぺい》にてつかへられき。この大臣も漢才はたかく聞えしかど、本性《ほんしやう》あしくおはしけるとぞ。父の愛子《あいし》にてよこざまに申《まをし》うけられければ、關白（二）をおきながら藤氏《とうじ》の長者《ちやうじや》になり、内覧の宣旨を蒙《かうぶ》る。長者の他人にわたること、攝政關白はじまりては其例《ためし》なし。内覧は昔醍醐の御代のはじめつかた、本院の大臣と菅家と政《まつりごと》をたすけられし時、あひならびて其號ありきと申めれども、本院も關白にはあらず、其例《ためし》たがふにや。兄のおとゞは本性《ほんしやう》おだやかにおはしければ、おもひいれぬさまにてぞすごされける。近衞の御門《みかど》かくれ給しころより内覧をやめられたりしに恨《うらみ》をふくみ、大方《おほかた》天下を我《わが》まゝにとはかられけるにや、崇徳の上皇を申すゝめて世をみだらる。父の法皇晏駕ののち七ケ日ばかりやありけむ。忠孝の道かけにけるよと見えたり。法皇もかねてさとらしめ給けるにや、平清盛《たひらのきよもり》・源義朝《みなもとのよしとも》等にめし仰て、内裏をまもり奉るべきよし勅命《ちよくめい》ありきとぞ。上皇鳥羽よりいで給て白河の〔大〕炊殿《おほひどの》と云所にて、すでに兵をあつめられければ、清盛・義朝等に勅《みことのり》して上皇の宮をせめらる。官軍勝《かつ》にのりしかば、上皇は西山《にしやま》の方《かた》にのがれ、左大臣は流矢《ながれや》にあたりて、奈良坂邊《ならざかのほとり》までおちゆかれけるが、つゐ《（ひ）》に客死《かくし》せられぬ。上皇御出家ありしかど猶讃岐にうつされ給。大臣《だいじん》の子共《こども》國々へつかはさる。武士どもゝおほく誅《ちゆう》にふしぬ。その中に源爲義《みなもとのためよし》と聞えしは義朝が父也。いかなる御志かありけむ、上皇の御方にて義朝と各別《かくべつ》になりぬ。餘《よ》の子共は父に屬しけるにこそ。軍《いくさ》やぶれて爲義も出家したりしを、義朝あづかりて誅せしこそためしなきことに侍れ。嵯峨の御代に奈良坂のたゝかひありし後は、都に兵革《ひやうがく》といふことなかりしに、これよりみだれそめぬるも*時の運のくだりぬるすがたとぞおぼえはべる。

此君の御乳母《めのと》の夫《をつと》にて少納言通憲《みちのり》法師と云しは、藤家の儒門《じゆもん》より出たり。宏才博覧《くわうさいはくらん》の人なりき。されど時にあはずして、出家したり〔し〕に、此御世にいみじく用《もちゐ》られて、内々《ないない》には天下の事さながらはからひ申けり。大内《だいだい》は白河の御代より久《ひさしく》荒廢して、里内《りだい》にのみまし〳〵しを、はかりことをめぐらし、國のつい《（ひ）》えもなくつくりたてゝ、たえたる公事《くじ》どもを申をこ《（お）》なひき。すべて京中の道路などもはらひきよめて昔にかへりたるすがたにぞありし。

天下を治給こと三年。太子にゆづりて、例《れい》のごとく尊號ありて、院中にて天下をしらせ給こと三十餘年。そのあひだに御出家ありしかど政務はかはらず。白河・鳥羽兩代のごとし。されどうちつゞき亂世にあはせ給しこそあさましけれ。五代の帝の父祖《ふそ》にて、六十六歳おまし〳〵き。

第七十八代、二條院《にでうの》。諱は守仁《もりひと》、後白河の太子。御母贈皇太后藤原懿子《のいし》、贈太政大臣經實《つねざね》の女《むすめ》也。戊寅《つちのえとら》の年卽位、己卯《つちのとう》に改元。年號を平治《へいぢ》と云。

右《う》衛門督《ゑもんのかみ》藤原信頼《のぶより》と云人あり。上皇いみじく寵《ちよう》せさせ給て天下のことをさへまかせらるゝまで成にければ、おごり《奢》の心きざして近衛《の》大将をのぞみ申《まをし》しを通憲法師いさめ申てやみぬ。其時源《みなもとの》義朝《々》朝臣が清盛朝臣におさへられて恨《うらみ》をふくめりけるをあひかたらひて叛逆《はんぎやく》を思《おもひ》くはたてけり。保元の亂には、義朝が功たかく侍けれど、清盛は通憲法師が縁者《えんじや》になりてことのほかにめしつかはる。通憲法師・清盛等をうしなひて世をほしきまゝにせんとぞはからひける。清盛熊野《くまの》にまうでけるひまをうかゞひて、先《まづ》上皇御坐《ござ》の三條殿と云所をやきて大内《だいだい》にうつし申《まをし》、主上をもかたはらにを《(お)》しこめたてまつる。通憲法師のがれがたくやありけむ、みづからうせぬ。其子どもやがて國々へながしつかはす。通憲も才學あり、心もさかしかりけれど、を《（お）》のれが非をしり、未萠《みばう》の禍《わざはひ》をふせぐまでの智分《ちぶん》やかけたりけむ。信頼が非をばいさめ申《まをし》けれど、わが子どもは顕職《けんしよく》・顕官《けんくわん》にのぼり、近衛の次將なむどにさへなし、參議已上《いじやう》にあがるもありき。かくてうせにしかば、これも天意にたがふ所ありと云ことは疑なし。清盛このことをきゝ、道よりのぼりぬ。信頼かたらひを《（お）》きける近臣等の中に心がはりする人々ありて、主上・上皇をしのびていだしたてまつり、清盛が家にうつし申てけり。すなはち信頼・義朝等を追討せらる。程なくうちかちぬ。信頼はとらはれて首《かうべ》をきらる。義朝は東國へ心ざしてのがれしかど、尾張國《をはりのくに》にてうたれぬ。その首を梟《ケウ》せられにき。

義朝重代の兵《つはもの》たりしうへ、保元の勳功すてられがたく侍しに、父の首をきらせたりしこと大《おほき》なるとがなり。古今にもきかず、和漢にも例《ためし》なし。勳功に申替《まをしかふ》ともみづから退《しりぞく》とも、などか父を申《まをし》たすくる道なかるべき。名行《めいかう》かけはてにければ、いかでかつゐ《（ひ）》に其身をまたくすべき。滅《めつ》することは天の理《ことわり》なり。凡《およそ》かゝることは其身のとがはさることにて、朝家《てうか》の御あやまりなり。よく案《あん》あるべかりけることにこそ。其比《そのころ》名臣もあまたありしにや、又通憲法師専《もはら》申を《（お）》こなひしに、などか諫申《いさめまをさ》ざりける。大義に滅レ親《しんヲめつすト》云ことのあるは、石碏《せきシャク》と云人其子をころしたりしがことなり。父として不忠の子をころすはことは《(わ)》りなり。父不忠なりとも子としてころせと云道理なし。孟子にたとへを取ていへるに、「舜の天子たり*し時、其父瞽《コ》叟《ソウ》人をころすことあらんを、時の大理なりし皐陶《カウエウ》とらへたらば舜はいかゞし給べきとい*ひけるを、舜は位をすてゝ父をおひてさらまし。」とあり。大賢のをしへなれば忠孝の道あらはれておもしろくはべり。保元・平治より以來《このかた》、天下みだれて、武用《ぶよう》さかりに王位かろくなりぬ。いまだ太平の世にかへらざるは、名行のやぶれそめしによれることゝぞ見えたる。

かくてしばししづまれりしに、主上・上皇御中あしくて、主上の外舅《ははかたのをぢ》大納言經宗《つねむね》〈後にめしかへされて、大臣大將までなりき〉・御めのとの子別當惟方《これかた》等上皇の御意にそむきければ、清盛朝臣におほせてめしとらへられ、配所《はいしよ》につかはさる。これより清盛天下の權をほしきまゝにして、程なく太政大臣にあがり、其子大臣大將になり、あまさへ兄弟左右の大將にてならべりき〈この御門《みかど》の御世のことならぬもあり。つゐ《(い)》でにしるしのす〉。天下の諸國は半《なかば》すぐるまで家領《けりやう》となし、官位は多く一門家僕《かぼく》にふさげたり。王家《わうか》の權さらになきがごとくになりぬ。

此天皇天下を治給こと七年。二十三歳おまし〳〵き。

第七十九代、六條院《ろくでうの》。諱は順仁《のぶひと》、二條の太子。御母大藏少輔《おほくらのせう》伊《い》岐兼盛《きのかねもり》が女《むすめ》也〈そのしないやしくて、贈位までもなかりしにや〉。乙酉《きのととり》の年卽位、丙戌《ひのえいぬ》に改元。

天下を治給こと三年。上皇世をしらせ給しが、二條の御門《みかど》の御ことにより心よからぬ御ことなりしゆへ《(ゑ)》にや、いつしか讓國の事ありき。御元服などもなくて、十三歳にて世をはやくしまし〳〵き。

第八十代、第四十三世、高倉院《たかくらの》。諱は憲仁《のりひと》、後白河第五の御子。御母皇后平滋子《のしげこ》〈建春《けんしゅん》門院と申〉、贈左大臣時信《ときのぶ》の女《むすめ》也。戊子《つちのえね》の年卽位、己丑《つちのとうし》に改元。上皇天下をしらせ給こともとのごとし。

清盛權をもはらにせしことは、ことさらに此御代のことなり。其女《むすめ》德子《とくこ》入内《じゅだい》して女御《にょうご》とす。卽《すなはち》立后《りつこう》ありき。すゑつかたやう〳〵所々に反亂《はんらん》の聞えあり。清盛一家非分のわざ天意にそむきけるにこそ。嫡子《ちやくし》内大臣重盛《しげもり》は心ばへさかしくて、父の惡行《あくぎやう》などもいさめとゞめけるさへ世をはやくしぬ。いよ〳〵を《(お)》ごりをきはめ、權をほしきまゝにす。時の執柄にて菩提院《ぼだいゐん》の關白基房《もとふさ》の大臣おはせしも、中らい《(ひ)》よろしからぬことありて、太宰權帥《だざいのごんのそつ》にうつして配流《はいる》せらる。妙音院《めうおんゐん》の師長《もろなが》のおとゞも京中をいださる。その外《ほか》につみせらるゝ人おほかりき。従三位源頼政《よりまさ》と云しもの、院の御子以仁《もちひと》の王とて元服ばかりし給しかど、親王の宣《せん》などだになくて、かたはらなる宮おけせしをすゝめ申て、國々にある源氏の武士等にあひふれて平氏をうしなはむとはかりけり。ことあらはれて皇子もうしなはれ給ぬ。頼政もほろびぬ。かゝれど、それよりみだれそめてけり。義朝朝《々》臣が子頼朝《よりとも》〈前右兵衛佐《さきのうひやうゑのすけ》従五位下、平治の比六位の藏人《くらうど》たりしが、信頼事《こと》をおこしける時任官すとぞ〉平治の亂に死罪を申《まをし》なだむる人ありて、伊豆國《いづのくに》に配流せられて、おほくの年をを《(お)》くりしが、以仁の王の密旨《みつし》をうけ給《たまはり》、院よりも忍《しのび》て仰つかはす道ありければ、東國をすゝめて義兵《ぎへい》をおこしぬ。清盛いよ〳〵惡行をのみなしければ、主上ふかくなげかせ給。俄《にはか》に避位《ひゐ》のことありしも世をいとはせまし〳〵けるゆへ《(ゑ)》とぞ。

天下を治給こと十二年。世の中の御いのりにや、平家のとりわきあがめ申《まをす》神なりければ、安藝《あき》の嚴嶋《いつくしま》になむまい《(ゐ)》らせ給ける。此御門《みかど》御心ばへもめでたく孝行の御志ふかゝりき。管絃《くわんげん》のかたもすぐれておはしましけり。尊號ありてほどなく世をはやくし給。二十一歳おまし〳〵き。

第八十一代、安德《あんとく》天皇。諱は言仁《ときひと》、高倉第一の子。御母中宮平德子《のとくこ》〈建禮門《けんれい》院と申〉、太政大臣清《きよ》

盛女《もりのむすめ》也。庚子《かのえね》の年卽位、辛丑《かのとうし》に改元。法皇猶世をしらせ給。平氏はいよ〳〵おごりをなし、諸國はすでにみだれぬ。都をさへうつすべしとて攝津國《つのくに》福原とて清盛すむ所のありしに行幸せさせ申ける。法皇・上皇もおなじくうつしたてまつる。人の恨おほくきこえければにやかへし奉る。いくほどなく、清盛かくれて次男宗盛《むねもり》其あとをつぎぬ。世の亂《みだれ》をもかへりみず、内大臣に任ず。天性父にも兄にもを《(お)》よばざりけるにや、威望もいつしかおとろへ、東國の軍すでにこはく成て、平氏の軍所々にて利をうしなひけるとぞ。法皇忍《しのび》て比叡山にのぼ〔ら〕せ給。平氏力をおとし、主上をすゝめ申て西海《さいかい》に沒落《ぼつらく》す。中三とせばかりありて、平氏こと〴〵く滅亡。清盛が後室《こうしつ》從二位平時子《のときこ》と云し人此君をいだき奉りて、神璽《しんじ》をふところにし、寶劍をこしにさしはさみ、海中にいりぬ。あさましかりし亂世なり。

天下を治給こと三年。八歳おまし〳〵き。遺詔《ゆいぜう》等のさたなければ、天皇と稱し申なり。

第八十二代、第四十四世、後鳥羽《ごとば》院。諱は尊成《たかひら》、高倉第四の子。御母七條《の》院、藤原殖子《のしよくし》〈先代の母《ぼ》儀《ぎ》おほくは后宮《こうぐう》ならぬは贈后《ぞうこう》也。院號ありしはみな先《まづ》立后ののちのさだめなり。この七條院立后なくて院號の初なり。但先准后《ただしまづじゆごう》の勅《みことのり》あり〉、入道修理大夫《しゆりのだいぶ》信隆《のぶたかのむすめ》女也。先帝《せんだい》西海に臨幸ありしかど、祖父法皇の御世なりしかば、都はかはらず。攝政基通《もとみち》のおとゞぞ、平氏の縁《えん》にて供奉《ぐぶ》せられしかど、いさめ申輩《ともがら》ありけるにや、九條の大路邊《おほちのほとり》よりとゞまられぬ。そのほか平氏の親族ならぬ人々は*御供つかまつる人なかりけり。還幸あるべきよし院宣《ゐんぜん》ありけれど、平氏承引申《しょういんまを》さず。よりて太上法皇の詔《みことのり》にて此天皇たゝせ給ぬ。親王の宣旨《せんじ》までもなし。先《まづ》皇太子とし、即受禪《すなはちじゆぜん》の儀あり。翌年《つぎのとし》甲辰《きのえたつ》にあたる年四月《うづき》に改元、七月《ふみづき》に卽位。此同胞《どうはう》に高倉の第三の御子まし〳〵しかども、法皇此君をえらび定《さだめ》申給けるとぞ。先帝《せんだい》三種の神器をあひぐせさせ給し故に踐祚《せんそ》の初《はじめ》の違例《ゐれい》に侍《はべり》しかど、(三)法皇國《くに》の本主にて正統の位を傳《つたへ》まします。皇太神宮・熱田の神あきらかにまぼり給ことなれば、天位つゝがましまさず。平氏ほろびて後、内侍所《ないしどころ》・神璽《しんじ》はかへりいらせ給。寶劍はつゐ《(ひ)》に海にしづみて見えず。其比おひ《(ほ)》は晝《ひ》の御坐《ござ》の御劍《ぎょけん》を寶劍に擬《ぎ》せられたりしが、神宮の御告《つげ》にて神劍をたてまつらせ給しによりて近比までの御まぼりなりき。

三種の神器の事は所々に申侍《まをしはべり》しかども、先《まづ》内侍所は神鏡也。八咫の鏡と申。正體は皇太神宮にいはひ奉る。内侍所にましますは崇神天皇の御代に鑄かへられたりし御鏡なり。村上の御時、天《てん》德《とく》年中に火事にあひ給。それまでは圓規《ゑんき》かけましまさず。後朱雀の御時、長久《ちやうきう》年中にかさねて火ありしに、灰燼《クワイジン》の中より光をさゝせ給けるを、お(を)さめてあがめ奉られける。されど正體はつゝがなくて萬代《ばんだい》の宗廟にまします。寶劍も正體は天《あめ》の叢雲《むらくも》の劍〈後には草薙《くさなぎ》と云〉と申は、熱田の神宮にいはひ奉る。西海にしづみしは崇神の御代におなじくつくりかへられし劍なり。うせぬることは末世のしるしにやとうらめしけれど、熱田の神あらたなる御こと也。昔新羅國《しらぎのくに》より道行《だうぎやう》と云法師、來《きたり》てぬすみたてまつりしかど、神變《じんぺん》をあらはして我國をいでたまはず。彼《かの》兩種は正體昔にかはりましまさず。代々の天皇のとを(ほ)き御まぼりとして國土のあまねき光となり給へり。うせにし寶劍はもとより如在《じよさい》のことゝぞ申侍べき。神璽は八坂瓊の曲玉と申す。神代より今にかはらず、代々の御身をはなれぬ御まぼりなれば、海中よりうかび出給へるもことは(わ)り也。三種の御ことはよく心えたてまつるべきなり。なべて物しらぬたぐひは、「上古の神鏡は天德・長久の災《わざはひ》にあひ、草薙の寶劍は海にしづみにけり。」と申傳《まをしつたふ》ること侍にや。返々《かへすがへす》ひがことなり。此國は三種の正體をもちて眼目《がんもく》とし、福田《ふくでん》とするなれば、日月の天をめぐらん程は一《ひとつ》もかけ給まじきなり。天照太神の勅《みことのり》に「寶祚のさかへ(え)まさむことあめつちときはまりなかるべし。」と侍れば、いかでか疑《うたがひ》奉るべき。いまよりゆくさきもいとたのもしくこそおもひ給《たまふ》れ。

平氏いまだ西海にありしほど、源義仲《みなもとのよしなか》と云物、まづ京都に入《いり》、兵威《へいゐ》をもて世の中のことをを《(お)》さへおこなひける。征夷将軍に任ず。此官は昔坂上の田村丸までは東夷征伐のために任ぜられき。其後将門《まさかど》がみだれに右衛門督忠文《ただふんの》朝臣征東将軍を兼《かね》て節刀《せつたう》を給《たまはり》しよりこのかた久くたえて任ぜられず。義仲ぞ初てなりにける。あまりなることおほくて、上皇御いきどを《(ほ)》りのゆへ《(ゑ)》にや、近臣の中に軍《いくさ》をおこし退治せんとせしに事不成《ならず》して中々*あさましき事なんいできにし。東國の頼朝、範頼《のりより》・義經《よしつね》等をさしのぼせしかば、義仲はやがて滅ぬ。さてそれより西國へむかひて、平氏をばたい《(ひ)》らげしなり。天命きはまりぬれば、巨猾《こくわつ》もほろびやすし。人民のやすからぬことは時の災難なれば、神もちからを《(お)》よばせ給はぬにや。

かくて平氏滅亡してしかば、天下もとのごとく君の御まゝなるべきかとおぼえしに、頼朝勳功まことにためしなかりければ、みづからも權をほしきまゝにす。君も又うちまかせられにければ、王家の權はいよ〳〵おとろへにき。諸國に守護を〔お〕きて、國司の威を〔お〕さへしかば、吏務《りむ》と云ことなばかりに成ぬ。あらゆる庄園《しやうゑん》・郷保《がうほう》に地頭《ぢとう》を補せしかば、本所はなきがごとくになれりき。頼朝は従五位下前右兵衛佐《げさきのうひやうゑのすけ》なりしが、義仲追討の賞に越階《をつかい》して正四位下に叙し、平氏追討の賞に又越階、従二位に敍す。建久《けんきう》の初にはじめて京上《きやうのぼり》して、やがて一度に權大納言に任ず。又右近の大將を兼す。頼朝しきりに辭申《じし》けれど、叡慮によりて朝奬《てうしやう》ありとぞ。程なく辭退してもとの鎌倉の館《たち》になむくだりし。其後征夷大將軍に拜任す。それより天下のこと東方のまゝに成*にき。

平氏のみだれに南都の東大〔寺〕・興福寺やけにしを、東大寺をば俊乗《しゆんじよう》と云上人すゝめたてければ、公家《くげ》にも委任せられ、頼朝もふかく隨喜《ずいき》してほどなく再興す。供養《くやう》の儀ふるきあとをたづねておこなはれける、ありがたきことにや。頼朝もかさねて京上しけり。かつは結縁《けちえん》のため、かつは警固のためなりき。

法皇かくれさせ給て、主上世をしらせ給。すべて天下を治給こと十五年ありしかば、太子にゆづりて尊號れいのごとし。院中にて又二十餘年しらせ給しが、承久に、ことありて御出家、隱岐《おきの》國《くに》にてかくれ給ぬ。六十一歳おまし〳〵き。

第八十三代、第四十五世、土御門院《つちみかどの》。諱は爲仁《ためひと》、後鳥羽の太子。御母承明《しようめい》門院、源在子《みなもとのありこ》、内大臣通親《みちちか》の女《むすめ》也。父の御門《みかど》の例《ためし》にて親王の宣旨なし。立太子の儀ばかりにてすなはち踐祚あり。戊午《つちのえうま》の年卽位、己未《つちのとひつじ》に改元。

天下を治給こと十二年。太弟《たいてい》にゆづりて尊號例の如し。此御門《みかど》まさしき正嫡《しやうちやく》にて御心ばへもたゞしく聞え給しに、上皇鍾愛《しようあい》にうつされましけるにや、ほどなく讓國あり。立太子までもあらぬさまになりにき。承久の亂に時のいたらぬことをしらせ給ければにや、さま〲いさめましけれども、ことやぶれにしかば、玉石《ぎよくせき》ともにこがれて、阿波國《あはのくに》にてかくれさせ給。三十七歳おまし〱き。

第八十四代、順徳院《じゆんとくの》。諱は守成《もりなり》、後鳥羽第三の子。御母修明門院《しうめい》、藤原の重子《しげこ》、贈左大臣範《のり》季《すゑ》の女《むすめ》也。庚午《かのえうま》の年即位、辛未《かのとひつじ》に改元。

此御時征夷大將軍頼朝《の》次郎實朝《さねとも》、右大臣左大將*までなりにしが、兄左衛門督頼家《さゑもんのかみよりいへ》が子に、公曉《くげう》と云ける法師にころされぬ。又繼人《つぐひと》なくて頼朝が跡はながくたえにき。頼朝が後室《こうしつ》に從二位平《たひらの》政子《まさこ》とて、時政《ときまさ》と云ものゝ女《むすめ》也し、東國のことをばおこなひき。其弟義時《よしとき》兵權をとりしが、上皇の御子をくだし申て、あふぎ奉るべきよし奏しけれど、不許にやありけむ、九條攝政道家《みちいへ》のおとゞは頼朝の時より外戚《ぐわいせき》につゞきてよしみおはしければ、其子をくだして扶持し申ける。大方のことは義時がまゝになりにき。

天下を治給こと十一年。讓國ありしが、事みだれて、佐渡國《さどのくに》にうつされ給。四十六歳おましき。

裏書《に》云

實朝(三) 前右大將征夷大將軍賴朝卿二男也。建久十年正月賴朝薨《ず》。嫡男賴家可《き》レ奉《す》三行諸國《の》守護《の》事《を》一由被《らる》二宣下《せ》一〈于時《ときに》左近中將、正五位下〉。建仁二年七月任《ず》二征夷大將軍《に》一。同《おなじき》三年受《く》レ病《を》〈狂病〉。遷《うつされ》二伊豆《の》國《の》修禪寺《に》一翌年遭《あふ》レ害《に》。

賴家受《うけし》レ病《を》之後、爲《に》二母 幷《ならびに》義時等《の》沙汰《の》一以二實朝《を》一令《しむ》レ繼《つが》レ之《を》。敍《し》二從五位下《に》一卽日任《ず》二征夷大將軍《に》一。次第《に》昇進《す》。不レ能《は》二具記《する》一。建保六年十二月二日任《ず》二右大臣《に》一〈元內大臣、左大將。大將猶帶《ぶ》レ之《を》〉。同《じき》七年〈四月改《す》二元承久元《と》一〉正月二十七日爲《して》二拜賀《せんと》一參《る》二鶴岡八幡宮《に》一。實朝始中終遂《に》不二京上《せ》一。有《る》二其煩一故也云々。仍以《て》二參宮《を》一擬《する》二拜賀《に》一歟。而神拜畢《りて》退出之處、彼宮別當公曉設《けて》二刺客《を》一殺《す》レ之《を》〈年二十八云々〉。

今日扈從《の》人々

公卿

権大納言忠信坊門　左衛門督實氏西園寺　宰相中將國通高倉
平三位光盛池　刑部卿宗長難波
殿上人
權亮中將信能朝臣　同被ㇾ殺云々文章博士仲章朝臣　右馬權頭能茂朝臣
因幡少將高經　伊豫少將實種　伯耆前司師孝　右兵衛佐頼經
地下前駈
右京權大夫義時　修理大夫雅義　甲斐右馬助宗泰　武藏守泰時
筑後前司頼時　駿河左馬助教利　藏人大夫重綱　藤藏人大夫有俊
長井遠江前司親廣　相模守時房　足利武藏前司義氏　丹波藏人大夫忠國
前右馬助行光　伯耆前司包時　駿河前司季時　信濃藏人大夫行國
相模前司經定　美作藏人大夫公近　藤勾當頼隆　平勾當時盛
隨身
府生秦兼峯　番長下毛野篤秀

近衛秦公氏　同兼村　播磨定文　中臣近任　下毛野爲光　同爲氏

隨兵十人

武田五郎信光　加々見次郎長清　式部大夫　河越次郎　城介景盛

泉次郎左衛門尉頼定　長江八郎師景　三浦小太郎兵衛尉朝村

加藤大夫判官元定　隱岐次郎左衛門尉基行

廢帝。諱は懷成《かねなり》、順德の太子。御母東一條院、藤原立子《のりつこ》*、故攝政太政大臣良經女《よしつねのむすめ》也。

承久三年春の比より上皇おぼしめしたつことありければ、にはかに讓國したまふ。順德御身をかろめて合戰の事をも一《ひとつ》御心にせさせ給はん御はかりことにや、新主に讓位ありしかど、即位登《とう》壇《だん》までもなくて軍やぶれしかば、外舅《はゝかたのをぢ》攝政道家の大臣の九條の第《てい》へのがれさせ給。三種《の》神器をば閑院の内裏にすてを《(お)》かれにき。讓位の後七十七ケ日のあひだ、しばらく神器を傳給しかども、日嗣にはくはへたてまつらず。飯豐《イヽとよ》の天皇の例《ためし》になぞらへ申べきにこそ。元服などもなくて十七歳にてかくれまします。

さても其世の亂《みだれ》を思《おもふ》に、まことに末の世にはまよふ心もありぬべく、又下《しも》の上《かみ》をしのぐ端《はし》ともなりぬべし。そのいはれをよくわきまへらるべき事にはべり。頼朝勲功は昔よりたぐひなき程なれど、ひとへに天下を掌《たなごころ》にせしかば、君としてやすからずおぼしめしけるもことは(わ)りなり。況《いはん》や其跡たえて後室の尼公《にこう》、陪臣《ばいしん》の義時が世になりぬれば、彼《かの》跡をけづりて御心のまゝにせらるべしと云も一往《いちわう》いゝ(ひ)なきにあらず《非レ無レ謂イ》。しかれど白河・鳥羽の御代比《の》より政道《せいたう》のふるきすがたやう〳〵おとろへ、後白河の御時兵革《ひやうがく》おこりて奸臣《かんしん》世をみだる。天下の民ほとんど塗炭《トタン》におちにき。頼朝一臂《いちび》をふるひて其亂《みだれ》をたひらげたり。王室はふるきにかへるまでなかりしかど、九重《ここのへ》の塵《ちり》もおさ(を)まり、萬民の肩もやすまりぬ。上下堵《ト》をやすくし、東より西より其徳に伏せしかば、實朝なくなりてもそむく者ありとは聞えず。是にまさる程の徳政なくしていかでたやすくくつがへさるべき。縱《たとひ》又うしなはれぬべくとも、民やすかるまじくは、上天よもくみし給はじ。次に王者《わうしや》の軍《いくさ》と云は、とがあるを討じて、きずなきをばほろぼさず。頼朝高官にのぼり、守護の職を給《たまはる》、これみな法皇の勅裁《ちよくさい》也。わたくしにぬすめりとはさだめがたし。後室その跡をはからひ、義時久く彼が權をとりて、人望にそむかざりしかば、下《しも》にはいまだきず有といふべからず。一往のいはればかりにて追討せられんは、上の御とがとや申べき。謀叛おこしたる朝敵の利を得たるには比量《ひりやう》せられがたし。かゝれば時のいたらず、天のゆるさぬことはうたがひなし。但下《ただしも》の上《かみ》を剋《こく》するはきはめたる非道なり。終《つひ》にはなどか皇化に不レ順《まつろはざル》べき。先《まづ》まことの徳政をおこなはれ、朝威をたて、彼を剋するばかりの道ありて、その上のこと〔と〕ぞおぼえはべる。且は世の治亂のすがたをよくかゞみしらせ給て、私《わたくし》の御心なくば干戈《かんくわ》をうごかさるゝ歟《か》、弓矢をお(を)さめらるゝ歟、天の命にまかせ、人の望《のぞみ》にしたがはせ給べかりしことにや。つゐ(ひ)にしては、繼體の道も正路《しやうろ》にかへり、御子孫の世に一統の聖運をひらかれぬれば、御本意の末《すゑ》達せぬにはあらざれど、一旦《いつたん》もしづませ給しこそくちお(を)し〔く〕はべれ。

第八十五代、後堀河《ごほりかはの》院。諱は茂仁《ゆたひと》、二品守貞《もりさだ》親王〈後《のちの》高倉院と申〉第三の子。御母北白河院、藤原《の》陳子《ちんし》、入道中納言基家《もといへ》の女《むすめ》なり。入道親王は高倉第三の御子、後鳥羽同胞《どうはう》の御兄、後白河の御えらびにもれ給し御ことなり。承久にことありて、後鳥羽の御ながれのほか、この御子ならでは皇《くわう》胤《いん》ましまさず。よりて此孫王《そんわう》を天位につけたてまつる。入道親王尊號ありて太上皇と申て、世をしらせ給。追號の例は文武《もんむ》の御父草壁《くさかべ》の太子を長岡《ながをか》の天皇と〔申〕、淡路の帝《みかどの》御父舎人《とねりの》親王を盡《じん》敬《きやう》天皇と申、光仁の御父施基《しき》の王子を田原天皇と申。早良《さはら》の廢太子は怨靈《をんりやう》をやすめられんとて崇《す》道《だう》天皇の號を《(お)》くらる。院號ありしことは小一條院ぞましける。

此天皇辛巳《かのとみの》年卽位、壬午《みづのえうま》に改元。天下を治給こと十一年。太子に讓て尊號例のごとし。しばらく政《まつりごと》をしらせ給しが、二十一歳にて世をはやく〔し〕おまし〳〵き。

第八十六代、四條院《しでうの》。諱は秀仁《みつひと》、後堀河の太子。御母藻壁《さうへき》門院、藤原の竴子《そんし》、攝政左大臣道家《みちいへの》女《むすめ》也。壬辰《みづのえたつ》の年卽位、癸巳《みづのとみ》に改元、例のごとし。一とせばかり有て、上皇かくれ給しかば、外祖にて道家のおとゞ王室の權をとりて、昔の執政のごとくにぞありし。東國にあふぎし征夷大將軍賴經《よりつね》も此大臣の胤子《いんし》なれば、文武《ぶんぶ》一《ひとつ》にて權勢おはしけるとぞ。

天下を治給こと十年。俄《にはか》に世をはやくし給。十二歳おまし〳〵き。

第八十七代、第四十六世、後嵯峨《ごさが》院。諱は邦仁《くにひと》、土御門院第二の御子。御母贈皇太后源通子《みちこ》、贈左大臣通宗《みちむね》の女《むすめ》、内大臣通親《みちちか》の孫女《まごむすめ》なり。承久のみだれありし時、二歳にならせ給けり。通親の大臣の四男、大納言通方《みちかた》は父の院にも御傍親《ばうしん》、贈皇后にも御ゆかりなりしかば、收養《しうやう》し申てかくしを《(お)》きたてまつりき。十八の御年にや、大納言さへ世をはやくせしかば、いとゞ無賴《ぶらい》になり給て、御祖母承明《しようめい》門院になむうつろひまし〳〵ける。二十二歳の御年、春正月十日四條院俄《にはか》に晏駕《あんか》、皇胤もなし。連枝のみこもましまさず。順徳院ぞいまだ佐渡におはしましける。御子達もあまた都にとゞまり給し、入道攝政道家のおとゞ、彼*御子の外家《ぐわいけ》におはせしかば、此御流《ながれ》を天位につけ奉り、もとのまゝに世をしらんとおもはれけるにや、そのおもぶきを仰つかはしけれど、鎌倉の義時が子、泰時《やすとき》はからひ申てこの君をすへ(五)奉りぬ。誠に天命也、正理也。土御門院御兄にて御心ばへもおだしく、孝行もふかく聞えさせ給しかば、天照太神の冥慮《みやうりよ》に代《カハリ》てはからひ申けるもこと(六)はりなり。

大方《おほかた》泰時心たゞしく政《まつりこと》すなほにして、人をはぐゝみ物におごらず、公家《くげ》の御ことをおもくし、本所《ほんじよ》のわづらひをとゞめしかば、風の前にちりなくして、天の下すなはちしづまりき。かくて年代をかさねしこと、ひとへに泰時が力とぞ申傳ぬる。陪臣《ばいしん》として久しく權をとることは和漢兩朝に先例なし。其主たりし頼朝すら二世をばすぎず。義時いかなる果報にか、はからざる家業をはじめて、兵馬の權をとれりし、ためしまれなることにや。されどことなる才徳はきこえず。又大《たい》(四)名《めい》の下にほこる心やありけむ、中二とせばかりぞありし、身まかりしかど、彼《かの》泰時あひつぎて徳政をさきとし、法式をかたくす。己《おのれ》が分をはかるのみならず、親族ならびにあらゆる武士までもいましめて、高官《たかき》位をのぞむ者なかりき。其政《まつりごと》次第のままにおとろへ、つゐ《(ひ)》に滅ぬるは天命のをはるすがたなり。七代までたもてるところ彼が餘薫《よくん》なれば、恨《うらむ》ところなしと云つべし。

凡《およそ》保元・平治よりこのかたのみだりがはしさに、頼朝(五)と云人もなく、泰時といふものなからましかば、日本國の人民いかゞなりなまし。此いはれをよくしらぬ人は、ゆへ《(ゑ)》もなく、皇威のおとろへ、武備のかち*にけるとおもへるはあやまりなり。所々に申はべることなれど、天日嗣《あまつひつぎ》は御譲《ゆづり》にまかせ、正統にかへらせ給にとりて、用意あるべきことの侍《はべる》なり。神は人をやすくするを本誓《ほんぜい》とす。天下の萬民は皆神物《じんもつ》なり。君は尊くましませど、一人《いちにん》をたのしましめ萬民をくるしむる事は、天もゆるさず神もさいはひせぬいはれなれば、政《まつりごと》の可否にしたがひて御運の通塞《トウソク》あるべしとぞおぼえ侍る。まして人臣としては、君をたう《(ふ)》とび民をあはれみ、天にせくゞまり地にぬきあしし、日月《ひつき》のてらすをあふぎても心の黒《キタナク》して光にあたらざらんことをおぢ、雨露《あめつゆ》のほどこすをみても身のただ*しからずしてめぐみにもれんことをかへりみるべし。朝夕《あさゆふ》に長田《ながた》・狹田《さた》の稲のたねをくふも皇恩也。晝夜《ちうや》に生井《イクヰ》・榮井《サクヰ》の水のながれを飲《のむ》も神徳也。これを思《おもひ》もいれず、あるにまかせて欲をほしきまゝにし、私《わたくし》をさきとして公《オホヤケ》をわするゝ心あるならば、世に久《ひさし》きことは《(わ)》りもはべらじ。いはむや國柄《こくへい》をとる仁《じん》にあたり、兵權をあづかる人として、正路《しやうろ》をふまざらんにを《(お)》きて、いかで其運をまたくすべき。泰時が昔を思《おもふ》には、よくまことある所《ところ》ありけむかし。子孫はさほどの心あらじなれど、かたくしける法のまゝにおこなひければ、を《(お)》よばずながら世をもかさねしにこそ。異朝のことは亂逆《らんげき》にして紀《ノリ》なきためしおほければ、例《ためし》とするにたらず。我國は神明の誓いちじるくして、上下の分さだまれり。しかも善惡の報《むくい》あきらかに、因果のことは《(わ)》りむなしからず。かつはとを《(ほ)》からぬこと〔ど〕もなれば、近代の得失をみて將來の鑒誡《かんかい》とせらるべきなり。

抑《そもそも》此天皇正路にかへりて、日嗣をうけ給し、さきだちてさま〲奇瑞《きずい》ありき。又土御門院阿《あ》波國《はのくに》にて告文《かうもん》をかゝせまして、石清水《いはしみづ》の八幡宮に啓白《けいびやく》せさせ給ける、其御本懷するゑとを《(ほ)》りにしかば、さま〲の御願《ごぐわん》をはたされしもあはれなる御ことなり。つゐ《(ひ)》に繼體の主《しゆ》として此御すゑならぬはましまさず。壬寅《みづのえとら》の年卽位*、癸卯《みづのとう》の春改元。

御身をつゝしみ給ければにや、天下を治給こと四年。太子をさなくまし〱しかども讓國あり。尊號例のごとし。院中にて世をしらせ給《たまひ》、御出家の後もかはらず、二十六年ありしかば、白河・鳥羽よりこなたにはおだやかにめでたき御代なるべし。五十三歲おまし〱き。

第八十八代、後深草院《ごふかくさの》。諱は久仁《ひさひと》、後嵯峨第二の子。御母大宮院《おほみやの》、藤原の姞子《きつし》、太政大臣實氏《さねうぢ》の女《むすめ》也。丙午《ひのえうま》の年四歳にて即位、丁未《ひのとひつじ》に改元。

天下を治給こと十三年。后腹《きさいばら》の長子にてまし〳〵しかども、御病おはしましければ、同母の御弟恒仁《つねひとの》親王を太子にたてて、讓國、尊號例のごとし。伏見の御代にぞしばらく政《まつりこと》をしらせ給し*が、御出家ありて政務をば主上に讓り申させ給。五十八歳おまし〳〵き。

第八十九代、第四十七世、龜山院《かめやまの》。諱は恒仁《つねひと》、後深草院同母の御弟也。己未《つちのとひつじ》の年即位、庚申《かのえさる》に改元。此天皇を繼體とおぼしめしを(お)きてけるにや、后腹に皇子うまれ給しを後嵯峨とりやしなひまして、いつしか太子に立《たて》給ぬ。後深草《の》〈其時新院と申き〉御子もさき立《だち》て生《うまれ》給しかどもひきこされましにき〈太子は後宇多にまします。御年二〔歳〕。後深草の御子に伏見、御年四歳になりたまひける〉。後嵯峨かくれさせ給てのち、兄弟の御あはひにあらそはせ給ことありければ、關東より母儀《ぼぎ》大宮院にたづね申けるに、先院《せんゐん》の御素意は當今《たうぎん》にましますよしをおほせつかはされければ、ことさだまりて、禁中《きんちゆう》にて政務せさせ給。

天下を治給こと十五年。太子にゆづりて、尊號れいのごとし。院中にても十三年まで世をしらせ給。事あらたまりにし後、御出家。五十七歳おまし〱き。

第九十代、第四十八世、後宇多《こうだの》院。諱は世仁《よひと》、龜山の太子。御母皇后藤原《の》佶子《きし》〈後に京極《きやうごくの》院と申〉、左大臣實雄《さねを》の女《むすめ》也。甲戌《きのえいぬ》の年即位、乙亥《きのとゐ》〔に〕改元。

丙子《ひのえね》の年、もろこしの宋《そうの》幼帝徳祐《とくいう》二年にあたる。ことし北狄《ほくてき》の種《しゆ》、蒙古《もうこ》おこりて元國とい〻《(ひ)》しが宋の國を滅《ほろぼ》す〈金國《きんこく》おこりにしより宋は東南の杭州《コウしう》にうつりて百五十年になれり。蒙古おこりて、先《まづ》金國をあはせ、のちに江をわたりて宋をせめしが、ことしつゐ《(ひ)》にほろぼさる〉。辛巳《かのとみ》の年〈弘安四年なり〉蒙古の軍《いくさ》おほく船をそろへて我國を侵《をか》す。筑紫《つくし》にて大《おほき》に合戰あり。神明《しんめい》、威をあらはし形《かたち》を現じてふせがれけり。大風にはかにおこりて數十萬艘の賊船みな*漂倒破滅《へうたうはめつ》しぬ。末世といへども神明の威徳不可思議なり。誓約のかはらざることこれにてを《(お)》しはかるべし。

この天皇天下を治給こと十三年。おもひの外にのがれまし〱て十餘年ありき。後二條の御門《みかど》立給しかば、世をしらせ給。遊義《いうぎ》門院かくれまして、御歎《なげき》のあまりにや、出家せさせ給。前《さきの》大僧正禪助《ぜんじよ》を御師として、宇多・圓融の例により、東寺にて灌頂せさせ給。めづらかにたう《(ふ)》とき事にはべりき。其日は後醍醐の御門《みかど》、中務《なかつかさ》の親王とて王卿《わうけい》の座につかせ御〔坐〕《ましま》す。只今の心地ぞしはべる。後二條かくれさせ給しのち、いとゞ世をいとはせたまふ。嵯峨の奥、大覺寺と云所に、弘仁・寛平《くわんぺい》の昔の御跡をたづねて御寺などあまた立《たて》ておこなはせ給し。其後、後醍醐の御門《みかど》位につきまし〱しかば、又しばらく世をしらせ給て、三とせばかり有てゆづりまし〱き。大方この君は中古よりこなたにはありがたき御ことゝぞ申侍べき。文學の方も後三條の後にはかほどの御才聞えさせ給はざりしにや。

寛平の御誡《ぎよかい》には、帝皇《ていわう》の御學問は群書治要《ぐんしよちえう》などにてたりぬべし。雑文《ざふぶん》につきて政事《まつりごと》をさまたげ*給ふ〔な〕と見えたるにや。されど延喜・天暦・寛弘・延久の御門《みかど》みな宏才博覽に、諸道をもしらせたまひ、政事も明《あきらか》にまし〱しかば、先《さきの》二代はことふりぬ、つぎては寛弘・延久をぞ賢王とも申める。和漢の古事をしらせ給はねば、政道《せいたう》もあきらかならず、皇威もかろくなる、さだまれる理《ことわり》なり。尚書に堯・舜・禹の徳をほむるには「古《いにしへ》に若《シタガヒ》稽《カンガフ》。」と云、傅說《フエツ》が殷《いんの》高宗を*をしへたるには「事古《いにしへ》を師《し》とせずして、世にながきことは說《エツ》がきかざる所なり。」とあり。唐《たう》に仇士良《きうしりやう》とて、近習《きんじゆ》の宦者《くわんじや》にて內權《ないけん》をとる、極《きはめ》たる奸人《かんじん》なり。其黨類《たうるい》に*をしへけるは「（六）人主に書をみせたてまつるな。はかなきあそびたはぶれをして御心をみだるべし。書をみて此道を知《しり》たまはゞ、我《わが》ともがらはうせぬべし。」と云ける、今もありぬべきことにや。寛平の群書治要〔を〕さしての給ける、部《ぶ》せばきに似たり。但《ただし》此書は唐《の》太宗、時の名臣魏徴《ぎちょう》をしてえらばせられたり。五十巻の中に、あらゆる經《けい》・史・諸子までの名文をのせたり。全經の書・三史等をぞつねの人はまなぶる。此書にのせたる諸子なむどはみる者すくなし。ほと〳〵名をだにしらぬたぐひもあり。まして萬機をしらせ給はんに、これまでまなばせ給ことよしなかるべきにや。本經等をならはせまし〳〵そまではあるべからず。已《すで》に雑文とてあれば、經・史の御學問のうへに此書を御覽じて諸子等の雑文までなくとも御心なり。寛平はことにひろくまなばせ給ければにや、周易《しうえき》の古き道をも愛成《ちかなり》と云博士にうけさせ給き。延喜の御こと左右《さう》にあたはず。菅氏輔佐《ふさ》したてまつられき。其後も紀納《きなふ》言《ごん》・善相公《ぜんしやうこう》等の名儒《めいじゆ》ありしかば、文道のさかりなりしことも上古にを《(お)》よべりき。此御誡《ぎよかい》につきて「天子の御學問さまでなくとも」と申人《まをすひと》のはべる、あさましきことなり。何事も文の上にてよく料簡《れうけん》あるべきをや。此君は在位にても政事《まつりこと》をしらせ給はず、又院にて十餘年閑居し給へりしかば、稽古にあきらかに、諸道をしらせ給なるべし。御出家の後も懇におこなはせまし〳〵き。上皇の出家せさせ給ことは、聖武・孝謙・平城・清和・宇多・朱雀・圓融・花山・後三條・白河・

鳥羽・崇徳・後白河・後鳥羽・後嵯峨・〔後〕深草・龜山にまします。醍醐・一條は御病を《(お)》もくなりてぞせさせ給し。かやうにあまたきこえさせ給しかど、戒律を具足《ぐそく》し、始終かくることなく密宗をきはめて大阿《だいあ》闍梨《じやり》をさへせさせ給しことといとありがたき御ことなり。この御すゑに一統の運をひらかるゝ、有徳の餘薫とぞおもひ給《たまへ》る。元亨《げんかう》のすゑ甲子《きのえね》の六月《みなづき》に五十八歳にてかくれまし〳〵き。

第九十一代、伏見院《ふしみの》。諱は熙仁《ひろひと》、後深草第一の子。御母玄輝《げんき》門院、藤原《の》愔子《ヤスこ》、左大臣實雄《さねを》の女《むすめ》也。後嵯峨の御門《みかど》、繼體をば龜山とおぼしめし定ければ、深草の御流いかゞとおぼえ〔し〕を、龜山〕弟順《テイジュン》の儀をおぼしめしけるにや、此君を御猶子《ごいうし》にして東宮にすえ《(ゑ)》給ぬ。そのゝち御心もゆかず、あしざまなる事さへいできて踐祚ありき。丁亥《ひのとゐ》の年卽位、戊子《つちのえね》に改元。東宮にさへ此天皇の御子ゐたまひき。

天下を治給こと十一年。太子にゆづりて尊號例の〔ご〕とし。院中にて世をしらせ給しが、ほどなく時うつりにしかど、中六とせばかり有て又世をしり給き。關東の輩《ともがら》も龜山の正流をうけたまへることはしり侍りしかど、近比となりて、世をうたがはしく思ければにや、兩皇の御流をかはるゝすへ申(六)さむと相計《あひはからひ》けりとなむ。のちに出家せさせ給。五十歳おましゝき。

第九十二代、後伏見院《ごふしみの》。諱は胤仁《たねひと》、伏見第一の子。御母永福門院《えいふく》、藤原鏱子《のしやうし》、入道太政大臣實《さね》兼《かね》の女《むすめ》なり。實《まこと》の御母は准三宮《じゆさんぐう》藤原經子《のつねこ》、入道參議經氏女《つねうぢのむすめ》也。戊戌《つちのえいぬ》の年卽位、己亥《つちのとゐ》に改元。

天下を治給こと三年。推讓《すいじやう》のことあり。尊號例のごとし。正和《しやうわ》の比、父の上皇の御讓《ゆづり》にて世をしらせ給。時の御門《みかど》は御弟なれど、御猶子の儀なりとぞ。元弘に、世の中みだれし時又しばらくしらせ給。事あらたまりても、かはらず都にすませましゝしかば、出家せさせ給て、四十九歳にてかくれさせましゝき。

第九十三代、後二條院《ごにでうの》。諱は邦治《くにはる》、後宇多第*一の子。御母西花門院《せいくわ》、源基子《みなもとのもとこ》、内大臣具守《とももり》の女《むすめ》なり。辛丑《かのとうし》の年卽位、壬寅《みづのえとら》に改元。

天下を治給こと六年有て、世をはやくし給。二十四歳おましゝき。

(七)第九十四代の天皇。諱は富仁《とみひと》、伏見第三の子。御母顯親門院《けんしん》、藤原季子《のすゑこ》、左大臣實雄《さねを》の女《むすめ》也。戊申《つちのえさる》の歳卽位、改元。

裏書《に》云。

天子《の》踐祚《は》以《て》二禪讓《の》年《を》一屬《し》二先代《に》一、踰《えて》レ年《を》即位《する》、是古禮也。而《しかるに》我朝當年即位翌年改元已爲《る》二流例《と》一。但《ただし》禪讓《の》年《の》即位改元又非《ず》レ無《きに》二先例一。和銅八年九月元明禪位。即日元正即位、改元《して》爲《す》二靈龜《と》一。養老八年二月元正禪位。即日聖武即位、改元《して》爲《す》二神龜《と》一。天平感寶元年四月聖武禪位。同年七月孝謙即位、改元《して》爲《す》二天平勝寶《と》一。神護景雲四年八月稱德崩《じ》、同年十月光仁即位、十一月改元《して》爲《す》二寶龜《と》一。德治三年八月後二條崩《じ》、同年月新主即位、十月改元《して》爲《す》二延慶《と》一。又踰《コエテ》レ年《ヲ》不《るの》二改元《せ》一例、天平寶字二年淡路《の》帝即位、不二改元《せ》一。仁和三年宇多《の》帝即位、不二改元《せ》一。隔《へだてて》レ年《を》改《めて》爲《す》二寛平《と》一。延久四年白河《の》帝即位、又不二改元《せ》一。隔《てて》レ年《を》改《めて》爲《す》二承保《と》一等也。即位以前改元《の》例、壽永二年八月後鳥羽受禪、同三年四月改元《して》爲《し》二元曆《と》一、七月即位。是非常《の》例也。

父の上皇世をしらせ給しが、御出家の後は御讓にて、御兄の上皇しらせまします。法皇かくれ給ても諒闇《りやうあん》の儀なかりき。上皇御猶子の儀とぞ。例なきこと也。

天下を治給こと十一年にてのがれ給。尊號例のごとし。世の中あらたまりて出家せさせ給き。

第九十五代、第四十九世、後醍醐《ごだいご》天皇。諱は尊治《たかはる》、後宇多第二の御子。御母談天門院《だんてんもんいん》、藤原忠《のただ》子《こ》、內大臣師繼《もろつぐ》の女《むすめ》、實《まこと》は入道《にふだう》參議忠繼女《ただつぐのむすめ》なり。御祖父龜山の上皇やしなひ申給き。

弘安《こうあん》に、時うつりて龜山・後宇多世をしろしめさずなりにしを、たび〳〵關東に仰《おほせ》給しかば、天命の理《ことわり》かたじけなくおそれ思ければにや、俄《にはか》に立太子の沙汰ありしに、龜山はこの君をすへ《(ゑ)》奉らんとおぼしめして、八幡宮に告文《かうもん》をお《(を)》さめ給しかど、一《いち》の御子さしたる故なくてすてられがたき御ことなりければ、後二條ぞゐ給へりし。されど後宇多の御心ざしもあさからず。御元服ありて村上の例《ためし》により、太宰帥《だざいのそつ》にて節會《せちゑ》などに出《いで》させ給き。後に中務卿《なかつかさのきやう》を兼《けん》せさせ給。後二條世をはやくしまし〳〵て、父の上皇なげかせ給し中にも、よろづこの君にぞ委附《ゐふ》し申させ給ける。やがて儲君《ちよくん》のさだめありしに、後二條の一のみこ邦良《くによしの》親王居給べきかときこえしに、おぼしめすゆへ《(ゑ)》ありとて、此親王を太子にたて給。「かの《(八)》一のみこお《(を)》さなくましませば、御子の儀にて傳《つたへ》させ給べし。もし邦良親王早世の御ことあらば、この御すゑ繼體たるべし。」とぞしるしを《(お)》かせましましける。彼《かの》親王鶴膝《カクシツ》の御病ありて、あやう《(ふ)》くおぼしめしける故なるべし。

後宇多の御門《みかど》こそゆゝしき稽古の君にましましゝに、その御跡をばよくつぎ申させ給へり。あまさへもろ〳〵の道をこのみしらせ給こと、ありがたき程の御ことなりけむかし。佛法にも御心ざしふかくて、むねと眞言《しんごん》をならはせ給。はじめは法皇にうけましましけるが、後に前大僧正《さきのだいそうじやう》禪助《ぜんじよ》に許可《こか》までうけ給けるとぞ。天子灌頂《くわんちやう》の例は唐朝にも見えはべり。本朝にも清和の御門《みかど》、これは禁中にて慈覺大師《じかくだいし》に灌頂をおこなはる。主上をはじめ奉りて忠仁公などもうけられたる、これは結縁《けちえん》灌頂とぞ申める。此度はまことの授職《じゆしき》とおぼしめしゝにや。されど猶許可にさだまりにきとぞ。それならず、又諸流をもうけさせ給。又諸宗をもすてたまはず。本朝異朝禪門の僧徒までも内《うち》にめしてとぶらはせ給き。すべて和漢の道にかねあきらかなる御ことは中比よりの代々にはこえさせまし〳〵けるにや。

戊午《つちのえうま》の年即位、己未《つちのとひつじ》の夏四月《うづき》に改元。元應と號す。はじめつかたは後宇多院の御まつりことなりしを、中二とせばかりありてぞゆづり申させ給し。それよりふるきがごとくに記録所をを《(お)》かれて、夙《つと》にを《(お)》き、夜《よ》はにおほとのごもりて、民のうれへをきかせ給。天下こぞりてこれをあふぎ奉る。公家《くげ》のふるき御政《まつりごと》にかへるべき世にこそとたかきもいやしきもかねてうたひ侍き。かゝりしほどに〔後〕宇多院かくれさせ給て、いつしか東宮の御方《おんかた》にさぶらふ人々そは〳〵にきこえしが、關東に使節をつかはされ天位をあらそふまでの御中らひになりにき。あづまにも東宮の御ことをひき立申輩《たてまをすともがら》ありて、御いきどを《(ほ)》りのはじ〔め〕となりぬ。元亨甲子《きのえね》の九月《ながつき》のすゑつかた、やう〳〵事あらはれにしかども、うけたまはりおこなふ中にいふかひなき事いできにしかど、大方はことなくてやみぬ。其後ほどなく東宮かくれ給。神慮《しんりよ》にもかなはず、祖皇《そくわう》の御いましめにもたがはせ給けりとぞおぼえし。いまこそ此天皇うたがひなき繼體の正統にさだまらせ給ひぬれ。されど坊には後伏見第一の御子、量仁《かずひとの》親王ゐさせ給。

かくて元弘辛未《かのとひつじ》の年八月《はつき》に俄《にはか》に都をいでさせ給《たまひ》、奈良の方《かた》に臨幸ありしが、其所よろしからで、笠置《かさぎ》と云山寺のほとりに行宮《かりみや》をしめ、御志ある兵《つはもの》をめし集らる。たび〳〵合戰《かつせん》ありしが、同《おなじき》九月《ながつき》に東國の軍《いくさ》おほくあつまりのぼりて、事かたくなりにければ、他所《たしよ》にうつらしめ給しに、おもひの外のこといできて、六波羅《ろくはら》とて承久《じようきう》よりこなたしめたる所に御幸《ごかう》ある。*御供にはべりし上《かん》達部《だちめ》・うへのをのこどもゝあるひ(い)はとられ、或はしのびかくれたるもあり。かくて東宮位につかせ給。つぎの年の春隱岐國《おきのくに》にうつらしめまします。御子たちもあなたかなたにうつされ給しに、兵部卿《ひやうぶきやう》(九)護良《もりよしの》親王ぞ山々をめぐり、國々をもよほして義兵《ぎへい》をおこさむとくはたて給ける。河内國《かはちのくに》に(一〇)橘正成《たちばなのまさしげ》と云者ありき。御志ふかゝりければ、河内と大和との境《さかひ》に、金剛山《こんがうせん》と云所に城をかまへて、近國を*をかしたひらげしかば、あづまより諸國の軍《いくさ》をあつめてせめしかど、かたくまぼりければ、たやすくおとすにあたはず。よの中みだれたちにし。

次の年癸酉《みづのとのとり》の春、忍《しのび》て御船にたてまつりて、隠岐をいでて伯耆《はうき》につかせ給。其國に源長年《みなもしのながとし》と云者あり。御方《みかた》にまい《(ゐ)》りて船上《ふなのうへ》と云山寺《やまでら》にかりの宮をたててぞすませたてまつりける。彼《かの》あたりの軍兵《ぐんびやう》しばらくはきをいし《(は ひ)》をそ《(お)》ひ申けれど、みななびき申ぬ。都ちかき所々にも、御心ざし有る國々のつはものより〳〵うちいづれば、合戦もたび〳〵になりぬ。京中《きやうちゆう》さは《(わ)》がしくなりては、上皇も新主も六波羅にうつり給。伯耆よりも軍《いくさ》をさしのぼせらる。こゝに畿内《きだい》・近國にも御志ある輩、八幡山《やはたやま》に陣をとる。坂東《ばんどう》よりのぼれる兵《つはもの》の中に藤原の親光《ちかみつ》と云者も彼《かの》山にはせくはゝりぬ。つぎ〳〵御方にまい《(ゐ)》る輩おほくなりにけり。源高氏《みなもとのたかうぢ》ときこえしは、昔の義家《よしいへ》朝臣が二男、義國《よしくに》〔と云しが後胤《こういん》なり。彼《かの》義國〕が孫なりし義氏《よしうぢ》は平義時《たひらのよしとき》朝臣が外孫なり。義時等が世となりて、源氏の號ある勇士には心を《(お)》きければにや、を《(お)》しすへ《(ゑ)》たるやうなりしに、これは外孫なれば取立《とりたて》て領ずる所などもあまたはからひを《(お)》き、代々になるまでへだてなくてのみありき。高氏も都へさしのぼせられけるに、疑《うたがひ》をのがれんとにや、告文《かうもん》をかきを《(お)》きてぞ進發しける。されど冥顯をもかへりみず、心がはりして御方にまい《(ゐ)》る。官軍力をえしまゝに、五月《さつき》八日のころにや、都にある東軍みなやぶれて、あづまへこゝろざしておちゆきしに、兩院・新帝《しんたい》おなじく御ゆきあり。近江國《あふみのくに》馬場《ばんば》と云所にて、御方に心ざしある輩うち出《いで》にければ、武士はたゝかう《(ふ)》までもなく自滅しぬ。兩*院・新帝は都にかへし奉り、官軍これをまぼり申き。かくて都より西ざま、程なくしづまりぬときこえければ還幸せさせ給。まことにめづらかなりし事になむ。

東《あづま》にも上野國《かみつけのくに》に源義貞《のよしさだ》と云者あり。高氏が一族也。世の亂《みだれ》におもひをおこし、いくばくならぬ勢にて鎌倉《かまくら》にうちのぞみけるに、高時《たかとき》等運命きはまりにければ、國々の兵《つはもの》つきしたがふこと、風の草をなびかすがごとくして、五月《さつき》の二十二日にや、高時をはじめとして多《おほく》の一族みな自滅してければ、鎌倉又たい《(ひ)》らぎぬ。符契《ふけい》をあはすることもなかりし筑紫《つくし》の國々・陸奥《みちのく》・出羽《では》のおくまでも同《おなじき》月にしづまりにけり。六七千里のあひだ、一時《いちじ》におこりあひにし、時のいたり運の極《きはまり》ぬるはかゝることにこそと不思議にも侍しもの哉《かな》。君はかくともしらせ給はず、攝津國《つのくに》西《にし》の宮《みや》と云所にてぞきかせまし〳〵ける。六月《みなづき》四日東寺にいらせ給ふ。都にある人々まい《(ゐ)》りあつまりしかば、威儀をとゝのへて本の宮に還幸し給。いつしか賞罰のさだめありしに、兩院・新帝をばなだめ申給て、都にすませまし〳〵ける。新帝は僞主《ぎしゅ》の儀にて正位にはもちゐられず。改元して正慶《しやうきやう》と云しをも本《もと》のごとく元弘《げんこう》と號せられ、官位昇進せし輩もみな元弘元年八月《はつき》よりさきのまゝにぞありし。

平治《へいぢ》より後、平氏《へいじ》世をみだりて二十六年、文治《ぶんぢ》の初《はじめ》、頼朝權をもはらにせしより父子あひつぎて三十七年、承久《じようきう》に義時《よしとき》世をとりおこなひしより*百十三年、すべて百七十餘年のあひだおほやけの世を一《ひとつ》にしらせ給ことたえにし、此天皇の御代に掌《たなごころ》をかへすよりもやすく一統し給ぬること、宗廟《そうべう》の御はからい(ひ)も時節ありけりと、天下こぞりてぞ仰《あふぎ》奉りける。

同《おなじき》年冬十月《かんなづき》に、先《まづ》あづまのおくをしづめらるべしとて、參議《さんぎ》右近《うこんの》中將源顯家卿《のあきいへのきやう》を陸奥守《みちのくのかみ》になしてつかはさる。代々和漢の稽古《けいこ》をわざとして、朝端《てうたん》につかへ政務にまじはる道をのみこそまなびはべれ。吏途《りと》の方《かた》にもならはず、武勇《ぶよう》の藝にもたづさはらぬことなれば、たび／＼いなみ申《まをし》しかど、「公家《くげ》すでに一統しぬ。文武の道二《ふたつ》あるべからず。昔は皇子・皇孫もしは執政の大臣の子孫のみこそおほくは軍《いくさ》の大將にもさゝれしか。今より武をかねて藩屏《ハンペイ》たるべし。」とおほせ給て、御みづから旗の銘《めい》をかゝしめ給《たまひ》、さま／＼の兵器をさへくだし*たまはる。任國におもむくこともたえてひさしくなりにしかば、ふるき例《ためし》をたづねて、罷申《まかりまをし》の儀あり。御前《おんまへ》にめし勅語ありて御衣《おんぞ》御馬などをたまはりき。猶おくのかためにもと申うけて、御子を一所《ひとところ》ともなひたてまつる。かけまくもかしこき今上《きんじやう》皇帝の御ことなればこまかにはしるさず。彼《かの》國につきにければ、まことにおくの方ざま兩國をかけてみななびきしたがひにけり。同《おなじき》十二月《しはす》左馬頭《さまのかみ》直義朝臣《ただよしのあそん》相模守《さがみのかみ》を兼て下向す。これも四品《しほん》上野太守《かみつけのたいしゆ》*成良《なりよしの》親王をともなひ奉《たてまつる》。此親王、後にしばらく征夷大将軍を兼せさせ給〈直義は高氏が弟なり〉。

抑彼《そもそもかの》高氏御方にまい《(ゐ)》りし、其功は誠にしかるべし。すゞろに寵幸《ちようかう》ありて、抽賞《ちうしやう》せられしかば、ひとへに頼朝卿《よりとものきやう》天下をしづめしまゝの心ざしにのみなりにけるにや。いつしか越階《をつかい》して四位に敍し、左兵衛督《さひやうゑのかみ》に任ず。拝賀のさきに、やがて従三位して、程なく參議従二位までのぼりぬ。三ケ國の吏務《りむ》・守護《しゆご》を《(お)》よびあまたの郡庄《ぐんしやう》を給《たまは》る。弟直義左馬頭に任じ、従四位に敍す。昔頼朝ためしなき勳功ありしかど、高官・高位にのぼることは亂政なり。はたして子孫もはやくたえぬるは高官のいたす所かとぞ申傳たる。高氏等は頼朝・實朝が時に親族などとて優恕《いうじよ》することもなし。たゞ家人《けにん》の列なりき。實朝公八幡宮に拝賀せし日も、地下前駈《ちげぜんく》二十人の中に相加《あひくははれ》り。たとひ頼朝が後胤《こういん》なりとも今さら登用すべしともおぼえず。いはむや、ひさしき家人《けにん》なり。さしたる大功もなくてかくやは抽賞《ちうしやう》せらるべきとあやしみ申輩もありけりとぞ。關東の高時天命すでに極《きはまり》て、君の御運《ごうん》をひらきしことは、更に人力《じんりよく》といひがたし。武士たる輩、いへば數代《すだい》の朝敵也。御方にまい《(ゐ)》りて其家をうしなはぬこそあまさへある皇恩なれ。さらに忠をいたし、勞をつみてぞ理運《りうん》の望《のぞみ》をも企《クハタテ》はべるべき。しかるを、天の功をぬすみてを《(お)》のれが功とおもへり。介子推《かいしすい》がいましめも習《ならひ》しるものなきにこそ。かくて高氏が一族ならぬ輩もあまた昇進し、昇殿をゆるさるゝもありき。されば或人の申されしは、「公家《くげ》の御世にかへりぬるかとおもひしに中〳〵猶武士の世になりぬる。」とぞありし。

を《(お)》よそ政道と云ことは所々にしるしはべれど、正直慈悲を本として決斷の力あるべきなり。これ天照太神のあきらかなる御をしへなり。決斷と云にとりてあまたの道あり。一《ひとつ》には其人をえらびて官に任ず。〔官〕に其人ある時は君は垂拱《すいきよう》してまします。されば本朝にも異朝にもこれを治世の本《もと》とす。二《ふたつ》には國郡をわたくしにせず、わかつ所かならず其理《ことわり》のまゝにす。三《みつ》には功あるをば必賞《かならずしやう》し、罪あるをば必ず罰す。これ善をすゝめ惡をころす道なり。是に一もたがふを亂政とはいへり。

上古《しやうこ》には勲功あればとて官位をすゝむことはなかりき。つねの官位のほかに勲位《くんゐ》と云しなを(お)きて一等より十二等まで有。無位の人なれど、勲功たかくて一等にあがれば、正三位の下《しも》、従三位の上《かみ》につらなるべしとぞ見えたる。又本位《ほんゐ》ある人のこれを兼《かね》たるも有べし。官位といへるは、上《かみ》三公より下《しも》諸司の一分《いちぶ》にいたる、これを内官《ないくわん》と云《いひ》、諸國の守《かみ》より史生《ししやう》・郡司《ぐんじ》にいたる、これを外官《げくわん》と云。天文《てんもん》にかたどり、地理にの(ッ)とりてを(お)の〳〵つかさどる方《かた》あれば、其才なくては任用せらるべからざることなり。「名與レ器《なとうつはものと》は人にかさず。」とも云《いひ》、「天の工《ツカサ》、人其代《ソレカハル》。」ともいひて、君のみだりにさづくるを謬擧《ビウキヨ》とし、臣のみだりにうくるを尸祿《シロク》とす。謬擧と尸祿とは國家のやぶるゝ階《はし》、王業の久《ひさし》からざる基《もとゐ》なりとぞ。

中古《ちゆうこ》と成て、平將門《たひらのまさかど》を追討の賞にて、藤原秀郷《ふぢはらのひでさと》正四位下《げ》に敍し、武藏《むさし》・下野《しもつけ》兩國の守《かみ》を兼す。平貞盛《のさだもり》正五位下に敍し、鎭守府の將軍に任ず。安《あ》倍貞任《べのさだたふ》奥州《あうしう》をみだりしを、源頼義《のよりよしの》朝臣十二年までにたゝかひ、凱旋《ガイセン》の日、正四位下に敍し、伊豫守に任ず。彼等其功たかしといへども、一任四五ケ年の職なり。これ猶上古《しやうこ》の法にはかはれり。保元の賞には、義朝左《さ》馬頭《まのかみ》に轉じ、清盛太宰大《ださいのだい》貳《に》に任ず。此外受領《ほかずりやう》・檢非《けんび》違《ゐ》使《し》になれるもあり。此時やすでにみだりがはしき始となりにけむ。

平治よりこのかた皇威ことのほかにおとろへぬ。清盛天下の權を盜《ぬすみ》、太政大臣にあがり、子ども大臣大將に成《なり》しうへはいふに*たらぬ事にや。されど朝敵になりてやがて滅亡せしかば後の例《ためし》にはひきがたし。賴朝はさらに一身の力にて平氏の亂をたい《(ひ)》らげ、二十餘年の御いきどを《(ほ)》りをやすめたてまつりし、昔神武の御時、宇麻志麻見《ウマシマミ》の命《ミコト》の中州《なかつくに》をしづめ、皇極の御宇《ぎよう》に大織冠の蘇我の一門をほろぼして、皇家《くわうか》を*またくせしより後は、たぐひなき程の勳功にや。それすら京上《きやうのぼり》の時、大納言大將に任ぜられしをば、かたくいなみ申けるをを《(お)》してなされにけり。公私のわざはい《(ひ)》にや侍けむ。その子は彼《カレ》があとなれば大臣大將になりてやがてほろびぬ。さらにあと〔と〕いふ物もなし。天意にはたがひけりと見えたり。君もかゝるためしをはじめ給しによりて、大功なきものまでも皆かゝるべきことと思《おもひ》あへり。賴朝はわが身かゝればとて、兄弟一族をばかたくを《(お)》さへけるにや。義經《よしつね》五位の檢非違使にてやみぬ。範賴《のりより》が三河守《みかはのかみ》なりしは、賴朝拜賀の日地下《ちげ》の前駈にめしくはへたり。おごる心みえければにや、この兩弟をもつゐ《(ひ)》にうしなひにき。さならぬ親族もおほくほろぼされしは、おごりのはしをふせぎて、世をもひさしく、家をもしづめむとにやありけむ。先祖經基《つねもと》はちかき皇孫なりしかど、承平《じようへい》の亂《みだれ》*に征東將軍忠文《ただふんの》朝臣が副將として彼が節度《せつど》をうく。それ

より武勇《ぶよう》の家となる。其子満仲《まんぢゆう》より頼信《よりのぶ》、頼義《よりよし》、義家《よしいへ》相續《あひつい》で朝家《てうか》のかためとしてひさしく召仕《めしつかは》る。上《かみ》にも朝威まし〳〵、下《しも》にも其分にすぎずして、家を全《また》く侍りけるにこそ。爲義にいたりて亂にくみして誅《ちゆう》にふし《伏》、義朝又功をたてんとてほろびにき。先祖の本意にそむきけることはうたがひなし。さればよく先蹤《せんしよう》をわきまへ、得失をかむがへて、身を立《たて》、家をまたくすることそかしこき道なれ。おろかなるたぐひは清盛・頼朝が昇進をみて、みなあるべきことゝおもひ、爲義・義朝が逆《ぎやく》心《しん》をよみして、亡《ほろび》たるゆへ《(ゑ)》をしらず。近ごろ伏見の御時、源爲頼《みなもとのためより》と云をのこ内裏《だいり》にまい《(ゐ)》りて自害したりしが、かねて諸社に奉る矢にも、その夜射ける矢にも、太政大臣源爲頼とかきたりし、いとお《(を)》かしきことに申めれど、人の心のみだりになり行《ゆく》すがたはこれにてを《(お)》しはかるべし。義時などはいかほどもあがるべくやありけむ。されど正四位下右京権大夫《うきやうのごんのだいぶ》にてやみぬ。まして泰時が世になりては子孫の末をかけてよくを《(お)》きてを《(お)》きければにや、滅《ほろ》びしまでもつゐ《*(ひ)》に高官にのぼらず、上下の禮節をみだらず。近く維貞《これさだ》といひしもの吹擧《すいきよ》によりて修理大夫《しゆりのだいぶ》になりしをだにいかがと申ける。まことに其身もやがてうせ侍りにき。父祖のを《(お)》きてにたがふは家門《かもん》をうしなふしるしなり。

人は昔をわするゝものなれど、天は道をうしなはざるなるべし。さらばなど天は正理《しやうり》のまゝ

にこなはれぬといふこと、うたがはしけれど、人の善悪はみづからの果報《くわほう》なり。世のやすからざるは時の災難《さいなん》なり。天道も神明もいかにともせぬことなれど*邪《よこしま》なるものは久しからずしてほろび、亂《みだれ》たる世も正《しやう》にかへる、古今の理《ことわり》なり。これをよくわきまへしるを稽古《けいこ》と云。昔人をえらびもちい《(ゐ)》られし日は先《まづ》徳行をつくす。徳行おなじければ、才用《さいよう》あるをもちい《(ゐ)》る。才用ひとしければ勞效《らうかう》あるをとる。又徳義《とくぎ》・清愼《せいしん》・公平《くひやう》・恪勤《かくごん》の四善をとるとも見えたり。格條《きやくでう》には「朝《あした》に斷《シ》養《やう》たれども夕《ゆふべ》に公卿《こうけい》にいたる。」といふことの侍るも、徳行才用によりて不次《ふじ》にもちい《(ゐ)》らるべき心なり。寛弘《くわんこう》よりあなたには、まことに才かしこければ、種姓《しゆしやう》にかゝはらず、將相《しやうしやう》にいたる人もあり。寛弘以來《このかた》は、譜第《ふだい》をさきとして、其中に才もあり徳も有て、職にかなひぬべき人をぞえらばれける。世のすゑに、みだりがはしかるべきことをいましめらるゝにやありけむ、「七ケ國の受領《ずりやう》をへて、合格《がふきやく》して公文《くもん》といふことかんがへぬれば、參議に任ず。」と申ならはしたるを、白河の御時、修理《しゆり》のかみ顯季《あきすゑ》といひし人、院の御めのとの夫《をつと》にて、時のきら並《ならぶ》人なかりしが、この勞をつのりて參議を申けるに、院の仰《おほせ》に、「それも物かきてのうへのこと」とありければ、理《ことわり》にふしてやみぬ。此人は哥道などもほまれありしかば、物かゝぬ程のことやはあるべき。又參議になるまじきほどの人にもあらじなれど、和漢の才學のたらぬにこそ有けむ。白河の御代まではよく官をおもくし給けりと聞えたり。あまり譜第《ふだい》をのみとられて〔も〕賢才のいでこぬはしなれば、上古にを《(お)》よびがたきことをうらむるやからもあれど、昔のまゝにて〔は〕いよ〳〵みだれぬべければ、譜第をおもくせられけるもことは《(わ)》りなり。但《ただし》才もかしこく徳もあらはにして、登用《とうよう》せられんに、人のそしりあるまじき程の器《うつはもの》ならば、今とてもかならず非重代《ひぢゆうだい》によるまじき事とぞおぼえ侍る。其道にはあらで、一旦《いつたん》の勳功など云ばかりに、武家代々《だいだい》の陪臣《ばいしん》をあげて高官を授《さづけ》られんことは、朝議《てうぎ》のみだりなるのみならず、身のためもよくつゝしむべきことゝぞおぼえ侍る。もろこしにも、漢高祖《かんのかうそ》はすゞろに功臣を大《おほき》に封《ほう》じ、公相《こうしやう》の位をも授《さづけ》しかば、はたして奢《おごり》ぬ。奢ればほろぼす。よりて後《のち》には功臣のこりなくなりにけり。後漢《ごかん》の光武《くわうぶ》はこの事にこりて、功臣に封爵《ほうしやく》をあたへけるも、其首《しゆ》たりし鄧禹《とうう》すら封《ほう》ぜらるゝ所*四縣にすぎず。官を任ずるには*文吏《ぶんり》をもとめえらびて、功臣をさしを《(お)》く。是によりて二十八將の家ひさしく傳《つたはり》て、むかしの功もむなしからず。朝《てう》には名士おほくもちい《(ゐ)》られて、曠官《クワウくわん》のそしりな〔か〕りき。彼《かの》二十八將の中にも鄧禹《とうう》と賈復《カフク》とはそのえらびにあづかりて官に*ありき。漢朝の昔だに文武の才をそなふることいとありがたく侍りけるにこそ。次に功《こう》田《でん》と云ことは、昔は功のしなにしたがひて大・上・中・下の四《よつ》の功を立《たて》田をあかち《頒》給き。其數《すう》みなさだまれり。大功は世々にたえず。其下《しも》つかたは或は三世につたへ、孫子《まごこ》につたへ、身にとゞまるもあり。天下を治《をさむ》と云ことは、國郡を專《もはら》にせずして、そのことと《ゝ》なく不輸《ふしゆ》の地をたてらるゝことのなかりしにこそ。國に守《かみ》あり、郡《こほり》に領《りやう》あり、一國のうち皆國命のしたにてお《(を)》さめし故に法にそむく民なし。かくて國司の行迹《かうせき》を〔か〕むがへて、賞罰ありしかば、天下のこと掌《たなごころ》をさしておこなひやすかりき。其中に諸院・諸宮に御封《みふ》あり。親王・大臣も又かくのごとし。其外官《くわん》田《でん》・職田《しよくでん》とてあるも、みな官符《くわんぷ》を給《たまはり》て、其所《ところ》の正税《しやうぜい》をうくるばかりにて、國はみな國司の吏務なるべし。但《ただし》大功の者ぞ今の庄園などとて傳《つたふる》がごとく、國にいろはれずしてつたへける。中古となりて庄園おほくたてられ、不輸の所いできしより亂國とはなれり。上古《しやうこ》にはこの法よくかた〔か〕りければにや、推古天皇の御時、蘇我《の》大臣「わが封戸《ふこ》をわけて寺によせん。」と奏せしをつゐ《(ひ)》にゆるされず。光仁天皇は永《ながく》神社・佛寺によせられし地をも「永《えい》の字は一代にかぎるべし。」とあり。後三條院の御世こそ此つい《(ひ)》えをきかせ給て、記録所をを《(お)》かれて國々の庄公《しやうこう》の文書《もんじよ》をめして、おほく停廢《ちやうはい》せられしかど、白河・鳥羽の御時より新立《しんりふ》の地いよ〳〵おほくなりて、國司のしり《知》所《ところ》百分が一に成ぬ。後ざまには、國司任におもむくことさへなくて、其人にもあらぬ眼代《がんだい》をさして國をお《（を）》さめしかば、いかでか亂國とならざらん。況《いはん》や文治《ぶんち》のはじめ、國に守護職《しゆごしよく》を補《ふ》し、庄園《しやうゑん》・郷保《がうほう》に地頭《ぢとう》をを《（お）》かれしよりこのかたは、さらに古《いにしへ》のすがたと云ことなし。政道をおこなはるゝ道、こと〴〵く絶はてにき。

たま〱一統の世にかへりぬれば、この度《たび》ぞふるき費《ツイエ》をもあらためられぬべかりしかど、それまではあまさへのことなり。今は本所《ほんじよ》の領と云し所々さへ、みな勳功に混ぜられて、累家《るいけ》もほと〱其名ばかりになりぬるもあり。これみな功にほこれる輩、君をおとし奉るによりて、皇威もいとゞかろくなるかと見えたり。かゝれば其功なしといへども、ふるくより勢《イキホイ》ある輩をなつけられんため、或は本領なりとてたまはるもあり、或は近境《きんけい》なりとてのぞむもあり。闕所《けつしよ》をもておこなはるゝにたらざれば、國郡につきたりし地、もしは諸家《しよけ》相傳《さうでん》の領までもきそひ*申けりとぞ。お《（を）》さまらんとしていよ〱みだれ、やすからんとしてます〱あや《（ふ）》うくなりにける末世《まつせ》のいたりこそまことにかなしく侍れ。

凡《およそ》王土にはらまれて、忠をいたし命をすつるは人臣の道なり。必《かならず》これを身の高名《かうみやう》とおもふべきにあらず。しかれども後《のち》の人をはげまし、其あとをあはれみて賞せらるゝは、君の御政《まつりごと》なり。下としてきほひ*あらそひ申べきにあらぬにや。ましてさせる功なくして過分《くわぶん》の望《のぞみ》をいたすこと、みづからあやぶむるはしなれど、前車の轍《テツ》をみることはまことに有がたき習なりけむかし。中古までも人のさのみ豪強なるをばいましめられき。豪強《ガウキヤウ》になりぬればかならずをご《（お）》る心有。はたして身をほろぼし、家をうしなふためしあれば、いましめらるゝも理《ことわり》なり。鳥羽院の御代にや、諸國の武士の源平の家に屬することをとゞむべしと云制符《いふせいふ》*たび〳〵ありき。源平ひさしく武をとりてつかへしかども、事ある時は、宣旨《せんじ》を給《たまはり》て諸國の兵《つはもの》をめしぐしけるに、近代となりてやがて肩をいるゝ族《やから》おほくなりしによりて、此制符はくだされき。はたして、今までの亂世の基《もとゐ》なれば、云《いふ》かひなきことになりにけり。

此比《このごろ》のことわざには、一《ひと》たび軍《いくさ》にかけあひ、或は家子郎從《いへのこらうじゆう》節《せつ》にしぬるたぐひもあれば、「わが功にを《（お）》きては日本國を給《たまへ》、もしは半國を給《たまはり》てもたるべからず。」など申める。まことにさまでおもふことはあらじなれど、やがてこれよりみだるゝ端《はし》ともなる。又朝威のかろ〳〵しさもを《（お）》しはからるゝものなり。「言語《げんぎよ》は君子の樞機《スウキ》なり。」といへり。あからさまにも君をなひ《（い）》がしろにし、人におごることあるべからぬことにこそ。さきにしるしはべりしごとく、かたき氷は霜をふむよりいたるならひなれば、亂臣賊子といふものは、そのはじめ心ことばをつゝしまざるよりいでくるなり。世の中のおとろふると申は、日月《ひつき》の光《ひかり》のかはるにもあらず、草木《くさき》の色のあらたまるにもあらじ。人の心のあしくなり行《ゆく》を末世《まつせ》とはいへるにや。昔許由《きよいう》と云《いふ》人は帝堯《ていげう》の國を傳《つたへ》んとありしをきゝて、潁川《エイせん》に耳をあらひき。巣父《さうほ》はこれをきゝて此水をだにきたながりてわたらず。其人の五臓六腑《ござうろくふ》のかはるにはあらじ、よくおもひならはせる故にこそあらめ。猶行すゑの人の心おもひやるこそあさましけれ。大方を《(お)》のれ一身は恩にほこるとも、萬人《まんにん》のうらみをのこすべきことをばなどかかへりみざらん。君は萬姓《ばんせい》の主《あるじ》にてましませば、かぎりある地をもて、かぎりなき人にわかたせ給はむことは、を《(お)》してもはかりたてまつるべし。一國づゝをのぞまば、六十六人にてふさがりなむ。一郡づゝといふとも、日本は五百九十四郡こそあれ、五百九十四人はよろこぶとも千萬の人は不レ悦《よろこばじ》。況《いはんや》日本の半《なかば》を心ざし、皆ながらのぞまば、帝王はいづくをしらせ給べきにか。かゝる心のきざしてことばにもいでおもてには恥《はつ》る色のなきを謀叛《むほん》のはじめといふべき也。昔の將門《まさかど》は比叡山にのぼりて、大内《だいだい》を遠見して謀叛をおもひくはたてけるも、かゝるたぐひにや侍けむ。昔は人の心正くて將門に見もこり、きゝも*こりけむ。今は人々の心かくのみなりにたれば、此世はよくおとろへぬるにや。漢高祖《かんのかうそ》の天下をとりしは蕭何《せうか》・張良《ちやうりやう》・韓信《かんしん》がちからなり。これを三傑《ケツ》と云。萬人《まんにん》にすぐれたるを傑と云とぞ。中にも張良は高祖の師として、「はかりことを帷帳《ゐちやう》の中《なか》にめぐらして、勝《かつ》ことを千里の外《ほか》に決するはこの人なり。」との給しかど、張良はおごることなくして、留《りう》といひてすこしきなる所をのぞみて封ぜられにけり。あらゆる功臣おほくほろびしかど、張良は身をまたくしたりき。ちかき代のことぞかし、頼朝の時までも、文治《ぶんち》の比にや、奥の泰衡《やすひら》を追討せしに、みづからむかふことありしに、平重忠《たひらのしげただ》が先陣《せんぢん》にて其功すぐれたりければ、五十四郡の中《うち》に、いづくをものぞむべかりけるに、長岡《ながをか》の郡《こほり》とてきはめたる小所をのぞみ給りけるとぞ。これは人々にひろく賞をもおこなはしめんがためにや。かしこかりけるお《(を)》のこにこそ。又直實《なほざね》といひける者に一所《いつしよ》をあたへたまふ下文《くだしぶみ》に、「日本第一の中《かふ》の者なり。」*と書て給てけり。一《ひと》とせ彼《かの》下文を持《もち》て奏聞《そうもん》する人の有けるに、褒美《ほうび》の詞《ことば》のはなはだしさに、あたへたる所のすくなさ、まことに名をおもくして利をかろくしける、いみじきことゝ口《クチ》〳〵にほめあへりける。いかに心えてほめけむといとお《(を)》かし。是までの心こそなからめ、事にふれて君をおとし奉り。身をたかくする輩のみ多くなれり。ありし世の東國の風儀《ふうぎ》もかはりはてぬ。公家《くげ》のふるきすがたもなし。いかになりぬる世にかとなげき侍る輩もありと聞えしかど、中一《なかひと》とせばかりはまことに一統のしるしとおぼえて、天の下こぞり集《あつまり》て都の中《うち》はへ《(え)》〴〵しくこそ侍りけれ。

建武乙亥《きのとゐ》の秋の比、滅《ほろび》にし高時が餘類《よるい》謀叛《むほん》をおこして鎌倉にいりぬ。直義《ただよし》は成良《なりよし》の親王をひきつれ奉て參河國《みかはのくに》までのがれにき。兵部卿護良《ひやうぶきやうもりよしの》親王ことありて鎌倉におはしましけるをば、つれ申にを《(お)》よばずうしなひ申てけり。みだれの中なれど、宿意《しゆくい》をはたすにやありけむ。都にも、かねて陰謀の聞えありて嫌疑《けんぎ》せられける中《なか》に權大納言公宗卿《きんむねのきやう》召《めし》を《(お)》かれしも、このまぎれに誅《ちゆう》せらる。承久《じようきう》より關東の方人《かたうど》にて七代になりぬるにや。高時も七代にて滅《ほろび》ぬれば、運のしからしむることとはおぼゆれど、弘仁《こうにん》に死罪《しざい》をとめられて後、信頼が時にこそめづらかなることに申はべりけれ。戚里《せきり》のよせも久しくなり大納言以上にいたりぬるに、おなじ死罪なりともあらはならぬ法令《はふりやう》もあるに、うけ給《たまはり》おこなふ輩のあやまりなりとぞ聞えし。

高氏は申うけて東國にむかひけるが、征夷將軍ならびに諸國の惣追捕使《そうついぶし》を望けれど、征東將軍になされて悉《ことごと》くはゆるされず。程なく東國はしづまりにけれど、高氏のぞむ所達《たつ》せずして、謀叛をおこすよし聞えしが、十一月《しもつき》十日あまりにや、義貞を追討すべきよし奏したてまつり、すなはち討手のぼりければ、京中騒動《きやうちゆうさうどう》す。追討のために、中務卿《なかつかさのきやう》尊良《たかよしの》親王を上將軍《じやうしやうぐん》として、さるべき人々もあまたつかはさる。武家には義貞朝臣をはじめておほくの兵《つはもの》をくだされしに、十二月《しはす》に官軍ひきしりぞきぬ。關々をかためられしかど、次の年丙子《ひのえね》の春正月《むつき》十日官軍又やぶれて朝敵(二)すでにちかづく。よりて比叡山東坂本《ひがしさかもと》に行幸して、日吉社にぞまし〱ける。内裏もすなはち焼ぬ。累代《るいだい》の重寳もおほくうせにけり。昔よりためしなきほどの亂逆《らんげき》なり。

かゝりしあひだに、陸奥守《みちのくのかみ》鎭守府の將軍顯家卿この亂《みだれ》をきゝ、親王をさきに立《たて》奉りて、陸奥・出羽の軍兵を率《そつ》してせめのぼる。同《おなじき》十三日近江國につきてことの由を奏聞す。十四日に江をわたりて坂本にまい《(ゐ)》りしかば、官軍大にちからをえて、山門の衆徒《しゆうと》までも萬歳《ばんぜい》をよばひき。同《おなじき》十六日より合戰《かつせん》はじまりて三十日つゐ《(ひ)》に朝敵を追落《おひおと》す。やがて其夜還幸《くわんかう》し給。高氏等猶攝津國《つのくに》にありと聞えしかば、かさねて諸將をつかはす。二月《きさらぎ》十三日又これをたいらげつ。朝敵は船にのりて西國へなむ*おちにける。諸將をよ《(お)》び官軍はかつ〲かへりまい《(ゐ)》りしを、東國の事おぼつかなしとて、親王も又かへらせ給べし、顯家卿も任所《にんじよ》にかへるべきよしおほせらる。義貞は筑紫へつかはさる。かくて親王元服し給。直《すぐ》に三品《さんぼん》に敍し、陸奥《の》太守に任じまします。彼《かの》國の太守は始《はじめ》たることなれど、たよりありとてぞ任じ給。勸賞《けんしやう》によりて同母の御兄四品成良《なりよし》のみこをこえ給。顯家卿はわざと賞をば申うけざりけるとぞ。

義貞朝臣は筑紫へくだりしが、播磨國《はりまのくに》に朝敵の黨類《たうるい》ありとて、まづこれを退治すべしとて、日を（お）くりし程に五月《さつき》にもなりぬ。高氏等西國の凶徒《きようと》をあひかたらひてかさねてせめのぼる。官軍利なくして都に歸參《きさん》せしほどに、同《おなじき》二十七日に又山門に臨幸し給。八月《はつき》にいたるまで度々《たびたび》合戰ありしかど、官軍いとすゝまず。仍《より》て都には元弘僞《げんこうぎ》主《しゆ》の御弟に、三の御子豐仁《ゆたひと》と申けるを位につけ奉る。十月《かんなづき》十日の比にや、主上《しゆしやう》都に出させ給。いとあさましかりしことなれど、又行するゑをおぼしめす道ありしにこそ。東宮は北國に行啓《ぎやうけい》あり。左衞門督《さゑもんのかみ》實世《さねよ》の卿以下《いげ》の人々、左中將義貞朝臣をはじめてさるべき兵《つはもの》もあまたつかうまつりけり。主上は尊號の儀にてまし〳〵き。御心をやすめ奉らんためにや、成良《なりよし》親王を東宮にす（ゑ）へたてまつる。同《おなじき》十二月《しはす》にしのびて都を出《いで》まし〳〵て、河内國《かはちのくに》に正成といひしが一族等をめしぐして芳野《よしの》にいらせ給ぬ。行宮《かりみや》をつくりてわたらせ給、もとのごとく在位の儀にてぞまし〳〵ける。内侍所《ないしどころ》もうつらせ給《たまひ》、神璽《しんじ》も御身にしたがへ給けり。

まことに奇特《きどく》のことにこそ侍しか。芳野のみゆきにさきだちて、義兵《ぎへい》をおこす輩もはべりき。臨《りん》幸《かう》の後には國々にも御心ざしあるたぐひあまた聞えしかど、つぎの年もくれぬ。

又の年戊寅《つちのえとら》の春二月《きさらぎ》、鎭守大將軍顯家卿又親王をさきだて申、かさねてうちのぼる。海道の國々こと〳〵くたいら(ひ)ぎぬ。伊勢・伊賀をへて大和に入《いり》、奈良の京《きやう》になむつきにける。それより所々の合戰あまたゝびに勝負《しようぶ》侍りしに、同《おなじき》五月《さつき》和泉國《いづみのくに》にてのたゝかひに、時いたらざりけむ、忠孝の道こゝにきはまりはべりにき。苔《こけ》の下にうづもれぬ、たゞいたづらに名をのみぞとゞめてし、心うき世にもはべるかな。官軍猶こゝろをはげまして、男山《をとこやま》に陣をとりて、しばらく合戰ありしかど、朝敵忍《しのび》て社壇をやきはらひしより、ことならずして引しりぞく。北國にありし義貞もたび〳〵めされしかど、のぼりあへず。させることなくてむなしくさへなりぬときこえしかば、云《いふ》ばかりなし。

さてしもやむべきならずとて、陸奧の御子《みこ》又東《あづま》へむかはせ給べき定《さだめ》あり。左少將顯信《あきのぶの》朝臣中將に轉じ、從三位に敍し、陸奧の介《すけ》鎭守將軍を兼《かね》てつかはさる。東國の官軍こと〳〵く彼節度《かのせつど》にしたがふべき由を仰《おほせ》らる。親王は儲君《ちよくん》にたゝせ給べきむね申きかせ給《たまひ》、「道の程もかたじけなかるべし。國にてはあらはさせ給へ。」となむ申されし。異母の御兄もあまたまし〳〵き。同母の御兄も前《さきの》東宮、恆良《つねよし》の親王・成良《なりよしの》親王まし〳〵しに、かくさだまり給ぬるも天命なればかたじけなし。七月《ふみづき》のすゑつかた、伊勢にこえさせ給て、神宮にことのよしを啓《まをし》て御船をよそひし、九月《ながつき》のはじめ、ともづなをとかれしに、十日ごろのことにや、上總《かづさ》の地ちかくより空のけしきおどろおどろしく、海上《かいしやう》あらくなりしかば、又伊豆《いづ》の崎《さき》と云方《いふかた》にたゞよはれ侍しに、いとゞ浪風を《(お)》びたゝしくなりて、あまたの船ゆきがたしらずはべりけるに、御子《みこ》の御船はさはりなく伊勢《いせ》の海につかせ給。顯信朝臣はもとより御船にさぶらひけり。同《おなじ》風のまぎれに、東《あづま》をさして常陸國《ひたちのくに》なる内《うち》の海《うみ》につきたる船はべりき。方々《かたがた》にたゞよひし中《なか》に、この二《ふたつ》のふねおなじ風にて東西にふきわけける、末の世にはめづらかなるためしにぞ侍べき。儲《まうけ》の君にさだまらせ給て、例《ためし》なきひなの御すまひもいかゞとおぼえしに、皇太神《すめおほみかみ》のとゞめ申させ給けるなるべし。後に芳野へいらせまし〳〵て、御めの前にて天位をつがせ給しかば、いとゞおもひあはせられてたう《(ふ)》とく侍るかな。又常陸國はもとより心ざす方《かた》なれば、御志ある輩あひはからひて義兵こはくなりぬ。(二二)奥州・野州の守《かみ》も次の年の春かさねて下向《げかう》して、を《(お)》の〳〵國につきはべりにき。

(一三)さても舊都《きうと》には、戊寅《つちのえとら》の年の冬改元して曆應《りやくおう》とぞ云ける。芳野の宮にはもとの延元《えんげん》の號なれば、國々もおもひ〳〵の號なり。もろこしには、かゝるためしおほけれど、此國には例《ためし》なし。されど四《よ》とせにもなりぬるにや。大日本《やまと》嶋根《しまね》はもとよりの皇都《くわうと》也。内侍所《ないしどころ》・神璽《しんじ》も芳野におはしませば、いづくか都にあらざるべき。

さても八月《はつき》の十日あまり六日にや、*秋霧《あきぎり》にをかされさせ給てかくれまし〳〵ぬとぞきこえし。ぬるが中《うち》なる夢《ゆめ》の世は、いまにはじめぬならひとはしりながら、かず〳〵めのまへなる心ちして老泪《おいのなみだ》もかきあへねば、筆の跡さへとゞこほりぬ。昔、仲尼《ちゆうぢ》は「獲麟《くわくりん》に筆をたつ。」とあれば、こゝにてとゞまりたくはべれど、神皇正統《じんわうしやうとう》のよこしまなるまじき理《ことわり》を申のべて、素意《そい》の末をもあらはさまほしくて、しゐ《ひ》てしるしつけ侍るなり。かねて時をもさとらしめ給けるにや、まへの夜より親王をば左大臣の亭《てい》へうつし奉られて、三種の神器を傳《つたへ》申さる。後の號をば、仰《おほせ》のまゝにて後醍醐天皇と申。

天下を治給こと二十一年。五十二歳おまし〳〵き。

昔仲哀《ちゆうあい》天皇熊襲《くまそ》をせめさせ給し行宮《かりみや》にて神《かみ》さりまし〳〵き。されど神功皇后《じんぐうくわうごう》程《ほど》なく三韓をたひらげ、諸皇子の亂をしづめられて、胎中《たいちゆう》天皇の御代にさだまりき。この君《きみ》聖運《せいうん》まし〳〵しかば、百七十餘年中絶《なかたえ》にし一統の天下をしらせ給て、御目の前にて日嗣をさだめさせ給ぬ。功《こう》（一四）もなく徳もなきぬす人世におごりて、四《よ》とせ餘《あまり》がほど宸襟《しんきん》をなやまし、御世をすぐさせ給ぬれば、御怨念の末むなしく侍りなんや。今の御門《みかど》また天照太神よりこのかたの正統をうけまし〳〵ぬれば、この御光にあらそひたてまつる者やはあるべき。中〳〵かくてしづまるべき時の運とぞおぼえ侍る。

第九十六代、第五十世の天皇。諱は義良《のりよし》、後醍醐の天皇第七御子《のみこ》。御母准三宮《じゆさんぐう》（一五）、藤原の廉子《れんし》。この君はらまれさせ給はむとて、（一六）日をいだくとなむ夢に見申させ給けるとぞ。さればあまたの御子の中にたゞなるまじき御こととぞかねてより聞えさせ給し。元弘癸酉《げんこうみづのとのとり》の年、あづまの陸奥・出羽のかためにておもむかせ給。甲戌《きのえいぬ》の夏、立親王、丙子《ひのえね》の春、都にのぼらせまし〳〵て、内裏にて御元服。加冠《かくわん》左のおとゞなり。すなはち三品に敍し、陸奥の太守に任ぜさせ給。おなじき戊寅《つちのえとら》の年《としの》春、又のぼらせ給て、芳野宮《よしののみや》にまし〳〵しが、秋七月《ふみづき》伊勢にこえさせ給。かさねて東《とう》征《せい》ありしかど、猶伊勢にかへりまし、己卯《つちのとう》の年三月《やよひ》又芳野へいらせ給。秋八月《はつき》中の五日ゆづりをうけて天日嗣《あまつひつぎ》をつたへおましします。

校異表

底本と他の諸伝本とを校合して本文を作製したが、本校異は、底本との異同のみを示した。底本に欠けている部分は本文の中に〔　〕でかこみ補ったので、校異表には一々あげることを控えた。底本を訂正した部分は本文の右側に＊じるしをつけ、ここに一括して表としてあげる。校訂に際してはその伝本名をあげるべきであるが、今は繁をさけて簡に従った。（岩波日本古典文学大系本「神皇正統記」頭注を参照されたい。）

天

一五頁 8行 根《ネ》別《わけ》—根《ネ》分別《フンヘツ》
一七 2 懿徳・〔孝霊・〕孝元—懿徳孝元開化
〃 3 磐船—盤船
一七 8 訓じて—訓として
〃 〃 のぞきても—のみきても
一八 12 磯《シ》輪《ワ》—磯《シ》輪《ツ》
〃 〃 秀《ホツ》眞《マ》—秀《ホコ》眞《マ》
〃 13 中に—中の
一九 7 この里をもちて—このさとをへて
二〇 1 遮摩羅《シャモラ》—遮摩羅《シャミラ》
〃 3 に〔して〕—にそ
二一 3・6 秔稲—税稲《セイタウ》
二二 8 いへる—いはゆる
二三 2 ひろさ—ひろも
〃 3 盡なば—盡なり
〃 11 ましますこと—まし〳〵

こと
二四 1 ただしかりし—たしかなりし
〃 6 傍より—侍より
〃 7 倂—倆
二五 1 中より—中なり
二六 9 その神—中の神
〃 11 持くだり—物くだり
二七 1 大汝の神—大海の神
〃 7 愛上比賣—愛止比賣
〃 8 讃岐—伊與讃岐
〃 9 白日—自日
〃 10 晝日別—盡日別
二八 7 うまざらむや—うむざらんや
〃 10 自ら—身を
〃 12 磐樟—盤樟

二九 1 みな二神—三十二神
〃 3 軻倶突智《カクツチ》—軻倶突智《カクトチ》
〃 6 うらみて—うみ
三〇 10 ゆるしつ—ゆるしゐ
三一 2 あれ—あん
三二 2 相議—相儀
〃 5 明《アカル》—明《アクル》
〃 7 くさ〳〵—おさ〳〵
〃 8 五百箇—五百筒
〃 11 蘿《ひかげ》—蘿《ツタ》
〃 〃 手繦—手鏹
〃 〃 飯鴿《おけ》—飯鴿《ウケ》
三三 3 磐戸—盤戸
〃 10 ぬきて—おりて
〃 〃 やらはれき—やらはれて
三七 8 〈八咫に口傳〔あり〕〉—底本では本文

三七 10 周《しう》—周《スクリ》
〃 11 〈八坂にも口傳あり〉—底本では本文
三九 2 〈これはちまたの神也〉—底本では本文
〃 8・10 磐長—盤長
〃 8・10 磐石—盤石
四〇 1 火闌降《ホノスセリ》—火闌降《ホノスフリ》
四一 7 海神—海人
〃 10 をぼゝれぬ—をほられぬ
〃 11 俳優《ワザヲギ》—俳優《ワザワキ》
四二 12 廣雅……にあたる〉—底本では本文
四三 3 稻飯命—稻冰命
〃 13 昭王—照王
四四 6 磐長—盤長
〃 11 天地も昔—天地に昔

四五 13 檝《しふ》—檝《セツ》
四六 3・7 士卒—士率
〃 6 高倉下《タカクラジノ》—高倉下
四八 1 三とせ—見とせ
〃 5 湯—陽
四九 8 押姫—婦押姫
五〇 11 夷說文曰……此義ニ歟—底本では細字二行書き
〃 〃 从レ大从レ弓—以大双弓
〃 〃 徐氏—捈氏
五一 2 細媛《くはしひめ》—細媛《ホソヒメ》
〃 5 雄命妹也—謎妹也
五二 5 叔父—外父
〃 10 大彥—太彥
五三 11 〈日向にあり〉—底本では本文
五六 1 綺《かむはた》—綺

五七 4 息長《オキナガ》—息長《イキナガ》
五八 1 給ける—給けり
〃 4 馬韓—長韓
〃 6 かたち—かくち
五九 5 ありき—ありて
六〇 11 心えぬ—心えず
六二 12 御供〔の〕神—御共神
六三 12 しことー—すこと
六四 4 いへども—いふとも
〃 〃 照すべし—照すべきなり
〃 7 給けるは—給ければ
〃 8 清潔—清潔を
〃 10 本—木
六九 9 萬媛—弟媛
七〇 3 はづかしめん—つかはしめん
〃 13 湯—陽

七一 11 天皇—天王
七三 2 目子姫—日子姫

地

八〇 4 茅渟《チヌノ》—茅渟《チチヌ》
八二 9 しるす—しるし
八三 6 太甲—大甲
〃 12 たてず—たらず
八六 5 宇合《うまかひ》—宇合《ノキアヒ》
八七 3 しからば……にましす〉—底本では本文
八八 13 十二年—十二月
八九 7 御女—御子
〃 12 廢帝—癈帝
九〇 2・8 廢帝—癈帝
〃 11 ゐ給へりし—爲給へりし

九一 4 いひしを―いぶしを
九二 12 件の―仲の
九三 4・13 皇太后―皇大后
九五 8 皇太后―皇大后
九七 5 偏覇―偏に
〃 9 刺史―判《ハン》史
〃 〃 印記―官記
〃 10 統紀―統記
〃 12 大暦―天暦
一〇一 1 律法―律師
一〇七 2 太甲―大甲
〃 9 皇太子―皇太子に
一一〇 8・10 廢立―癈立
一一三 11 陟り―へだたり
一一五 8 知法―弘法
一一六 8 よれれば―よれば
一一九 2 一代まで―一代にて

一二二 7 宦學―宦學
一二三 8 いづれか―いつしか
一二七 7 源の―原の
一三一 2 〈欽明天皇……御後也〉―底本では本文
一三二 13 おぼしめすよし―おぼしめすにし

人

一三八 9 時の運―時の軍
一四一 3 たりし―にりし
〃 4 いひけるを―いひて
一四五 2 御供―御共
一四七 5 中々―中に
一四八 3 成にき―成にて
一四九 8 左大將―右大將

一五二 6 立子―光子
一五六 2 彼御子―彼御方
一五七 5 かちに―かけに
〃 11 ただし―たとし
一五八 10 卽位―御卽位
一五九 4 給しが―給しかば
一六〇 8 漂倒―潦倒
一六一 7 給ふ〔な〕―給へ
〃 11 仇士良―丸士良
〃 12 をしへけるは―をしへけれは
一六四 8 第一の子―第二の子
一六八 8 御供―御共
〃 13 をかし―おこし
一七〇 2 兩院―兩皇
一七一 4 百十三年―百三十年
〃 12 たまはる―たまはれ

一七三　4　太守—大守
一七五　2　たらぬ—たらず
〃　5　またくせし—またくせん
〃　13　征東—征夷
一七六　10　つゐに—つゐてに
一七七　2　なれど—なれば
一七八　10　四縣—日縣
〃　〃　文吏—文史
〃　13　ありき—ありて
一八一　2　きほひ—きをも
一八一　6　制符—別府
一八三　1　こりけむ—こりなむ
〃　10　書て—いふて
一八五　12　おちにける—おちにけり
一八九　5　秋霧—秋霜

底本に異本との校合のあとを行間に示しているが、印刷の都合上一括してここにかかげる。

四三　9　四百三十二年《四百一年》
四七　13　第二《三》御子
五一　9　麻杵《ハツキ》《ツキ》
六六　5　菱形の國《池》
七三　1　八十《八十二》歳
一〇一　9　榮西《ヤウセイ》—異筆でヤウサイと注記あり
一八〇　10　きそ《ほ》ひ

補注

天

一 **大日本者神国也**（一五頁） この表記形式は、倭姫命世記の「吾聞、大日本国者神国奈利。依二神明之加被一弖得二国家之安全一、依二国家之尊崇一天増二神明之霊威一須」から出たものであり、「吾朝者神国也」という表記形式も槐記・平戸記・玉蘂等をはじめ多くの公卿の日記類にみられる。「神国」という語は紀の神功皇后摂政前紀の「吾聞東有二神国一、謂二日本一」という新羅王の言が初見であることは周知の通りであるが、時代とともにわが国民が自国を神国なりと仰ぐ思想は広く行なわれ、特に氏神信仰・皇大神信仰・元寇の勝利等による対外意識の高揚などによって諸書に多く見られるようになった。それらの記録によると「神明の加護ある国」、「非礼を受け給はぬ国」、「神事を以つて先とする国」、「神明を崇め奉るべき国」などと「神明加護」、「神事優先」等を基調とするものが特に多い。この場合の「神」はいわゆる天神地祇の天神を主に地祇を従として、眼に見ることの出来ぬ霊美な存在としての神を示すものである。したがって、「神皇」と熟した意味の神ではない。それが次第に展開して「皇大神の助けまつりごつ国」、「日神統領、聖々相承」の「神孫統治」へと進んで行った。親房の「神国」はこの従来の神国思想の後者に力点をおいてこの二つを一層高い次元において統合昇華せしめてその神国観としたのである。その最も端的な表現が冒頭の「天祖はじめて基をひらき、日神ながく統を伝給ふ」(一五頁)である。親房は、国土創成の神につらなる日神、その子孫であり同時にその神の神意の顕現者である天皇とが、神皇一如であり、皇統一系・皇胤一種であることに神国の本質を見出したのである。なお正統記中に「こと更に此国は神国なれば、神道にたがひては一日も日月をいたゞくまじきいはれなり」(六三頁)、「我国は神国なれば、天照太神の御計にまかせられたるにや」(一一二頁)と述べたり、元元集巻五に「凡我国之所㆔以殊㆓諸方㆒者、以㆓神国㆒也。神国之所㆔以有㆓霊異㆒者、以㆓宝器㆒也」、「尒降使訳往来、学校鬱起、以為㆘伝㆓未習㆒得㆗未聞㆖。殊不㆑知㆔我神国本有㆓其訓伝㆒也」とし、特に神国要道篇の一篇を立てたりしている。職原鈔上に「神祇官。以㆓当官㆒置㆓諸官之上㆒、是神国之風儀、重㆓天神地祇㆒故也」とあるのも、神国の一面の表現である。親房は神国を外部に求めようとせず、神国の神国たる本質に直ちに迫ろうとした。その現実が凡そ神国の本姿に如何に遠い乱逆の世界であっても、その現象の彼岸に神皇の歴史を顧み、その生成・相承の根源に帰して理解し把握する他になかった。その結果到達しえたのがこの発語となったのである。したがって正統記全篇の語るところは、これを要約するならば、「天祖はじめて基をひらき、日神ながく統を伝給ふ」国なるが故に「君も臣も神明の光胤をうけ」(三八頁)ていることを自覚し、三種の神器に具現する「神の本誓をさとりて、正に居」(六四頁)すべしとするのである。親房の神国観は彼の信念と信仰の言ではあるが、徒らに自大的に他国を蔑視し去って、過去の栄光を憶い、これを讃美しているものではなく、俗流の末世下降の思想にとらわれず、現実の混乱非道はそれとして肯定し、それが神国の実と如何に遠く相去るものであるかを認め、そのためにも本来の姿にかえすことを唯一の使命とする輔政人の立場からの立言である。親房にあっては「神国」は過去や自己外のものでなく、渾身の力をもって、今日に自己に求むべきものであった。

なおこの「大日本者神国也」の読みについては「大日本」を「おほやまと」、「やまと」と訓読みすべきか、「だいにほん」と音読みすべきかによって「神国」の読みにも変更がありうる。現に東本・新本は「ヤマト」と訓じているし、世記や日記類の用例からみると音読みも可能なふしもあることは十分認められるが、前記の倭姫命世記が「おほやまとのくにはかみのくになり」と訓読みを示していることから見て、「おほやまと」と従来の読みに従っておいた。

二 **凡内典の説に須弥といふ山あり**(一九頁)「蘇迷盧山〈唐言㆓妙高山㆒、旧曰㆓須弥㆒、又曰㆓須弥婁㆒。皆訛略也〉四宝合成、在㆓大海中㆒。拠㆓金輪上㆒、日月之所㆓廻薄㆒、諸天之所㆓遊舎㆒。七山七海、環峙環列、山間海水、具㆓八功徳㆒。七金山外乃鹹海也。海中可㆑居者、大略有㆓四洲㆒焉」(大唐西域記一)。

須弥山　四洲の地心。大海の中にそびえ、高さ、すべて十六万八千由旬。日月横にめぐって地に出入しないという。

七金山　須弥山を囲む金色に輝く七山。その高さ、須弥山に最も近い持双山は四万由旬、外に向かってその高さは次第に半減。

香水海　七金山にある八功徳水をたたえた大海。八功徳とは、甘・冷・軟・軽・清浄・不レ臭・飲時不レ損レ喉・飲已不レ傷レ腹という(倶舎論第十一)。

四大海　大海が四つに分離してあるのでなく、四方を取り囲んでいる大海の四部分。

四大洲　南を瞻部洲、東を勝身洲、西を牛貨洲、北を倶盧洲という。

閻浮提　閻浮樹の繁茂している国土。

阿耨達　「瞻部洲中地者。阿那婆答多池也。〈唐言二無熱悩一。旧曰二阿耨達池一訛也〉」(大唐西域記一)。四大河の発源地。

池の傍に此樹あり　「有二大樹王一名二庵婆羅一。囲七由旬、高百由旬。枝葉布散五十由旬。諸山浴池華果豊茂、衆鳥和鳴」(仏祖統紀巻三十一)。(注、仏祖統紀の書名については、正統記には、仏祖統記とあるが大正新修大蔵経本・三宝経房刊本ともに仏祖統紀とある。)

由旬　本来軛を牡牛に附載して一日に旅行しうる里程をいう。一由旬には上中下の三種があって、六十里・五十里・四十里とするが、ここでは四十里一由旬を採用している。

大雪山　雪嶺。インドの西北方から東方に彎曲して連なる大山脈。ヒマラヤ山脈。

葱嶺　シナ新疆省の西南パミール高原一帯の地方。

三　天竺の説には、世のはじまりを云々(二〇頁)

「梵語劫波。此云二分別時節一〈智論〉以二人寿八万四千歳一、百年命減二一年一。減至二十歳一。百年増二一年一〈或云子倍父寿〉復増至二八万四千歳一。如レ是一減一増為二一小劫一。二十増減為二一中劫一。総二成住壊空四中一為二一大劫一〈新婆沙論〉今論二過去現在未来三世一各一大劫」(仏祖統紀巻三十)。

光音天　「光音天。空中布二金色雲一。遍覆二梵天一。注二大洪雨一猶如二車軸一。積二風輪上一結為二水輪一。増長至二天住界一。雨断水退有二大風起一。吹レ水生レ沫擲二置空中一。作二梵天宮殿一」(同前)。

其水次第に退下 云々 「水復退下。大風吹レ沫造二須弥山一四宝所レ成。復吹二水沫一造二三十三天七宝宮殿一。(中略) 又吹二水沫一作二七金山四大洲八万小洲一。(中略) 如レ是三千世界一時同成。此外更造二大輪囲山一。包二裹此大千界一。其中六欲須弥日月四洲、乃至小鉄囲山。各有二万億一」(同前)。

〔光音の〕天衆云々 「時光音諸天、福尽来下化生為レ人。或楽レ観二新地一者。光明遠照飛行自在。無レ有二男女之相一。衆共生故。故名二衆生一。地涌二甘泉一味如二酥密一。以レ指試嘗遂生二味著一。失二其神足及以身光一。世間大闇黒風吹レ海。漂二出日月一置二須弥山腹一照二四天下一。(中略) 自レ茲之後乃有二昼夜晦朔春秋歳数一」(同前)。(「酥密」は酥蜜に同じ。牛や羊の乳を精製した飲料と蜂のみつ。)

歓喜を以食とす　身体を維持し長養するものをすべて食という。諸説があるが、増一阿含経第四十一には「摶楽念識」の四食の名がみえる。摶食は鼻舌をもって分分段分に食するもの。楽食は喜楽の事にふれて身を長養するもの。ここはこの楽食のこと。念食は第六意識の思所欲の境において希望の念を生じ、諸根を資助するもの。識食は小乗に六識、大乗に八識とする。心識能く有情の身命を支持するもの。

自然の秔稲云々 「自然粳稲朝刈暮熟」(同前)。

此稲米を食せしに云々 「便生二自然粳稲一無レ有二糠檜一。備二衆美味一。此食稍粗。残穢在レ身。為レ欲二蠲除一便在二道一。成二男女根一。情慾多者便為二女人一。宿習力故便生二婬欲一。夫婦共住。光音諸天後来生者入二母胎中一。遂有二胎生一」(同前)。

其後秔稲生ぜず云々 「刈已不レ生。衆懐二憂悩一、各封二田宅一造二作田種一。其後多有レ盗二他田稲一。便相争闘無二能決者一。議立二一平等王一賞レ善罰レ悪。

便有二刀杖殺戮一。衆共供給号二刹帝利一〈此云田主〉。自後諸王以レ此為レ首。時閻浮提天下富楽安穏。八万郡国人民聚落鶏鳴相聞。無レ有二病患大寒大熱一。正行二十善一正法治レ国。人民愛敬寿極大久〈諸経多言。寿極八万四千以為増減之数。不言極久〉後王不レ行二正法一。其寿漸減。至二八万四千歳一時。身長八丈」（同前）。

先づ天より金輪宝飛降て云々　「増至二八万四千歳一時。金輪王出治二四天下一。輪王成二就七宝一。一金輪宝者。若聖王出。天金輪宝忽現在レ前。（中略）王将二四兵一随二其後一行。東方諸小王来詣拝云」（同前）。

寿量も百年に一年を減じ云々　「百年命減二一年一身減二一寸一。如レ是減至二十歳一身長一尺。名為二減劫之極一」（同前）。

百二十歳にあたれりし時云々　「減至二一百歳一時。第四釈迦牟尼仏出世」（同前）。釈迦を第四と数えているのは、人寿五万歳の時、第一拘留孫仏、四万歳の時、第二倶那含牟尼仏、二万歳の時、第三迦葉仏がそれぞれ出世しているためである。釈迦出生が百歳時か百二十歳時か明白でないが、百歳時とする記録が多い。なお親房もこの両説にこだわったのか四〇頁で再度ふれている。

小三災　一住劫の終りに起きるものを大の三災と言うのに対して、一減劫の終りに起こる三災。飢饉災・疫災・刀兵災。飢饉災は人寿三十歳で末法三千一百年。七年七月七日その災は続く。疫災は人寿二十歳で末法四千一百年。七月七日その災は続き、刀兵災は人寿十歳で末法五千一百年、その災は七日七夜。「其災方息。唯留二万人一為レ種。人従二隠処一而出。更互相見。起二慈愍心一共行二善法一。衣食所須天即雨下。由二能行一レ善寿復増長。復従二百年命増二一年一〈已上謂二之小三災一。但壊正報〉」（同前）。

果報もすゝみて二万歳云々　「増至二二万歳一時。鉄輪王出独治二南洲一。増至二四万歳一時。銅輪王出治二東南二洲一。増至二六万歳一時。銀輪王出治二東西南三洲一。増至二八万四千歳一時。金輪王出治二四天下一」(同前)。

かの時又減にむかひて云々　「減至二八万歳一時。第五弥勒仏出世」(同前)。

かくて大火災云々　「風吹二猛焔一焼上二梵天一。悉成二灰燼一。乃至三千世界一時焼尽。此為二依正倶壊一。名為二壊劫一」、「自二初禅梵世一已下世界空虚。猶如二墨穴一。無二昼夜日月一。唯有二大冥一。如レ是二十増減之久。名為二空劫一」(同前)。

大の三災　前記の小三災に対して、水災・風災・火災をいう。「所レ説三災云何次第。要先無間起二七火災一。其次定応二一水災起一。此後無間復七火災。度二七火災一還有二一水一。如レ是乃至満二七水災一。復七火災。後風災起。如レ是総有二八七火災一七水災一風災起一」(倶舎論第十二)。

四　此等の天は小大の災にあはずといへども云々

(一三頁)　「問、第四禅未三曾有二擾乱一者何得二不常一。答、刹那無常所壊故。第四禅地不定相続。随二彼天生宮殿一倶起。若天命終彼亦倶没耳」(法苑珠琳巻一、壊劫部三)。「第四静慮何為二外災一。彼無二外災一。離二内災一故。由レ此仏説レ彼名二不動一。内外三災所レ不レ及故。有説。彼地有二浄居天一故。彼不レ遭二諸災所レ壊。由下彼不レ可レ生二無色天一亦復不レ応中更往二余処上。若爾彼地器応二是常一。不レ爾。与二有情一倶生倶滅故。謂彼天処無二総地形一。但如二衆星居処各別一。有情於レ彼生時死時。所住天宮随起随滅。是故彼器体亦非レ常」(倶舎論第十二)。「四禅内外過患一切皆無」(涅槃経)。

小の三災・大の三災などには出くわさないが、一切の有情は自所作の業の別によって、おのずから種々の異熟の果報を受けるものであるから、因果の法によって、その世界に存在しうる善因善果がなくなってしまうと、その世界を去って次元の下の世界に退転せざるをえないこと。

五 **伏犧氏の後、天子の氏姓を云々**(二四頁) 正統記が成立した延元四年(一三三九)己卯は彼の元朝の順帝の即位五年にあたる。伏犧氏以降元朝に至る間「天子の氏姓をかへたる事三十六」(二四頁)という数はいかなる根拠によったものであろうか。おそらく親房は何かの書を参考したに違いないが、その書が何であるかが、今のところ明白でないので、その三十六の数の内容を的確に知ることは困難である。愚管抄巻一冒頭の漢家年代に列示するところによれば、

伏犧 1神農 2黄帝 3少昊 4顓頊 5高辛 6唐堯 7虞舜 8夏 9殷 10周 11秦 12漢 13王莽(新) 14後漢 15魏 16呉 17蜀 18晋 19宋 20南斉 21梁 22陳 23後魏 24東魏 25西魏 26北斉 27北周 28隋 29唐 30後梁 31後唐 32後晋 33後漢 34後周 35宋 36元 (注、五代の国名については、愚管抄ではすべて「後」の字はないが、正統記には見える。)

とあって、三十六の数は一応充足されている。正統記に見える国名は大字で示したが上記に洩れているのは、金朝のみであって、両書の記録はほぼ一致している。ただ「天子の氏姓をかへたる」(二四頁)という点から言えば、後魏・東魏・西魏の三を並記するのは不当であり、また多分に伝説的要素を含む五帝の氏姓に五度の変改を認めるのも同様に不当であるかも知れない。しかし親房が「氏姓をかへたる事」と言っている内容が、主権者の交代を意味しているとすれば、ほぼ愚管抄の列示するところに従ってもよいのではなかろうか。その場合でも、魏はよいとしても呉・蜀を加えた

こと、南北朝をともに含めて数えていることなど問題がないわけではない。試みに、氏姓の変わった点のみを重視して、参考のために三十六の変移を挙げてみると次のようになるが、それにしても南斉・梁を二つに数えること、少昊を已姓とする説のあること、匈奴の類を含め数えることなど、なお相当の問題がないでもない。

伏犠（風） 1神農（姜） 2黄帝（公孫） 少昊顓頊 帝嚳 陶堯 3有虞（姚） 4夏（姒） 5殷（成） 6周（姫） 7秦（嬴） 8漢（劉） 9新（王） 10後漢（劉） 11魏（曹） 12呉（孫） 13蜀（劉） 14晋（司馬） 15前趙（劉） 16後趙（石） 17前燕（慕容） 18前秦（苻） 19西秦（乞伏） 20夏（赫連） 21後魏（拓跋） 東魏 西魏 22北斉（高） 23北周（宇文）〔以上五朝は北朝〕 24宋（劉） 25南斉（蕭） 26梁（蕭） 後梁 27陳（陳）〔以上五朝は南朝〕 28隋（楊） 29唐（李） 30後梁（朱） 31後唐（朱邪） 32後晋（石） 33後漢（劉） 34後周（郭） 35宋（趙） 36元（奇握温）

（注、かっこ内はその王室の氏姓を示す。）

いずれにしても、三十六の数の具体的内容は親房の拠ったと思われる書が明らかにならない以上、今のところ不明という他はない。

六 **よりて天柱国柱といふ御名云々**（二一六頁） 「広瀬社。風神ニ坐ス。竜神トモ云、此神、天柱国柱ト云御名アリ。昔伊弉諾伊弉冉尊、天祖ヨリ伝ヘ給シ天瓊矛〈天ノ逆矛トモ云也〉磤馭盧嶋ニ持下給キ。此嶋ノ在所等ノ事ハ深秘ノ説有ヘシ。此神彼矛ヲ預給トモ云ヘリ。神ノ御名ヲ天柱国柱ト云ヘルモ可レ有二深意一ニヤ。更可レ尋レ之」、「竜田社。同風神ニ坐也。風神祭ト云ハ此二神ヲ祭也」（二十一社記）。「滝祭神。無二宝殿一在二下津底一。水神也。一名沢女神亦名二美都波神一」（倭姫命世記）。「昔陰陽二神持二天瓊矛一降居之地也。彼矛之神、化二成天御柱神国御柱神こ」(元元集巻五)。水神・竜神・風神と附会して習合された解釈が次第に発展して、皇大神宮の「心の御柱」に及び、このような説を生んだものである。

七　日本紀・旧事本紀・古語拾遺等に云々(二七頁)

日本紀　日本書紀の略称、三十巻。舎人《とねりの》親王等の勅撰、養老四年(七二〇)五月成る。神代の初めから持統天皇にいたる編年体の歴史書。純粋な漢文体で書かれており、親房が特に重要視したことはこれを書写して子顕能に与えたこと(書陵部本日本書紀奥書)および奈良県桜井市の文殊院所蔵本の奥書にも見られる。

旧事本紀　先代旧事本紀の略称、十巻。神代から推古天皇にいたる歴史書。聖徳太子の撰と言われて、親房の時代には史書の雄として尊重されたが、江戸時代から偽書説が称えられて今日では定説となったが、その偽撰の時代・筆者などは不明。物部・尾張二氏の纂記や国造本紀の史料は独特のものとして注目されているが、本紀は大体日本書紀の抜き書きといわれる。

古語拾遺　一巻。斎部広成《いんべのひろなり》撰。大同二年(八〇七)二月成る。広成が勅命によって、家の旧記を編集したもので、記・紀にもれた上古の遺聞をも伝える歴史書。

古事記の名が見えないのはさびしい限りであるが、正統記はもちろん元元集・二十一社記でも最も信頼できるものとして引用しているのは紀である。その引用個所数はともに、紀・旧事本紀・古語拾遺の順となっている。もっとも元元集にはまま古事記の引用もあり、巻六の内宮の条に「古事記釈」の引用が一個所見られるが、親房の時代は記は紀に比して一般的に尊重される度合が低かったので、特に親房が意識してこれを軽視したとは認めがたい。問題はむしろ「等」の内容にある。

この三書以外に親房は度会《わたらい》家行《いえゆき》の著、類聚神祇本源・瑚璉集をはじめいわゆる神道五部書によって説を構成している点が非常に多い。今日からみると神道五部書の論には当時の外宮に奉仕する度会氏が内宮に対する対抗意識から一流の解釈を施したきらいがあるので、一応批判的態度をとって親房的に把握したとしてもその神道観に引きずられた点があり、そのまま正統記の一面の弱点となっている。(度会神道大成(大神宮叢書)を第一資料とした。)

八　**天照太神**(二九頁)　正統記では、天照太神・豊受太神・皇太神・皇太神宮など、すべて「太」の字を用いている。これは元元集・二十一社記にも通じて言えることであって、記・紀・古語拾遺等の引用文の場合もすべて「太」として引用している。この「太」について、本居宣長の古事記伝六に「大ノ字、延佳カ本にはみな太と作るは、さかしらに改めつるなり。(其は伊勢には、凡て然書ならへる故に、それを正しと思へるなるべし。されど此記の諸本も書紀も皆大と書き、其外の古書も多くは然るをや」と述べている。度会延佳《のぶよし》は江戸時代初期の外宮の神官で、家行の度会神道を中興躍進させた神道学者。陽復記・神宮秘伝問答・鼇頭古事記・鼇頭旧事紀等その著も多い。「大」を「太」と改めたのは別に延佳にはじまるのではなく、この混用は相当古くからあったものと思われる。大神宮叢書の神宮随筆大成前篇の神民須知には「大神宮大字点有無」の項に「然ルニ何ノ時ニカ太極太玄太一太初皆点有、又太上天皇皇太子ト云ニモ点打ニ倣ヒ点ヲ加来レリ」といっているように、相当の歴史をもつ用法といえる。ところが正統記では混用ではなくして意識して用いわけている。この用い方は度会神道家の用法に従ったものかもしれないが、「大神」が正統記で二回使用されており、しかも明らかに区別されていることからも知られる。それは「〈今の出雲の大神にます〉」(三四頁)と「大神の申うけ給ける故とぞ」(一一四頁)とである。前者は大汝の神で、後者は賀茂大明神である。後者については、底本は「大明神」とあるが、静本・天村本は「大神」とある。前の宣長説の反対説として鈴木重胤の日本書紀伝六之巻に、「太の字尋常の如く大とは書かずして太と書き奉りて自余の諸神に分ち奉る。古よりの故実にて古書皆然り」と反駁している。たしかに、記・紀等上古の古典では「大」と見えているが、鎌倉時代ごろから伊勢の度会神道の勃興とともに次第に「太」が多く用いられるようになり、然るべき理由が後から加えられて明治初期に及んだのであろうが、明治五年九月十五日、太政官布告第二七二号をもって、「神宮神号太字自今大字可二相用一事」と布告されて以来「大」に統一されたのである。本書でも本文以外はすべて「大」とした。

九 此鏡の如に云々(三七頁) 仲哀紀の五十迹手《いとて》の奏言は、新羅征伐の皇軍を歓迎しての発言で、外征の軍の統帥者としての天皇の君徳を表象したものであるが、鎌倉時代になるとともに、これが大神の神勅と理解され、三種の神器が政教的な意義を持つようになり展開して、種々の解釈が行なわれてきた。特に伊勢神道にこの傾向が強いが、兼好の兄慈遍は旧事本紀玄義に「其神璽者百王心也。各随二帝徳一、応現無レ窮。(中略)若取レ要無私之心也」(巻四)。「無心之心、無私之心各随二万事一而断二其妄一。是名二宝剣一」(同前)。「珠事剣事理無レ礙邪正分明。是名二宝鏡一。所謂寸鏡而浮二万像於無心一、心治二無相相一」(同前)と述べ、三種の神器は「天御中主〈豊受・外宮〉大日孁尊〈天照・内宮〉相和奉レ授二皇孫一。而已当レ知天地神皇護二一人一」(同前)で二神の精神の顕現したものであって、「三種雖ㇾ異、一空為ㇾ体。所謂宝珠其内無辺故雨二万宝一」(同前)するものであり、「所ㇾ詮三種是一王掌二三才一以備二一人一」(同前)べきもので、仏教的な臭みはあるが、曲妙・分明・平天下の三はそれぞれ独立したものではなく、天子の一心であり天皇政治の要諦としたのである。親房はこの度会神道に学んで、今一段飛躍して二つの大きな論旨を樹てた。一には玉・鏡・剣の順序を鏡・玉・剣として鏡を最高のものとし、鏡は宗廟の本体であり、三徳の一を表象するとともに三徳を包摂する根本のものであるとしたことであり、二には、それまで君徳の表象とされていたものを更に大きく発展させて政治の理想の姿すなわち政治の実践的指導精神とし、更に一転して天皇のみならず臣下の実践道徳の根元なりとした。

一〇　**正く国をたもちますべき道云々**(三七頁)　ここでは鏡・玉・剣の徳を正直・慈悲・智恵の三にあてているが、元元集の引用文では玉・鏡・剣の順序となっている。これは儒教の大学の修身・正心・致知の三と結びつけたもので、「正直」を特に強調している。正直という語は「王道正直」(書経、洪範)、「神聡明正直而壱者也」(左伝、荘公三十二)などの漢語から出たものであろうが、続日本紀の宣命の「明き浄き直き誠の心」と同義であって、本来は神道心であり日本古来の徳目で天照大神の心とするのである。その本来のものが、権化である応神天皇と聖徳太子の儒仏二道の輔翼をえて純化止揚されて神国の大道となったとする親房から見れば、正直はもと神道心として発生したものであるが、やがて、仏教の慈悲および儒教の智恵をその中に包摂すると考えるのは理の当然である。

一一　**大日の霊にましませば云々**(三八頁)　応永本・

天村本・静本・竜門本は「大日霎」、他の伝本の多くは底本と同じく「大日の霊」であるが、これが正しいと思う。その場合「大日」は何を意味するのか。一般に「大日」は大日如来の略語で、度会神道では神仏を習合して、天照大神と一体なりとする思想が広く行なわれて来た。「先師云、天照大神御本地大日之条炳焉」(釈日本紀)、「百億須弥百億日月一々須弥有二四天下一。其南閻浮提有二円陀々之地一。謂二之大日霊一。亦号二神国一」(旧事本紀玄義)、「故円鏡瑩レ意、光明遍照故心離二無明一。是名二大日一」(瑞柏仙宮秘文)、「大日本国者大八洲也。惟大日霎貴治国也。亦八葉台也」(瑚璉集)、「大日霊貴尊、此名二日神一也。日則大毘盧遮那如来、智恵日光之応変也。梵音毘盧遮那、是日之別名。即除レ暗遍照之義也。日者天子常住之日光、与二世間日光一於二法性体一、有二相似儀一。故名二大日霊貴天照大神一也」(大和葛城宝山記)。これらの説から見ると、「大日」は日輪の意であり、大日如来・大日本・天照大神の意でもある。したがって、大日如来の本地を天照大神とする度会神道流の思想からすれば、日の神天照大神は日(太陽)そのもの、八咫鏡に顕現し、その鏡は正直の本源しかも宗廟の正体とあおがれるものである。

三 **徐氏曰云々**(五〇頁) 徐鍇本・徐鉉本ともにその注には「徐氏曰」以下の文字は見えない。「羌」の項には「唯東夷从レ大、大人也。夷俗仁、仁者寿、有二君子不死之国一。孔子曰、道不レ行欲レ之二九夷一。乗レ桴浮二於海一、有レ以也」とある。しかし、これは徐氏の言ではなく、説文の本文である。ただ古今韻会挙要には「夷、(説文)東方之人也。从レ大从レ弓。徐曰、会意。南蛮从レ虫、北狄从レ犬、西羌从レ羊。唯東夷、从レ大从レ弓。俗仁而寿、有二君子不死之国一」とあり、この「徐氏曰」以下の文をふまえて、正統記のこの裏書の部分が書かれたものと認められる。したがって、「仁而寿、未レ合」云々の文は、この韻会の見解についての、筆者の意見を示すものと見える。国学院大学本では「不仁而寿」とあるが、諸伝本は底本と同じく「仁而寿」であって「不仁而寿」ではない。また伝本によっては「以近窮違也云々」となっているが、説文の引用である点から見ても、こうあるのが正しい姿と言えよう。静本・刈本等では、この裏書に続いて「快賢卿云、从レ大从レ弓者夷、此文字之事也。窮レ之了見者僻案也」とある。なおこの裏書に関連して興味ある玄恵法印師の一文がある。玄恵は親房も師とした宋学の大家であるが、法隆寺に「御憲法玄恵註抄」が残っている。十七条憲法の第四の注に「南蛮ニハ虫ヲ従ヘ、西羌ニハ羊ヲ従ヘ、北狄ニハ犬ヲ従ヘタリ。東方ハ君子国ナリトテ、獣ヲ従ヘズ。其上天竺、震旦、日域三国ノ中ニハ、日本人ノ心モタケク、弓ノ力余国ニスグレタリ。故ニ夷ノ字ヲバ名ヅケタル也。夷ハ弓ノ字ニ、大ノ字ヲ書入タル形ナリ。サレバ夷ノ字ハ本朝ノ弓箭ニ携ル人ノ眉目ナルベシ。(中略)我国ハ粟散ノ小国ナリトイヘドモ、三韓スデニクヒカミヲトキテ帰住セリ。一ツハ神国タル故、一ツハ君子国ナル故也」と力説しているが、漢字の解釈の上にもシナの典籍を越えて、自国優越意識を強調している点は、親房の論と相通ずるところがある。

一三　**得レ道来不レ動二法性一云々**(六二頁)　「第十七日暁夢見。有二一人一。容儀無双、正レ冠摳レ衣。来献二金丸一之。皇子拝納問曰、公為二誰何一。公以レ偈答曰、得レ道来不レ動二法性一。自二八正道一垂二権迹一。皆得レ解二脱苦衆生一。故号二八幡大菩薩一(拾遺往生伝上)。八幡神の名称については、古来種々の説が行なわれているが(宮地直一「八幡宮の研究」七〇頁以下参照)、この八正道から垂迹した神であるとするのが一般に流布した説である。「法性」は凡夫のうかがい得ざる法界の妙理。その妙理を悟って以来これに安心している。「解脱」は世の煩悩をさり生死の迷苦から脱して悟入すること。自分を信仰する苦になやむ一切の衆生をその法力によって一人残らず苦界から救って悟らせること。「八幡」は八色幡、八正道を標示する荘厳の八色の幡。「其幡竿端直及長。各於二八方一去処不レ遠如レ法安置。東著二白幡一東南紅幡正南黒幡西南烟色幡西方赤色幡西北方青色幡正北黄色幡東北赤白幡。如レ是八色随レ方而置二於竿頭上一結」(蕤呬耶経(瞿醯経)巻中)。

八正　八正道。涅槃に入る八つの道。諸説あるが、法界次第初門巻中の下を引用する。

一、正見。苦・集・滅・道の四諦の理を見て分明なこと。

二、正思惟。一度四諦の理を見た上で、なおよく思慮して真智を増長させること。

三、正語。真智をもって口業を修め、一切非理の語をなさぬこと。

四、正業。真智をもって一切の邪業を除き、清浄の身業に住すること。

五、正命。身・口・意の三業を清浄にして正道に従い、五種の邪命を離れること。

六、正精進。真智を発用して努力し、未発の悪を防ぎ未生の善を助長すること。

七、正念。真智をもって正道を憶念すること。

八、正定。真智をもって入定すること。

正統記では、七と八とが入れかわり、「正念」が「正恵」となっている。いずれにしても、「是八通名二正道一者、正二以不邪一為レ義。今此八法不レ依二偏邪一而行、皆名為レ正。能通至二涅槃一。故名為レ道」(同前)と結論する通りである。

一四　代くだれりとて云々(六四頁)「天地も昔〔に〕

かはらず。日月も光をあらためず。況や三種の神器世に現在し給へり。きはまりあるべからざるは我国を伝る宝祚なり」(四四頁)と道破した親房からすると、この思想は極めて素直に出て来る。儒教の澆季、仏教の末法思想はともに過去に理想の姿を認め、時代とともに世界は下降し滅亡する運命にありとした。破滅にいたる過程には今日的な意義は見出せない。新しい発展の力を生み出すことも不可能である。天壌無窮の神勅の顕現をわが国の姿とする親房の信念からするならば、正道に立つ限り時の経過は何等憂うべきものではなく、「自ら苟む」にはあたらない。今日は無限無窮の一時点であると観ずれば、現実に時世がどのような悲しむべき末世の相を呈していようとも、それは断絶の今日ではなくして悠久の今日であるはずである。今日は悠遠の過去を継承し無限の将来に展開する、重要な意義をもつものである。この「今日」説は岡井慎吾の指摘したように、荀子巻二の不苟篇の「故千人万人之情、一人之情是也。天地始者、今日是也。有王之道、後王是也」に拠るものである。久保愛はこれに補注して「謂二古今一度一也」としている。日蓮は種々御振舞御書という書に「在世は今にあり。今は在世なり」といっているが、時間的制約を越えて仏心あるところに仏世があり、現代即釈迦仏在世なりと看破している。それと同じように親房も「昔遠々不レ可レ思。心帰レ正、今ヲ卑ト不レ可レ言」(二十一社記)と教えているように、「正に居」して道が正しく行なわれるところに神代があり、「神の本誓」を悟り神性に立ちかえるところに現代がありとするのである。日蓮も親房も祖心に還り、なすところあらんとする立場から、眼前のもろもろの時代相にとらわれず、全力を挙げて新しい時代を開こうとする者の、肺腑からほとばしる信念を披瀝しているのである。

一五　高屋にのぼりてみれば云々（六五頁）　天皇が国見することによって、人民の窮乏の状を察し、みずからの生活を節し人民の富裕をはかる仁政讃美説話は多い。古事記序に「望レ烟而撫二黎元一、於レ今伝二聖帝一」、下巻仁徳天皇条に「於二国中一烟不レ発。国皆貧窮。故自レ今至二三年一悉除二人民之課役一。（中略）後見二国中一於レ国満レ烟。故為二人民富一、（中略）故称二其御世一謂二聖帝世一也」とある。日本書紀にも同種の記録があり、和漢朗詠集巻下刺史の条には作者不明として、この歌がのり、水鏡上には仁徳天皇の歌として見える。

新古今和歌集巻七賀歌の巻頭歌に「貢物許されて国富めるを御覧じて。仁徳天皇御歌」として入撰している。この歌は延喜六年（九〇六）の日本紀竟宴の際、藤原時平の奉詠歌「高どのに登りて見れば天の下四方にけぶりて今ぞ富みぬる」が伝承されているうちに、仁徳天皇の仁政とからみ合って御製として伝わったものと思われる。

一六　御食と御気との両義あり（六八頁）　内外宮一光へだてなく幽契するとする度会神道の大成者度会家行はその著類聚神祇本源、天神所化篇に、天御中主神の条で「神風伊勢百船度会山田原大神座」と注記し、「元気所レ化。水徳変成。為レ因為レ果。而所レ露名二天御水雲神一。任二水徳一亦名二御気都神一。是水珠所レ成即月珠是也。亦号二大葦原中津国主豊受皇神也」と説明している。御食津と水気津と習合し、水より五穀を生じ統命の術とする立場から、日神を火徳、月神を水徳とする。

五部書説弁の著者吉見幸和は、その巻之五に、親房の正統記のこの部分をあげ、「親房卿ハ外宮禰宜家行神主所レ撰ノ神祇本源ヲ借覧シテ、其説ヲ用ラレタレバ如レ此。饌ヲ気ニ作カヘテ、一元気天御中主国常立尊ニセント巧ムコトノ迂遠ナル、夏畦ョリ労煩也ト云ベシ。朝大御饌ノ饌ヲ気ニ易テ、御飯ニモ一元気ヲ供奉ニヤ」とし、その説を虚誕寓言とし荒唐不経の悪説と断じ、「堪ㇾ捧ㇾ腹歟」と極論している。

一七　**おまし〳〵き**(七三頁)　地神五代は別として、人皇第一代から第九十六代までは皇代記の記載形式を採用して、1代数　2世襲(仲哀天皇以後)　3称号(村上天皇までは天皇号、冷泉院以後は院号。淡路廃帝・仲恭廃帝・安徳天皇・後醍醐天皇・第九十四・九十六代は別)　4諱(仁明天皇以後)　5皇統譜　6即位　7改元(文武天皇以後)　8都(嵯峨天皇以後は別、平安京。第九十五・九十六代は異例)　9在位年数(第九十六代は別)　10崩算(第九十四・九十六代は別)の順序で、その御代によって記事に繁簡の差はあるが統一されている。今は結びの崩算の表記形式について述べる。

本文天の巻第一代から第二十九代までは「を(お)はしき」一例、「を(お)まし〳〵き」(十九例)、「を(お)はしましき」三例、「おまし〳〵き」五例、「〔お〕まし〳〵き」一例となっている。地・人の巻では、「おまし〳〵き」五十五例、「おはしましき」一例、「〔お〕まし〳〵き」二例、「世をはやくしまし〳〵き」二例、「世をはやく〔し〕おまし〳〵き」一例、「にてかくれまし〳〵き」一例、「にてかくれさせまし〳〵き」一例、他に重祚(第三十六・四十六代)と生存者(第九十四・九十六代)は別形式となっている。表記上、天の巻には「お」とあるべきところを「を」としたものが目立つが、意識的に書き分けたものとは認められがたく、意味の上からも何等の別はない。なお伝本によっては「御座き」と表記されているものもある。

地

一　**沢良の親王**（九四頁）　このあたりの本文には錯誤がある。親房の史実に対する誤認および参照した文献の記載事実のあやまりなどにもとづくものである。この間の事情について、系譜および経緯を明白にしたい。

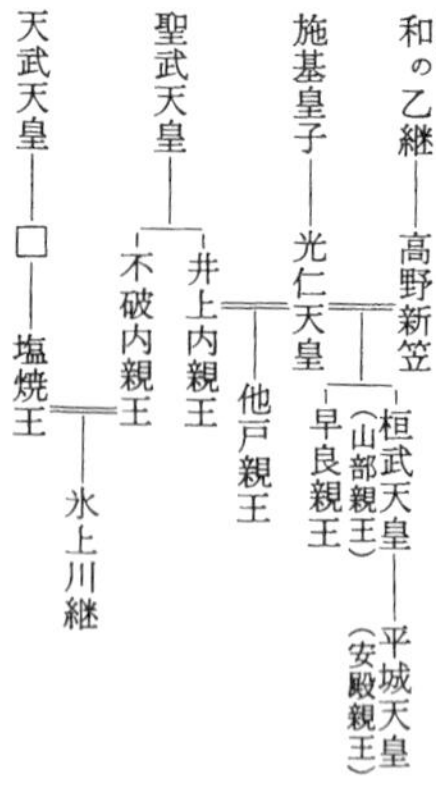

天武天皇系の称徳天皇が神護景雲四年（七七〇）八月四日、皇嗣なく独身をもって没せられたので、皇位継承について右大臣吉備真備派と藤原永手・良継・百川派とが相争った。それは天武系か天智系かの争でもあった。百川は策略をもって、大極殿において白壁王を皇太子とするとの宣命をよましめ、六十二歳の白壁王は皇太子となり十月一日即位した。本文に「光仁即位のはじめ井上の内親王〈聖武の御女〉をもて皇后とす。彼所生の皇子沢良の親王、太子に立給き」（九四頁）とあるが、まず「沢良」は早良とするのが正しい。実は早良親王は高野新笠の所生で、桓武天皇の弟、井上の皇后の所生が他戸親王で、本文のここは「他戸」とあるべきが正しい。他戸親王は宝亀二年（七七一）一月立太子。井上の皇后・他戸親王は天武天皇系であるために、天智天皇系を擁立しようとする百

川一派は、皇后を魘魅《えんみ》大逆―天皇を呪詛《じゆそ》したとの罪―によって同三年三月廃后、ついで五月他戸親王を廃太子。同四年天皇同母の姉難波内親王の死も皇后の呪いによるとして、皇后・親王を大和国宇智郡に護送幽閉した。同六年四月皇后・親王は共に獄死。他戸親王廃太子の後だれを皇太子に立てるかが問題となったが、早くから山部親王をとねらっていた百川は、また策謀をめぐらして同四年一月十四日山部親王を太子に立てた。この間の事情を虚実とり交ぜて水鏡には記述してあるが、山部親王を推す百川と稗田親王を推す藤原浜成とが争い、勅許を得ようとして「百川朝臣如何様この事を承りきらんとて、歯をくひしばりて、少しもねぶらずして四十余日内裏に立てりき」(水鏡下)と記している。したがって、早良親王は桓武天皇即位の天応元年(七八一)四月に三十二歳で立太子したわけで、早良親王は式家のホープ藤原種継暗殺事件にまきこまれて、延暦四年(七八五)九月捕えられ乙訓寺に移送、みずから十余日飲食せず淡路国へ流される途中死亡。その怨霊はさきの井上の皇后・他戸親王の怨霊と共に長く桓武天皇とその身辺の人々にたたったために、天皇は陵を改造し所領を寄進して冥福を祈り、延暦十九年(八〇〇)七月崇道天皇と追号したのである(一五四頁)。

二　**其弟参議右兵衛督仲成**(九五頁)　本文の「弟」は兄とあるべきところ、親房の誤認。仲成(宝亀五年(七七四)―弘仁元年(八一〇))は藤原種継の長男、父の横死後従五位下(七八五年)、北陸道観察使(八〇九年四月)。妹薬子が平城天皇の東宮時代その寵を得たために公卿となり、皇弟伊予親王親子を無実の罪におとしいれ、平城天皇病のため皇位を弟嵯峨天皇に譲るや、おのれの勢力の失なわれんことを恐れて、妹薬子と共謀して、平城京造宮使となり上皇の移京を期にその重祚をはかった。大同五年(八一〇)九月十日上皇方と決戦を決意した天皇方によって右兵衛府に禁固され十一日禁所で射殺された。薬子も種継の女、中納言藤原縄主に嫁し三男二女を生む。長女が平城天皇の東宮時代召されて宮に入ったので、薬子も東宮宣旨となり、醜聞多く桓武天皇によって追放されたが桓武天皇没後再度出仕した。典侍から内侍に進み従三位、兄仲成と共謀したため九月十日官位剝奪、上皇と同輿して東国にのがれたが十二日上皇は平城京に帰り剃髪、薬子は薬をのんで自殺した。この結果藤原の式家は力を失ない、この事変に際し令外の官として天皇側近の機密を司る蔵人所が置かれ、北家の冬継がその頭に任ぜられたことから、北家のみが朝廷の実権を握り繁栄を見ることとなったのである。本文には「薬子・仲成等誅にふしぬ」(九五頁)とあるが、仲成は射殺されたが薬子はみずから死んだので、いわゆる誅にふしたのではない。

なおこの際一言したいのは、平田俊春「日本古典の成立の研究」第四篇第一章に「神皇正統記の誤りと皇代記」と題して、九六個条にわたって詳細に論じておられることについてである。皇代記を中心としての論述であるが、その中には伝本によっては正しく記載されており、誤りとするのは不穏当な個所も相当ある。平田氏はこの兄を弟と記したこと、「誅にふしぬ」のことには誤りとしてふれていないが、ここに限らず神皇正統記の記事には史実の誤認誤記と見られるものがかなり多い。これは親房の手もとに所持していた参考資料、入手した皇代記による最初からの誤りに起因するものも多いために生じたもので、一つ一つ挙げることはさけたが、伝写のうちに生じた誤記もあり、将来の研究課題である。

三　**呉越国の忠懿王**（九七頁）　本文の注記は誤り。親房は銭鏐とその子孫の銭弘俶とを混同している。鏐は初代で武粛王と号した。「忠懿王。銭弘俶、字文明、世々為二杭之臨安人一。祖呉越武粛王鏐子文穆諱元瓘、第一子曰二忠顕王一諱仁佐。第二子忠懿王諱俶。子惟演字師聖、呉越、五王三世百年也」（新編江湖風月集略注巻三）。「忠懿王」については「呉越忠懿王、因覧二永嘉集一、有下同除二四住一此処為レ斉。若伏二無明一三蔵即劣之語上、以問二韶国師一。韶云、此是教義、可レ問二天台寂師一。王即召。師出二金門一、建レ講以問二前義一。師曰、此出二智者妙玄一。自二唐末喪乱一教籍散毀。故此諸文多在二海外一。於是呉越王遣二使十人一、往二日本国一求取二教典一。既回。王為建二寺螺渓一。扁曰二定慧一賜号二浄光法師一」（仏祖統紀巻八）とある。安禄山・史思明の乱、武宗の会昌年間の廃仏にあって、天台の教籍が殆んど散佚してしまったので、義寂は徳韶と相謀って忠懿王に乞うてその教籍を日本・高麗に求めたのである。義寂は忠懿王の創建寄贈した伝教院でこれを講じた。なお静本・天村本・大本・天五本・天七本・高本等多くは「偏覇ノ主タリ」、新本は「偏ニ覇ノ主タリ」、国本は「偏ニ覇ノ主ナリ」、等と種々の表記が見られるが「偏覇の主たり」とあるべきところ。「偏覇」とは地域的な一方の旗がしらの意である。「秦二世、五星会二於南斗牛一、南海尉任囂知二其偏覇之気一、遂有レ志焉」（南越志）の用例もあり、また太平御覧にも「皇王」に対する「偏覇」の一項をたてている。

四　**唐台州刺史陸淳が印記の文にあり**（九七頁）　大日本仏教全書の天台法華宗生知妙悟決の中に「台州刺史陸淳之印記文」と題して次の記事がある。「最澄闍梨形雖二異域一性実同源。時稟二生知一。触レ類懸解。遠求二天台妙旨一。又遇二竜象邃公一。惣二万行於一心一。了二殊塗於三観一。親承二秘密一。理絶二名

言一。猶慮他方学徒不レ能二信受一所レ請当州印記。安可レ不レ任レ為レ憑。貞元二十一年二月二十日朝儀大夫使持節台州諸軍事守台州刺史上柱国陸淳之書記」。

ことごとく一宗の論疏をうつし「貞元二十一年、日本国最澄遠来求レ法。聴レ講受レ誨昼夜不レ息。尽写二一宗論疏一以帰。将レ行詣二郡庭一白二太守一、求二一言一為レ拠。太守陸淳嘉二其誠一、即署レ之曰」（仏祖統紀巻八）として、やはり印記の文を続載している。その文言の内容は前掲のものとやや異なるが、前掲のものがその正文と認められる。

五　灌頂（九八頁）　水を頭の頂に灌ぐこと。古く印度では、帝の即位・立太子式などに際して香水をその頭に灌いだが、後に仏教の儀式となり仏位受職の名に用いられ、わが国でも真言の最極奥秘を伝える重要なものとなった。法水を受者の頭頂に灌いで付法の信とする儀式で、延暦二十四年（八〇五）帰朝した最澄はその年九月高雄寺で八人に灌頂を行なったが、これが本邦最初のものである。

灌頂は大別して、伝法と結縁とに分ける。伝法灌頂は付法の灌頂で、その器を選んで行ない、血脈を相承させるもの。結縁灌頂は多く修福追善のために行なうもので、随喜志願者は別に人を選ばず、広く行なうもの。天台宗に限っては結縁灌頂でも、なおかつ血脈を相承して他門の人の受灌を許さないという。歴代の天皇の中、平城・清和・宇多・醍醐・朱雀・村上・円融・後三条・後白河・亀山・後宇多・後醍醐の各天皇が灌頂を受けている。これらの灌頂は勅命による尊厳な儀式が勤修されるが、役僧は当代一流の師を選び、宣下・勧賞にも定例がある。この間のことは伝法灌頂日記等に詳しい。なお正統記には、授職灌頂・許可等の名称が見えるが授職灌頂は受職灌頂とも言い、伝法灌頂のことである。

許可については、真言受法最要坤の巻に「許可加行事。許可已後、伝二授諸仏法一。更以無レ妨。但大法秘説等可レ有二分別一也〈多分伝法已後授レ之〉」と見えている。一分の密法を修学することを聴許し、または伝法灌頂終って、師位の許可印信を与えることである。

灌頂の師　灌頂大阿闍梨と称し、その儀式を主宰する最高位の僧をいう。

清和天皇―「天安二年三月。天皇又受戒灌頂。預レ之者十余人」(慈覚大師伝)。

宇多天皇―「寛平法皇御灌頂事。故僧綱補任云。延喜元年辛酉十二月十三日辛卯鬼宿日曜。於二東寺一随二益信僧正一伝法灌頂。御年三十五。僧正年七十五。色衆八十二人。〈御法名金剛覚理空。有レ論之云々〉又随二静観僧正一御灌頂在レ之」(伝法灌頂日記上)。

円融天皇―「永祚元三九、於二東寺一従二寛朝僧正一灌頂」(本朝皇胤紹運録)。太上法皇御受戒記にも詳しい。

後宇多天皇―「徳治三年正月二十六日。(中略)今日太上法皇於二東寺一有二御伝法灌頂事一」(後宇多院御灌頂記)。

後醍醐天皇―「春宮〈大覚寺殿二宮〉印可御事。正和元年三月二十一日。於二万里小路殿角小御所一奉レ授レ之」(後宇多院御灌頂記)。

六　**一気一心にもとづけ**(一〇四頁)「一気」は生化の本源となるもの、あらゆる物質的な存在物の根源のもの。「未分の一気」(二四頁)参照。「一心」は神に発し物に通ずる絶対の一心。世界を成立せしめる根源のもの。「元レ元本レ本、数始二於一一。産二気黄鐘一造二計秒忽一」(漢書、叙伝)。類聚神祇本源、天地開闢篇に、一気一心を説いているがその最後に、「円覚経序曰、元亨利貞乾之徳也。始二於一気一。常楽二我仏之徳一也。本二于一心一。専二一気一致レ柔。修二一心一。而成レ道」とある。すなわち儒教的な一気と仏教的な一心との上に立ち、それを止揚して神道の理・根源と解釈したのである。五大・五行は言わば根源なるものの現象体であるからその現象を現象たらしめている本源のものに直接的にせまり、元元本本の実体を明確に把握せよとするのである。

五大　全宇宙間に存在する万物を形成している五大要素。仏教用語。地・水・火・風・空の五。

五行　万物を生ずる五大元素。儒教用語。水・火・木・金・土の五。

相剋　五行相剋のこと。五行の運行上生ずる相互関係で、水は火に剋ち、火は金に剋ち、金は木に剋ち、木は土に剋ち、土は水に剋つ。

相生　五行相生のこと。相生の順序は、木は火を生じ、火は土を生じ、土は金を生じ、金は水を生じ、水は木を生ずる。

天地間のあらゆる現象はこの五大・五行にかかり、その運行の順逆によって治乱興亡も生ずるものであるから、その天地に通ずる道理の如何なるものかをみずからも知り、他にも悟らしめることが肝要であるとする。

七　**補陀落云々**（一〇八頁）「補陀落」は光明山、八角形の海島山でインドの南海岸にあり観音の住む所。「南円堂」は興福寺境内の南を意味し、北家の北の対語。「南円堂。嵯峨天皇御時、長岡大臣内麿奉レ造二立一。其故藤原氏衰乎歎、高野大師被二申合一造二此像一。然而不レ及二作堂一薨。其子閑院冬嗣為レ遂二先考之志一、弘仁四年癸巳建立。被レ遂二供養一」（興福寺伽藍縁起）。元明・元正両天皇が藤原不比等一周忌追善のため養老五年（七二一）に創建した円堂があったが、この南円堂が完成したので北円堂と改称した。新古今和歌集巻十九神祇歌としてこの歌が見え、「この歌は興福寺の南円堂作りはじめ侍りける時春日の榎の本の明神よみ給へりけるとなん」と注記している。源平盛衰記宇巻二十四には、「春日大明神老翁と現じて匹夫の中に相交はり土を運び給ひつつ一首御詠あり」として、この歌をあげているが、下の句は「北の藤浪今ぞ栄ゆる」となっている。袋草紙上にもこの歌が見えるが、第三句は「家居して」とあり、「或人云、是南円堂之壇築之時、翁出来築二此壇一とて誦二此歌一。春日明神変化と云々」と注記している。水鏡下には「ことし冬嗣やましなでらのうちに南円堂を立給き。その時藤氏の人わづかに三四人おはせしをなげきて、氏のさかえを願してたて給へりしなり。まことにそのしるしとみえ侍めり」とある。大鏡裏書にも「南円堂事」と題して本尊不空羂索《けんさく》観音像のことを述べ、「堂の壇つきけるがいたうくづれけるに、翁のいできて、この歌をうたひてつかばよもくづれじとて、うたひいだしたりける」としてこの歌をあげている。「今ぞ」は「いまや」となっている。

　親房は貴種純血尊重主義にたち、神皇正統記のいたるところに、輔佐の臣の筆頭としての藤原氏を賞揚してやまない傾向がある。

八　**天皇の世つぎをしるせるふみ**（一一二頁）「世つぎ」は家の跡目を継承すること。またその人。ここでは歴代の天皇の治世の事蹟をその継承の順序に従って記載した書籍。五代帝王物語に「神代より代々の君のめでたき御事どもは国史世継家々の記に委しく見えて」とあるが、世継をやや狭義に解して、国史や家々の記と併立させて考える場合には、国史は六国史のように官撰による漢文体のそれを示し、家々の記は勿論私撰で、より部分的なものを含めて漢文体のものを主として仮名書きの和文体のものもあったろう。ここの場合の世継は六国史の後を継承した私撰の和文体の作品、すなわち栄花物語・大鏡・水鏡・今鏡など先行するいわゆる「世継物語」を総称したものとなる。しかし正統記にいう「天皇の世つぎをしるせるふみ」はこの狭義のものよりはやや広義で、古今帝王年代暦・皇代記や愚管抄などをも含めて、私撰である物語・史書の類をも含めて一般的に総称したのではなかろうか。

九　**陟り給し**（一一二頁）　底本には「へだたり給し」と見える。この部分は、白本―陟り、静本―渉り、新本―隔り、その他の大多数の伝本は底本と同じく仮名書きで「へだたり」となっている。高本に限りその部分を漢字一字分だけ空白にしている。読みかねたのでそうしたものと認められる。ここは「陟り」とあるべきが正しい。「陟」は説文に「登」とあり、書舜典に「汝陟㆓帝位㆒」と見える。「陟」はあるいは「俳」「徘」にも作る。おそらく原文には「陟り」とあったものが伝写されてゆくうちに、字体の不明瞭さを生じ、字体の不明から、それを「渉」「隔」と記したのではあるまいか。やがて文意の不明が生まれた結果、書写する人が、漢字を仮名がきにして底本のようになったと考えられる。岩波日本古典文学大系本日本書紀によれば、「高倉山の嶺に陟《のぼ》りて」（上・一九八頁）、「丹生の川上に陟《のぼ》りて」（上・二〇一頁）、「陟天皇位《あまつひつぎしろしめ》す」（上・五〇四頁、下・一四頁）、「殿下《きみ》陟天皇位《あまつひつぎしら》さば」（下・二六八頁）とある。国史大系本日本書紀も同じに訓じている。これらから見て、ここは天皇の位について国家を統治するの意と解すべきである。

一〇　**二神の御ちかひたがはずして**（一一四頁）　この「二神」は天照大神と天児屋根命をさす。三六頁に「天照太神、高皇産霊尊相計て皇孫をくだし給。八百万の神、勅を承て御供につかふまつる。諸神の上首三十二神あり」と見え、五部神の中でも

「此中にも中臣・忌部の二神はむねと神勅をうけて皇孫をたすけまぼり給」とある。また八〇—八一頁にわたって、「此鎌足の大臣は天児屋根の命二十一世孫也。昔天孫あまくだり給し時、諸神の上首にて、此命、殊に天照太神の勅をうけて輔佐の神にましますJと「神代よりの余風」として祭事すなわち政を司るえらばれた最高の氏族であることを強調している。一二四頁にも「我国は神代よりの誓にて、君は天照太神の御すゑ国をたもつて、臣は天児屋の御流君をたすけ奉るべき器となれり」、「もはら輔佐の器として、たちかへり、神代の幽契のまゝに成ぬるにや」と口をきわめて、くりかえし藤原氏一門を賞揚して、源氏出身の自分を必要以上に卑下している。この態度は一般の武士階級を一段と劣れるものとする偏見に通じている。

第五十八代光孝天皇から第九十六代までは三十九代。昭宣公藤原基経が光孝天皇の命により関白になったのは即位の年元慶八年(八八四)十一月八日、それから延元二年(一三三七)四月十六日近衛経忠が関白となるまで、摂政二十八人関白四十一人。このうち同一人で摂政・関白となった者、再任した者などを数えると実質的には四十五人。本文の「四十余人」と合致する。ただ問題となるのは「四百七十余年」という表記である。関白基経就任から神皇正統記成立の延元四年(一三三九)までは四百五十五年、興国四年(一三四三)の修訂までも四百五十九年である。計算が合わない。親房死去の正平九年(一三五四)ごろに、書写した後人が追記したとみれば数字的にはあうが、どの伝本も例外なく「四百七十余年」であることから見て、これは恐らく、最初に摂政になった藤原良房の任命が貞観八年(八六六)八月十九日であること、基経が摂政になったのは貞観十四年(八七二)十一月二十九日であることなどを考慮して、摂政・関白が藤原氏に始まりその一統に固定している事実と歴史を語る立場から摂関制の創始から起算したための表現であると見るのが穏当であろう。

二　宇多より後、謚をたてまつらず(一二五頁)

「謚」には漢風の謚と国風の謚との別があるが、ここに親房が言うのは前者のことである。「宇多より後、謚をたてまつらず」とする明証はないが、親房は尊号をとどめられたことと不可分の関係において考えているようである。

扶桑略記第二十三醍醐天皇昌泰二年(八九九)十一月の条に「頻上表。勅停㆓太上天皇之号㆒」とあり、これは宇多上皇からの尊号辞退に関する度々の請状に対して、太上天皇の尊号を奉ることを停止するとの勅許のあったことを示しているが、謚号のことには直接の関係がないと思われる。しかし太上天皇の尊号を停止し院とのみ称するようになったことが、やがて在位の天皇をも院と称するようになり、名分の乱れる因になったとも考えられるから、親房はこの点に特に着眼して、さかのぼって言及したものであろう。大日本史巻三十一宇多天皇紀に「天子称㆑院省㆓尊号㆒自㆑此始」とし、その注に「按帝脱屣後、居㆓朱雀院及中六条院㆒、故初称㆓六条院太上皇㆒、又称㆓朱雀院太上皇㆒。既而請㆘辞㆓尊号㆒単称㆗朱雀院㆖。醍醐帝従㆑之。後又称㆓亭子院㆒、称㆓宇多院㆒、皆因㆓其所㆑居為㆑号。崩後停㆑謚。故又因㆓襲生時号㆒称㆓某院㆒耳。如㆓陽成帝㆒生時未㆑辞㆓尊号㆒、然其崩在㆓帝之後㆒、故亦襲㆓常例㆒、称㆓陽成院㆒。自㆓帝之後㆒在㆑位而崩、如㆓醍醐村上二帝㆒、称㆓某天皇㆒、其脱屣居㆓別院㆒者、如㆓朱雀帝㆒称㆓某院㆒。而冷泉帝以後、不㆑論㆓在位脱屣㆒、一称㆓某院㆒、不㆔復係以㆓尊号㆒、遂永為㆓故事㆒云」とあるのは参考となる。文中「崩後停㆑謚」とあるが、その明証がないところから察すると、あるいは大日本史の編者は正統記のこの文をふまえて立言しているのではなかろうか。

諡号の停止については、森鷗外の帝諡考、山田孝雄の神皇正統記述義でも考証しているように、宇多天皇にはじまるとみるのは厳密な意味では正しくない。たとえば持統・元明・元正・聖武・孝謙・光仁・平城・嵯峨・淳和・清和の諸天皇はみな譲位された方であり、譲位後さらに出家あったのは孝謙・平城・清和の三上皇で、親房が「持統・元明より以来」といっているのはこの点を指したのであろうが、しかもその諡号をみると、まさしく漢風の諡であるのは持統・元明・元正・光仁の四天皇のみで、聖武・孝謙・称徳は生前の尊号をそのまま用いたものであり、平城・嵯峨・淳和・清和は譲位後の居所から称せられたもので、諡号とは言い得ない。しかし神皇正統記述義が指摘している通り、これらの院号から生じた称号をもっておられた方も平城院・嵯峨院などとは呼ばない点で、宇多院の場合とは事情を異にしていることは考えられなければならない。

要するに太上天皇の尊号がとどめられ、院号を称するようになったことがやがて諡号を停止する風潮を助長したという意味でこの親房の論を理解すべきであろう。

三　国忌・山陵ををかれざることは云々（二一五頁）

「国忌」は天皇及び皇后の崩日に相当する年々の忌日。「国忌、本朝事始云。高天原広野姫天皇二年戊子春二月、詔自レ今以後常以二近代天皇崩日一為二国忌一」（伊呂波字類抄七）。シナの制にならい、村上天皇以後、天皇の国忌は天智・光仁・桓武・文徳・光孝・醍醐の六天皇と定まり、即位毎に疎を除き親を加えるのが例である。その村上天皇の国忌については、小野宮年中行事五月二十五日の条に「二十五日、邑上先皇崩日〈依二遺詔一不レ置二国忌一〉」とある。扶桑略記第二十五朱雀天皇承平元年(九三一)七月十九日の条には「太上法皇崩〈年六十五。宇多院〉」とあり、つづいて八月五日の条に「火ニ葬山城国葛野郡大内山一。依ニ遺詔一不ㇾ造ニ山陵一。不ㇾ入ニ国忌一」と見えている。「山陵」は天子のみささぎ。秦に山と言い、漢に陵という。三代実録によれば、天安二年(八五八)十二月九日の条に「丙申、詔定ニ十陵四墓一、献ニ年終荷前之幣一」とあるが、古事類苑帝王部山陵の項には、山陵を置かれなかった天皇として、推古・皇極・嵯峨・淳和・清和・宇多・朱雀・円融等の名が見える。

三 院中の礼(一三三頁) 院の役所すなわち院庁に奉仕する院司については、職原鈔下に「院庁。大別当〈大臣公卿清華之人任ㇾ之〉。執事〈名家之人任ㇾ之〉。年預〈同前〉。判官代〈諸大夫任ㇾ之〉。主典代〈庁官宿老任ㇾ之〉。官人〈云ニ庁官一〉。代字限ニ院中一者也」とあるように、院司の種類・人数は最初のころは極めて限定されていて、それも少数の公卿の兼任が普通であった。それが院政の発展に伴って次第に組織化され、有能な人材が登用されて、ついには宮中と対立し時にはこれを越えて一大勢力となった。そうなると、院司としても蔵人・非蔵人・所衆・北面武士・西面武士などの名も見え、庁務をとる役所の組織も蔵人所・文殿・召次所・武者所・御随身所・進物所・細工所・御服所・別納所・御厩司・仕所など相当手広いものを持つにいたった(吉村茂樹『院政』)。この組織と人員を有し、しかも宮中がともすれば政務を離れて有職故実的な儀式の中心と化するに対して、時代を左右する重大な政治力を持つようになると、その院の庁務の運営、院司の勤務、宮中との関係等新しく規定すべき多くのものが生じたであろう。そこに「院中の礼」が生まれるわけである。弘安礼節の中に「院中礼事」の一項をたてて、出御・参入・退出・路頭・書札等に関する部分的な記事が見られるが、恐らく宮中のそれに学んで種々の礼節が規定整備されたものと思われる。

人

一　**関白をおきながら藤氏の長者になり、内覧の宣旨を蒙る**（一三七頁）　当時の関白は藤原忠通。その兄忠通をさしおいて、弟の頼長が「氏の長者」となった。その間の事情を愚管抄巻四に「藤氏長者ハ君ノシロシメサヌ事ナリトテ、久安六年九月二十五日ニ藤氏長者フトリ返シテ、東三条ニヲハシマシテ、左府ニ朱器台盤ワタサレニケリ。サテ院ヲトカクスカシマイラセラレケルホドニ、ミソカニ上卿ナドモヨヲシテ、久安七年正月ニ、内覧ハナラビタル例モアレバニテ、内覧ノ宣旨バカリクダサレニケリ。アサマシキコトカナト一天ノアヤシミニナリヌ」と述べている。「氏の長者」は古くは「氏上」といわれたが、大宝令の勅定によって「氏宗」と改められ、基経のころから「氏の長者」と称したらしい。職原鈔下に「藤氏長者、蒙㆓摂政関白詔㆒之人為㆓其仁㆒。仍別不㆑及㆓宣下㆒也。但宇治左大臣頼長非㆓摂関㆒為㆓長者㆒。宣下之例初㆓於之㆒乎」とあり、愚管抄巻三に「地体ハ藤氏長者トイフコトハ、上ヨリナサルルコトナシ。家ノ一ナル人ニ次第ニ朱器台盤・印ナドヲワタシ〳〵スル事ナリ。ソノ人マタ同ジク内覧ノ臣トハナルナリ」とあるように、この頼長の件はまことに異例であった。「此御時、鳥羽院ノ御沙汰ニテ、宇治左大臣頼長公内覧ノ宣旨ナドイフ事出来テ、大乱逆キザシテケルニヤ」(愚管抄巻二)という口吻がそれを明白に語っている。頼長はかくして氏の長者となったがやがて保元の乱に敗れて、保元元年(一一五六)七月十一日、兄忠通が再び氏の長者に復したのである。氏の長者はその一族を代表する選ばれた人物で、氏社・氏寺・勧学院を管理し、氏神の祭祀を行ない、叙爵の推挙や放氏の権をも掌握したのである。この頼長の思いあがった所行がそのまま保元の乱に結びつくものとして、親房はその伏線としてこのことを強調しているのである。

二 法皇国の本主にて云々(一四五頁) 平家一門に擁せられて、寿永二年(一一八三)七月二十五日都落ちをした安徳天皇は寿永四年(一一八五)三月二十四日壇の浦で入水、時に八歳。平家に対して京都還幸を仰ぐよう要請した後白河法皇は平家の拒否にあい事態の収拾に苦慮した。「コノ京ニ国主ナクテハイカデカアラン」(愚管抄巻五)と狼狽しながらも「父法皇ヲハシマセバ、西ノ国王安否之後歟」と次の天皇を立てることを見合わそうとする動きもあった。この間の事情は玉葉・平家物語・愚管抄等にくわしい。しかし寿永二年(一一八三)八月二十日尊成親王が立太子即日践祚した。即位は翌三年七月二十八日。安徳天皇入水は寿永四年三月二十四日であるから東西に二天皇が併立したことになる。しかも神器は安徳天皇と共にあったので、まことに異例の、院宣による継承となったのである。親房の論からすれば、三種の神器を帯する有徳の天皇が祖宗の譲りを正しくうけて即位すべきである。八歳の天皇と四歳の新天皇、しかもその即位は専ら法皇の便宜的な対策によって処置されたのである。「本主」とは太平記等に見られる通り、所有主・当主・庄園の所有者の意であるが、ここでは、幼少の天皇に代わって、もと天皇であった法皇が日神の継承者としての権威によって事を処したとし、その発動者としての正当性を本主と表現したのである。三種の神器が西海に沈み、鏡と玉は無事に京都に帰ったが、剣はついに海底に失なわれたことについて、愚管抄の慈鎮は「武士ノ君ノオ守リトナリタル世ニナレバ、ソレニカヘテウセタル」ものと観じ「今ハ宝剣モムヤクニナリヌル也」(巻五)としているのに対して、親房は熱意をこめて三種の神器論を展開し世間の蒙をひらこうとしている。

　然し本来ならば、親房としては吉野朝廷の正統性のシンボルである三種の神器を帯せざる践祚即位である以上、正論をつくして論ずべきところを便宜論と結果論から記述したうらみは除去しがたく、不徹底不忠実な論となった。

三　**実朝云々**(一五〇頁)　承久元年(一二一九)正月二十七日実朝は京上りして右大臣拝賀をする代りに、鶴岡八幡宮に参詣し、別当公暁のために殺された。その供奉の行列の中に、高氏の祖前武蔵守義氏が前駆二十人の一人として随行した。この裏書はその事実を証明しようとするものである。しかし現存のどの吾妻鏡の伝本とも一致しない錯簡の多いものとなっているが、一々については訂補しなかった。新訂国史大系本によれば、行列の次第は実朝乗車の檳榔毛《びろうげ》の車の先きに、居飼・舎人・一員・殿上人・前駈笠持・前駈・官人。車の後に随兵・雑色・検非違使・御調度懸《がかり》・下臈御随身・公卿・後駈の順にいかめしい行列となっているが、この裏書では公卿・殿上人・地下前駈・随身・随兵の順となっており、吾妻鏡の本文の要をとって順序など適宜変更しているのみならず、個々の官職・人名も非常に錯乱が多い。「地下前駈二十人の中に相加れり」(一七二頁)とあるように義氏の名が見える点にかかわりはあるが、扈従《こしょう》次第などを長々と引用し裏書にする必要性は乏しいと思われる。

神皇正統記には裏書が七個所見えるが、底本では四と五を欠いている。伝本中七個所全部あるのは白本・日光本と数少なく、頭書・割注とするものが多い。

四　又大名の下にほこる心やありけむ（一五六頁）

北条義時の一生は権力の座につこうとする一個の人間のあくなき自己中心的な悪闘の連続であった。平時政の第四子として生まれ、若くして源頼朝の石橋山の挙兵に参加、鎌倉幕府成立とともに兄を越えて、頼朝の妻政子の弟として殊遇を受け、頼朝没後は未亡人政子と協力して頼家の子一幡を殺し、父時政がその後妻牧氏の女と結託して実朝を除こうとはかった時には実朝をわが家にかくまって、父を失脚させた。やがてその実朝を公暁に殺させるようにしむけて源氏将軍の流れを断ち、執権職の地位と実力をもって、一転してかつての同輩の豪族の絶滅に着手し、平賀朝雅を京都に殺し、三浦義村・小山朝政などを遠ざけ、侍所別当和田義盛を族滅した。侍所別当職を兼ね左京権大夫・陸奥守に任じ、九条頼経を将軍として京都から迎え、名実ともに幕府の第一人者となった。これら一連の争闘の歴史を経て来た彼を親房は「いかなる果報にか」「はからざる家業」をはじめたと評しているが、義時にしてみれば、「果報」というような仏教的因果思想の世界ではなく、一身を投じて着々と計画し演出した実力の結果である。「はからざる家業」ではなくして、戦いとった栄光の家業である。「されどことなる才徳はきこえず」というのは、親房の眼からみれば、子泰時に比しての政治的能力の不足を述べたものであろうが、創業者の義時にとっては他を圧倒殲滅して自己の大をはかる武力以外に信じうるものはないはずである。「大名」とは特にすぐれた名誉のこと。義時からすれば二つある。一つは幕府の最高権力者としてかちえた執権職。一つは承久の勝ち戦。すなわち上皇の遠島、公卿の斬罪、両六波羅探題の充実、没収した三千余個所の所領に新補地頭を配置した政治力である。「范蠡以為、大名之下難二以久居一」(史記、越世家)とあるように、大名を得た後に謙虚に身を処することは難事である。この大名とその自負とが、せっかくかちえたその地位と名誉も「中二とせばかり」(一五六頁)で失う運命につながったと、親房は理解し、義時を評価したのである。吾妻鏡では脚気の上に霍乱をわずらって死んだとあるが、保暦間記四には「元仁元年六月十五日義時思ひの外めしつかひける若侍に突き殺されける」と述べて、承久の乱における身の業因の然らしめるところで「とりわきかかるむくい」と覚えて恐ろしい限りだと評している。親房もそうした見解を肯定して、権威の座につきながら、臣として欠ける点のある義時が案外早く非命に死んだと断じたのである。

五　頼朝と云人もなく云々(一五七頁)　天皇親政・公家一統を念じて生涯を捧げた親房からすれば、幕政・院政は徹底的に排除すべきはずであるが、この条の論については、あたかも親房が頼朝の開いた鎌倉幕府とそのあとをついだ北条執権の存立を暗に認めたもののように考えられ、その論の矛盾・不徹底さを示すものとして非難されがちである。

正統記に頼朝の名は二十一回見られる。一回は実朝を語る裏書に見えるので、本文では二十回にわたって論述されている。頼朝は大命によって平家を追討して「一身の力」(一七五頁)によって「勲功まことにためしな」し(一四七頁)、「勲功は昔よりたぐひなき程」(一五三頁)、「ためしなき勲功」(一七二頁)、「たぐひなき程の勲功」(一七五頁)とくりかえし賞揚されているが、頼朝は「高官にのぼり、守護の職を給、これみな法皇の勅裁」(一五三頁)であり、「わたくしにぬすめり」(同頁)とは断じがたく、「君も又うちまかせられ」(一四七頁)た点にその根拠があるとする。その頼朝さえ高位高官にのぼることは破滅に直結するものであることを詳述し、後の高氏論を引き出す論拠として縷々論評しているのである。

六 **人主に書をみせたてまつるな**(一六一頁) 仇士良は唐の順宗の時、東宮に仕え、甘露の変に文宗を擁して宮中の権を握り、文宗の死に際して皇太子成美を除いて武宗を即位せしめた。王守澄とともに唐代の宦官として専横無道を極めた極例で、二王・一妃・四宰相を殺し、帝をして「今朕は制を家奴に受く」となげかせた。「士良之老、中人挙送レ還レ第。謝曰、諸君善事ニ天子一、能聴ニ老夫語一乎。衆唯々。士良曰、天子不レ可レ令ニ閑暇一。暇必観レ書。見ニ儒臣一、則又納レ諫、智深慮遠、減ニ玩好一、省ニ遊幸一。吾属恩且薄而権軽矣。為ニ諸君一計、莫レ若下殖ニ財貨一、盛ニ鷹馬一、日以ニ毬猟声色一蠱ニ其心一、極ニ侈靡一使中悦不上レ知レ息。則必斥ニ経術一、闇ニ外事一、万機在レ我。恩沢権力欲ニ焉往一哉。衆再拝」(唐書巻二百七、本伝)。毬猟はまりあそびと狩猟。声色は音楽と女色。

はかなきあそびたはぶれ 天子の治政には一利もない、つまらぬあそび。

此道 天子として天下を統治する政道。

七 **第九十四代の天皇**(一六四頁) この冒頭の部分と末尾の「世の中あらたまりて出家せさせ給き」(一六五頁)との表記のあり方が、神皇正統記の伝本としてのその性格・価値を判断する重要な要素となる。

底本系統の伝本を除く大多数の伝本は、冒頭の

「天皇」に続けて、「萩原院」「花園院」「花園院又号萩原院」と本文中や行間に細書・頭書・割注式に記入している。この天皇は文保二年(一三一八)二月二十六日退位、建武二年(一三三五)落飾、洛西の萩原院に隠退、正平三年(一三四八)十一月十一日崩御。神皇正統記成立の頃はご健在であった。「出家せさせ給き」に続けて、伝本によっては「五十一歳おまし〳〵き」とあるが、それも北朝人の後からの記入である。(なお崩御の年齢は五十二歳が正しい。)

八　**かの一のみこおさなくましませば云々**(一六六頁)　後宇多法皇は元亨四年(一三二四)六月二十五日崩御。それに先立つ徳治三年(一三〇八)閏八月三日所領の処分のことを申し残された。この年八月二十五日後二条天皇崩御、同二十六日花園天皇践祚、九月十九日邦治親王立太子と時勢はあわただしく変わって行く。後二条天皇は若くして在位のまま崩御されたので、その跡を持明院統の花園天皇が継承することは一応既定のこととして、皇太子には後二条天皇の第一皇子邦良親王が有力であったが、大覚寺統が更に二派に分かれてこれを争うような事態になった。ここ数代の皇位継承は、後嵯峨天皇の遺詔とその現実との背馳に苦しむ朝廷、武力を背景にこれを自己に有利に利用しようとする幕府、その間を往来する関東申次・公卿にあっては自己の属する党派の皇子の即位によってみずからの世界を開こうとする態度等が錯綜して、いよいよ解決困難になって来ていた。幕府は文保元年(一三一七)四月中原親鑒を上洛させて、両統の和談を期待したがこれも失敗に終った。そうした様相のうちにこの処分が行なわれたのである。その処分状の最後に「一期ノ後ハ悉々邦良親王ニ譲与スベシ。尊治親王ノ子孫ニ於テハ、賢明ノ器、済世ノ才アラバ、暫ク親王トシテ朝ニ仕ヘ、君ヲ輔ケヨ。天下ノ謳歌、虞舜夏禹ノ如クンバ、皇祖ノ明鑒ニ任スベシ。僭乱ノ私アルナカレ。且ツハ後二条院ノ宮ヲ以テ実子ノ如クタルベシ。ユメ〳〵保護セシメ、殊ニ孝行ヲ存ジ、朕ガ意ヲ成スベシ。徳治三年閏八月三日　御判」(村田正志、南北朝論第一章)とある。文保二年(一三一八)三月後醍醐天皇即位、時に三十一歳。邦良親王は十九歳である。「もし邦良親王早世の御ことあらば」の処置のあり方などは何も指示されていないし、後醍醐天皇の「御すゑ継体たるべし」とは明確には言えない。しかし後醍醐天皇の御末の継体の不適格を示したものではなく「皇祖ノ明鑒」にまかしているのである。ところが邦良親王が二十七歳で薨ぜられるようなことになったので、後醍醐天皇方の親房としては、処分状の精神を発展させて、正統記のこの本文のように理解し根拠づけたのであろうと思われる。

九　**護良親王**(一六八頁)　後醍醐天皇の諸皇子の諱の「良」の読みには「なが」と「よし」の二訓があり、従来は「なが」の方が一般的に行なわれて来たが、私は岩波日本古典文学大系本神皇正統記一九〇頁の頭注で「今は『よし』に従う」とした。その論の根拠を述べてみよう。

歴代の天皇ならびに親王がたの諱はすべて漢字二字で記されている(一〇五頁)。その際第二字目に最も多く用いられる漢字として「仁」「明」「良」「平」「成」などがある。「良」について言えば、第五十代桓武天皇の弟に早良、第五十四代仁明天皇は正良、その弟に秀良・業良・基良・忠良の四親王があり、第五十七代陽成院の皇子に元良、第六十九代後朱雀院は敦良、第八十九代亀山院の弟は貞良、第九十代後宇多院の弟は守良・兼良、第九十一代伏見院の弟久明親王の皇子は久良、第九十三代後二条院の皇子は邦良、第九十五代後醍醐天皇の皇子やまたその子には、尊良・世良・護良・宗良・恒良・成良・懐良・義良・興良・満良などがある。このうち早良・正良はさわら・まさらと従来読まれている。元良親王は徒然草第一三二段に、元日の奏賀の声量の抜群であったことが見え、本文でも注釈書でも例外なく「もとよし」と読んでいる。群書類従本兵部卿元良親王集の巻頭歌の詞書には「陽成院の一宮もとよしのみこ」とある。親王の歌は後撰集以後重出を含めて約二十首が勅撰集に入撰しているが、その作者名は漢字二字書きが圧倒的に多いが、国歌大観によれば、拾遺集巻十二、七六六位の歌及び後撰集巻十六、一一四四位の歌は共に「もとよし」と仮名書きになっている。「なが」でないことは弟に元長親王があることでもわかる。邦良親王については、皇室御系譜九六頁に「第一皇子初名惟善(細々要記)惟良(皇代記)」と見える。尊良親王については、木藤才蔵の教示によれば、永正年間写の増鏡には「たかよし」と仮名書きし、室町初期の御崇光院本増鏡では尊良・世良親王を同筆で、「たかよし」「よよし」と振り仮名している。成良親王は内閣文庫本では「なりよし」と仮名書き、天理本梅松論には護良親王を「これよし」と訓じている。神皇正統記の伝本でも、邦良は青本・天七本に「クニヨシ」の訓仮名あり、護良は青本・大本に「モリヨシ」と訓仮名がついている。

外宮神官の度会家行と並んで吉野朝廷方に協力した檜垣常良は、御祈禱の賞として元徳二年(一三三〇)従三位に任ぜられ、中宮廉子の命により「大神宮両宮之御事」を献じたりしている。「神国決疑編中」に「従三位常良後改二常昌」、「二所太神宮正員禰宜転補次第記」の冒頭に常良について、「檜垣　従三位之始、改名常昌《よし》」とある。常良《つねよし》の甥良《よし》尚《ひさ》も貞陰と改名している。これは続日本紀巻三十

八、桓武天皇延暦四年(七八五)五月三日の条に「又臣子之礼必避二君諱一。比者先帝御名及朕之諱公私触犯。猶不レ忍レ聞。自レ今以後宜二並改避一」とあるように、常良は後醍醐天皇の皇子の諱「良(よし)」を避けて、文字を改め常昌(よし)としたのである。

伝一条兼良の諱訓抄(天和元年写)には護良親王を「もりなが」と読んでいるが、「良」は「よし」が本来の読みで後年「なが」になったのではなかろうか。

なお新葉和歌集の歌人の中に八首入撰している上野太守守永親王がいる。これこそ「もりなが」と読むべきではないかと思う。以上の論拠により、「良」は「よし」と読むことと結論したい。

一〇　**橘正成と云者ありき**(一六八頁)　山田孝雄、神皇正統記述義(六〇一頁)には「ここに『ありき』とあるのは他と例が違ふ。恐らくはこれはこの記を起草した時に正成は既に世に亡き人であつたので、それを追懐する心地で記したものであらう」と述べている。正成の戦死は延元元年(一三三六)五月で正統記執筆に先立つ三年前、興国四年(一三四三)の修訂の七年前である。ところが、延元元年に戦死した名和長年と延元三年(一三三八)に戦死した新田義貞の両人は、正統記では「と云者あり」とあって、「と云者ありき」とはしていない。また親房と親しかった藤原親光も最早戦死していたが「親光と云者も彼山にはせくはゝりぬ」(一六九頁)とあって「と云し者」とはない。なお正成については「正成といひしが」(一八六頁)という表記が一回だけ見られるが、「ありき」が正成の死去という事実と関連があるとは特には認められない。「ありき」には、たしかに「追憶する心」が一応動いていることは事実で、単なる「あり」よりも作者の感慨をこめた表現であることは言える。それよりも正統記の「といふもの」の表記の文字の上に注意すべき問題があると言えよう。「と云物」には、石鹿父(五四頁)・将門(一一九頁)・純友(一一九頁)・義仲(一四七頁)・不特定者を示すもの(一七五頁)の五例があり、「と云者」に善光(七六頁)などの例がある。この二つは主として武人系統で好ましからざる人物と望ましい人物とを明確に評価して書き分けたものと言える。この「者」よりも一段上位とおぼしきものは「と云人」であって、それは、大田命・大幡主・真根子・鎌足・道平・義寂・石碏等十七人であり、「と云神」が十例(傍流の神に限る)、「と云王」が四例(インドとシナの王)ある。一系の神・皇には、「と申す」(と申奉る)・「と号す」(と号し奉る)と最高の表現を用いている。

二 朝敵すでにちかづく(一八五頁) 1白本・天一本・高本・日光本は「朝敵」を高氏、脇本は尊氏とする。これらの伝本は、その性格上一群をなすものであり、なお次のような共通点を持っている。(この一連のものは特に後醍醐天皇の条にのみ集中しているので、代表的な個所のみを列挙する。)

2 一六八頁三行目 給ひぬれ―玉ふべきかと覚えし(白本のみ、覚ゆれ)

3 一七〇頁二行目 御方に心ざしある―公家に心ざしある

4 一七〇頁一三行目 偽主の儀にて―偽主の儀にとて

5 一七〇頁一三行目 改元して正慶と云しをも―正慶と改元ありしを

6 一七二頁六行目 御方にまいりし―公家にまいりし

7 一七三頁四行目 介子推がいましめも習しるものなきにこそ。かくて高氏が一族ならぬ輩もあまた昇進し、昇殿をゆるさるゝもありき―介子推

がいましめもありき(天一本・高本・日光本)
8 ―介子推が滅し習ひ知る人なきにこそ(白本)
9 一七三頁五行目　高氏が一族―足利の一族(白本・脇本)
10 一八五頁一一行目　又これをたいらげつ。朝敵は船にのりて西国へなむおちにける。諸将をよび官軍はかつ〴〵かへりまいりしを―又これをたいらげかへりまいりしを(天一本・高本・日光本)
11 ―又これを平げつ。敗軍は播磨に有と聞。軍兵且参しを(白本・脇本)
12 一八六頁五行目　西国の凶徒―西国の輩
13 一八六頁七行目　元弘偽主―元弘の時の主上
14 一八六頁八行目　都に出させ給―山門より還幸
15 一八六頁九行目　道ありしにこそ―道や有けむとぞ
16 一八六頁一〇行目　主上は尊号の儀にてまし〳〵き―主上をば尊号まし〳〵き
17 一八六頁一三行目　したがへ給けり―したがふとかや
18 一八七頁八行目　朝敵忍て―忍て(白本のみ、敵忍て)
19 一八九頁八行目　よこしまなるまじき理を―よこしまなるまじきを
20 一九〇頁二行目　功もなく徳もなきぬす人―功もなく徳もなき輩

この一連の事実は何を物語るものか。正統記はその成立後、それが「現代に与うる書」である性格上相当広く読まれたことは疑ないが、この事実はそれが北朝人の間に流布し時の経過とともに本文の改ざんの行なわれたことを如実に示している。北朝と足利幕府を思う者の立場から、なくもがなの老婆心から、せめてこうすることによってのみ正統記が彼等の間に存在を許されうるとする企てであろう。「朝敵」・「御方」・「凶徒」・「ぬす人」という表現を恐れて改めたり(1・3・6・11・12・20)、全く除去したり(10・18)、文全体の表現を変更して事実を曲げたり(10・11)するのは全く小細工の域を出ない変更である。この態度はそのまま光厳院に対する表現を忌むこととなり(4・13)、その記述された事実が歴然とした意義を持つものであって、そうあることが自己の側に何等かの不利な様相を呈する叙述である場合は、それを伝聞や不確定の語法で結んだりする(2・14・17)にいたるが、この二十例どの一つとして何等本質的な意義をもつものはない。なおこの他にも単なる筆写の書き落しとは認められない意識的に本文を削除した個所が相当見られる。この態度はやがて続神皇正統記の執筆につながり、またやや目的と手段を異にするけれども、後に明治になって、重修神皇正統記を生む精神へとつながり、正統記が閉鎖された古典として誤まられる傾向をもつに至るのである。

三　奥州・野州の守云々(一八八頁)「次の年」は延元四年(一三三九)と見るべきである。本文に後村上天皇即位(延元四年)の事が記載されていて、「次の年」とあるので文意からすると延元五年(一三四〇)(興国元年と改元)となるはずであるが、正統記の表現には、こうしたはめこみの形式をとる傾向があるので、延元四年が正しい。奥州の守とあるが事実は陸奥大介で、義良親王が延元元年(一三三六)二月以来陸奥太守であったので、北畠顕信は延元三年閏七月大介に任命されたのである(しかし親房は結城親朝への書状では、新国司と度々記載している)。野州の守は下野守で従来左中将道世のこととされてきた。道世のことは興国二年(一三四一)三月二十九日付の和泉国久米田寺に祈禱せしめた記事以外には伝わるものがない。

松本周二はその著「結城宗広」の中で、春日中将北畠顕時は興国二年八月以後顕国が改名したものであると報告された。それでは顕時とは誰のことか。大日本史は親房の弟持房の孫顕時であるとしている。新訂国史大系本尊卑分脈第三巻では、持房―持定―顕持とあり、上欄に「持、脇本前本閣本作時」とある。親房の弟持房は親房より三歳年下、延元三年四十三歳であるから、その孫であるとすれば十歳以下となる。ふさわしくない。東大史料編纂所本北畠系図一本（和歌山北畠清徳蔵本の写し）によれば、親房の子に顕家・顕信・顕時・顕能・顕雄・女子をあげ、顕時の注として、「権大納言正二位下野国司。号ニ春日一。延元元年従ニ奥州一下向。同三年顕家倶上洛。八月十七日討死青野原有レ功」とある。延元三年八月に戦死したものがその後下野で活躍するはずがない。戦死とするのが誤りである。北畠材親の北畠親房卿御伝記には「二男顕信三位中将陸奥守鎮守大将軍、三男以ニ顕時一任三従三位左少将兼ニ下野守右大将一、四男顕能正四位侍従伊勢守、四条中将有資伊勢守」を「四国司」と見えている。治房本北畠准后伝には「三男春日中将顕時任ニ下野守一。正平元年春春日宰相中将顕時卿赴ニ鎮西一」とある。なお横井金男の北畠親房文書輯考によれば、延元三年九月二十九日発の親房から結城親朝に送った書状に、共に伊勢大湊を出帆した義良親王の御座船の安否についてきづかった文中に「新国司三位中将家春日少将併四保長沼大内以下同参ニ彼御船一候」と伊勢に吹きかえされたことを報じている。この春日少将は延元三年十一月二十六日の条には「春日少将ハ近日下向候歟之由」と見え、延元四年二月二十二日の条には「春日中将被下向候間」と見えていることから、中将に昇進し、本文の言の通り延元四年春常陸に着き、下野国で奮戦したのである。

なお輯考には顕時が親朝に送った書状が四通紹介されている。したがって、下野守は道世でなく顕時と見るのが穏当であろう。しかしその実体と行動については、なお論証すべき余地が残る。

一三　さても旧都には云々（一八九頁）　神皇正統記開巻冒頭から、おのれの信ずるところ以外に日本はあり得ないと説き去り説き来たった格調の高い、文芸作品としても充実した健筆も、ここで急にその弱りを示すかの感がある。京都を「旧都」と呼び「暦応」という北朝の年号をあげている。「国々もおもひ〳〵の号なり」（同頁）に無限の哀痛の叫びがある。万事窮すというあきらめのにおいさえある。「戊寅の年の冬改元」（同頁）とあるが、建武五年（一三三八）は八月二十八日に暦応と改元したので、冬改元は秋改元とあるべきであるが、戦陣の時代、北朝の改元の儀は常陸の親房のところに正式に通報あるべきでないし、伝聞に時日を必要とした故の表記と見るべきであろう。

南朝は延元以後南北朝合一の元中九年（一三九二）十月まで五十七年間に八元号、北朝は南朝が建武三年を延元と改元した後も建武を用い、その後十七元号を数えている。一度沈んだ親房の筆も、一転して最後の勇を鼓して筆硯《ひっけん》を改め後村上天皇の正統性とその治世の無窮性へと進んでゆく。

一四　功もなく徳もなきぬす人（一九〇頁）　高氏の名は正統記に十回見える。まず「源高氏ときこえしは」（一六九頁）として登場する。正統記に「きこえし」と表記された人物は他に四人、「法潤と聞えし」（九八頁）、「一品式部卿兼常陸太守ときこえし」（一一一頁）、「頼長と聞えし」「この大臣（私注・頼長のこと）も漢才はたかく聞えし」（一三七頁）、「源為義と聞えし」（一三八頁）。「聞えし」と漢字表記しても「きこえし」と仮名表記でも差異はないが「といふ者」「と云ひし者」に対してやや好意的な口ぶりである。表現上「きこえし」はその人物が「広く世間に評判される」「世に広く伝わる」の意から、「その人名・地位・状態などが世間の人々の何々と申し上げる」と呼ばれる人物を敬うまでの広い意味をもっている。

　親房は平氏に対しては感情的といえる程好意をもっていないが、源氏に対してはその出自の相異はあっても一般的に温い態度をもって接している。高氏が北条氏追討に際して、高時への誓約を破ってまで官軍に投じ公家一統に参加したことを、「抑彼高氏御方にまいりし、其功は誠にしかるべし」(一七二頁)としながら、「すゞろに寵幸ありて、抽賞せられし」(同頁)ことは「さしたる大功もなくてかくやは抽賞せらるべき」(一七二―三頁)と後醍醐天皇の対武士政策、わけても高氏・直義に対する優遇には世間の非難の大きいこととその不当性を主張している。「ひさしき家人」(一七二頁)の身を忘れて、頼朝二世を志して「のぞむ所達せずして、謀叛」(一八四頁)したものであって、「天の功をぬすみてをのれが功とおもへ」(一七三頁)る思い上がりものとしている。

　親房は源氏論を展開して、源氏出自のものに対して縷々述べているが、結論的には「源氏はあらたに出たる人臣なり。徳もなく、功もなく、高官にのぼりて人にをごらば二神の御とがめありぬべきことぞかし」(一二四頁)と述べて、やがての高氏評への伏線を示していることは注意すべきものがある。凶徒であり、朝敵である高氏への評のもりあがりの極言がこの筆誅となったのである。

一五　**藤原の廉子**(一九〇頁)　廉子は左近衛中将阿野公廉の女、正安三年(一三〇一)生まれ、二十歳の時後醍醐天皇の中宮礼成門院禧子(西園寺実廉の女、元弘二年(一三三二)五月院号宣下、同三年十月没)の上臈として宮中に入り、天皇の寵を蒙り、元徳三年(一三三一)三月従三位内侍、後に准后。天皇の隠岐遷幸の介錯として渡島、正平六年(一三五一)十二月新待賢門院号、正平十四年(一三五九)吉野で没。

親房は歴代の天皇の系譜を記すにあたっては、「第何子、御母何某、何某の女也」を定型として一も相違はないが、この項に限りこの定型をとっていない。公廉の父公仲も左中将正四位下と低かったが、父祖の身分のために記載しなかったのではない。家柄・官位の低さからいえば、第二十八代安閑天皇の生母は「尾張の草香の連の女」(七三頁)、第七十九代六条院の生母は「大蔵少輔伊岐兼盛の女」(一四二頁)の例がある。廉子は宮中に入る際一族の藤原公賢の養女となった。時に公賢二十九歳、春宮太夫・権大納言であった。公賢は北朝に止まったが終始南朝と連絡を保っていた北朝の代表的な知識人で園太暦の著者。親房は公廉の弟季継・その子実村(孫実為まで三代にわたった)が南朝に伺候している事実は認めても、廉子の出自については意識して書かなかったのであろう。

廉子は天皇の隠岐からの還幸後、共にお供をした六条忠顕が公卿として異数の栄進をとげて世間の注目をあびたと同じく、太平記の作者をして、「蓋シ善巧便佞叡旨ニ先テ、奇ヲ争ヒシカバ、花ノ下ノ春ノ遊、月ノ前ノ秋ノ宴、駕スレバ輦ヲ共ニシ、幸スレバ席ヲ専ニシ給フ。是ヨリ君王朝政ヲシ給ハズ。忽ニ准后ノ宣旨ヲ下サレシカバ、人皆皇后元妃ノ思ヲナセリ。驚見ル、光彩ノ始テ門戸ニ生ルコトヲ。此時天下ノ人、男ヲ牛ム事ヲ軽ジテ、女ヲ牛ム事ヲ重ゼリ。サレバ御前ノ評定、雑訴ノ御沙汰マデモ、准后ノ御口入トダニ云テゲレバ、上卿モ忠ナキニ賞ヲ与ヘ、奉行モ理有ルヲ非トセリ」(太平記巻一)といわしめ、建武一統後は大仏陸奥守の跡を御領として賜わり(同巻十二)、護良親王失脚の原因を作り、「牝鶏《ひんけい》晨《あした》スルハ家ノ尽ル相ナリ」(同前)と極言されている。たしかに一統の政の失敗の大きな要因をなしている。

　廉子がその生涯を通じて意図した最高の望みは、自分の所生の親王を即位させることにあった。長子恒良親王は、元弘三年流寓先の但馬に兵をあげ六条忠顕と共に六波羅を攻め、一統後の建武元年(一三三四)正月二十三日皇太子となり、延元元年(一三三六)新田義貞に擁せられて北陸へ、二年三月六日城陥り、捕われて京都へ護送され三年四月十七日足利直義の手におち薬を仰いで没、十四歳。第二子成良親王は元弘三年(一三三三)直義に奉ぜられて鎌倉へ、後上野太守・征夷大将軍となり、延元元年十一月十四日足利氏の勧めにより北朝光明院の皇太子とされたが間もなく廃せられ、興国五年(一三四四)正月六日没、十九歳。共に廉子の期待に反した。第三子義良親王が皇太子となりやがて第九十六代天皇として即位されたのである(一九〇頁)。

一六　**日をいだくとなむ夢に見申させ給けるとぞ**(一九〇頁)　出生・往生説話には「夢見」の記録が古来多い。中でも往生譚は種類も豊富であるが、出生譚にも「日輪已に逼る」(宋史、李賢妃伝)、「日懐に入るを夢みる」(史記、外戚世家)、「明星を呑む」(拾遺往生伝上)、「聖人胎中に入る」(今昔物語巻二)、「日光口中に入る」(後拾遺往生伝中)、「天人を呑む」・「剣を呑む」(拾遺往生伝中・下)、「香炉を呑む」(今昔物語巻七)、「玉を得」(今昔物語巻十二)、「日輪家に入る」(古事談六)、「日輪口中に入る」(今昔物語巻十一)、「夢中ニ鈴ヲ呑ム」(太平記巻十二)など種々の場合がある。釈迦出生に際して麻耶夫人が霊夢を戴いたと伝えられて以来主として高僧の出生を語るものが多い。後村上天皇が数ある皇子の中で太子に立ち、同母の兄の二親王がともに立太子はありながら足利氏の毒手にたおれた不幸に反し、正統の天皇として即位されるような運命を身に帯びていたので、他書には記載はないがこうした出生にまつわる瑞祥信仰が吉野朝人の間に流布していたのであろう。

神国日本は日神天照大神の本誓のままに、神器を帯し神器の徳を顕現する正統の天皇によって、その「天日嗣」は継承されるべきである。「日をいだく」瑞相の出牛は、やがて「宮ノ召サレタル御船一艘漫々タル大洋ニ放タレテ已ニ覆ラントシケル処ニ、光明赫奕タル日輪御舟ノ舳前ニ現ジテ見ヘケルガ、風俄カニ取ツテ返シ、伊勢国神風浜ヘ吹キモドシ奉ル。若干ノ舟共行方モシラズ成ヌルニ、此御舟バカリ日輪ノ擁護ニ依ツテ伊勢国ヘ吹キモドサレ給ヌルコトタダ事ニアラズ」(太平記巻二十)。「延元三年秋、後村上院かさねて陸奥のくにへくだらせまし〳〵けるに、いくほどなく御舟伊勢国篠島といふ所へつきたるよし聞えしかば、勅使としてまゐりたりけるに、このたび大風なのめならずして、御供なりける舟どもおほくそむじけるを、おなじ風のまぎれに、御舟ばかりはことゆゑなくこの国へしもつかせ給ふ事、しかしながら太神宮の御はからひたるよし、神つかさどもよろこび申ければ、やがてこのよし奏し侍りける次に

前大僧正頼意

神風や御舟よすらしおきつ浪たのみをかけしいせの浜べに」　(新葉和歌集巻九)

という、伊勢皇大神宮信仰と礼讃と、その神佑加護による日本の永遠性を謳歌する「神国」思想の発現を期待しての、神皇正統記のしめくくりの文章となっている。

解説

序のことば

文保二年(一三一八)二月二十六日持明院統の花園院は退位の止むなきにいたり、大覚寺統の皇太子尊治親王即位。時に花園院二十二歳、尊治親王三十一歳。天皇よりも東宮が九歳も年長という異例の、在位十一年間の花園院は生来病弱、花園院宸記によれば、上気・脚気・咳気・顔腫《がんしゅ》になやみ、経済的不如意を嘆き、地震・火災・悪疫におびえ、異国襲来の報に恐れ、不徳不堪の身しかも運の薄きをかこち暮らした。北条幕政のゆきづまりと政治・経済・社会の不安と動揺は時代に大きな変換を求めようとしていた。

次頁に示す通り、二十歳をこえて即位したのは三天皇のみで、他は幼少の間天位にあっただけで、後二条院の二一四歳在位のまま崩御されたのを除くと、後伏見院は別として、五十歳以上の長寿を保ちながら両皇統の迭立という時流のために不本意な治政に終っている。

後嵯峨（87代）
立太子 なし
即位 二三歳
譲位 二七歳
院政 一一年
崩御 五三歳

持明院統

後深草（88代）
立太子 一歳
即位 四歳
譲位 一七歳
院政 三年
崩御 六二歳

伏見（91代）
立太子 一一歳
即位 二三歳
譲位 三四歳
院政 八年
崩御 五三歳

後伏見（92代）
立太子 二歳
即位 一一歳
譲位 一四歳
院政 五年
崩御 四九歳

花園（94代）
立太子 五歳
即位 一二歳
譲位 二二歳
崩御 五二歳

大覚寺統

亀山（89代）
立太子 九歳
即位 一一歳
譲位 二七歳
院政 一一年
崩御 五七歳

後宇多（90代）
立太子 二歳
即位 八歳
譲位 二一歳
院政 七年
崩御 五八歳

後二条（93代）
立太子 一四歳
即位 一七歳
崩御 二四歳

後醍醐（95代）
立太子 二一歳
即位 三一歳
崩御 五二歳

花園院は退位に際して、後醍醐天皇の皇太子に同じ大覚寺統の邦良親王が立ったことを不満としていたが、親王の俄かな病没にあい、北条執権に運動して、嘉暦元年(一三二六)七月持明院統の量仁親王の立太子を見るや、これを猶子として自分に見出しえなかった夢を十三歳の少年皇太子に託そうとした。このことが元徳二年(一三三〇)二月に「誡太子書」となって現われた。漢字千五百字、教えて倦まず時艱克服・国運進展のために至言を尽している。「太子宮人の手に長じ、未だ民の急を知らず。常に綺羅《きら》服飾を衣《き》て織紡の労役を思ふことなし。とこしへに稲粱《とうりょう》の珍膳に飽《あ》き、未だ稼穡の艱難を弁ぜず。国において曾て尺寸の功なく、民において豈毫釐《あにごうり》の恵みあらんや。只先皇の余烈を言ふを以つて猥《みだ》りに万機の重任を期せんと欲す。徳なくして謬《あやま》りて王侯の上に託し、功なくして苟《いやし》くも庶民の間に莅《のぞ》む。豈みづから慙《は》ぢざらんや」と薄徳をもって神器を保たんとする危殆《きたい》を感じ、天皇たるもの学功立ち徳義成り、帝業を盛んにし大孝を累祖に致し、厚徳を百姓に加えて、はじめて天皇の名に値すると教えた。このためには、思うて学び学んで思い、書に精通して日々吾が躬《み》を省みることの必要性を説く。たとえ天皇の徳微なりとも皇胤《こういん》一統他国の攻めるところとならず、政乱れるも異姓が皇位を奪うことのない、余国に異なる卓越性は宗廟《そうびょう》社稷《しゃしょく》のたまものと観ずる花園院は、後醍醐天皇の俊秀さと政道の淳素を讃美し、廷臣の優秀さを認めつつも、耳もとにひびく近づきつつある混乱の時代の足音に敏感であった。

後醍醐天皇が念願の院政・幕政の弊を改め延喜・天暦の天皇親政の実をあげるためには、親王・公卿・武士の有能な多数の人材を適所に配置し、各〻の手腕を縦横に発揮させ、常に諫言を素直に納れ、洞察よくその言動を律する寛容さをもち、終始人間的な英智と強靱《きょうじん》さを駆使することが緊要であった。たしかに後醍醐天皇は以上の条件を一応は具備する旺盛な英主ではあった。しかし時代の強烈な怒濤の前には不幸にも流されざるを得なかったし、その怒濤に力をかすような不運なめぐり合わせにあった。

北畠親房はこの時代を生き、光明の世界実現へのみのることのない闘争にまきこまれ、武士階級に対する、絶望にも近い不信の念をいだきつつも生涯を王事に捧げた。親房とは、自己に忠実、自己の是と信じたものこそ絶対の真理であり、その信念は行動化されて一層純化、その不抜の信念はそのまま不退転の思想を形成し、その実践行動はもはや事の成否を顧慮せず、その動機において善美なるものはその結果を予想評価しえなかった人物であったと言える。この意味で、稀《まれ》に見る徹底的に自己に生きた孤独の卓越者であると言えよう。

北畠親房の生涯

親房の生涯を研究したものに、1「北畠准后伝 附批評」2「北畠准后親房卿伝」3「北畠准后伝」4「北畠親房卿御伝記」の四本がある。1は伊勢神宮文庫に二本。一本は「右壱巻原本大和法隆寺北畠治房氏所蔵本特ニ複写恵贈セラル、処也。大正七年四月二十三日大西源一識」と奥書されているものの謄写本。他の一本も内容は全く同じものである。北畠治房は天保四年(一八三三)生まれ、法隆寺寺侍の出身、大正十年京都に没。尊攘の大義をとなえ中山忠光卿と共に天誅組にあって転戦、明治維新後裁判官となり、政界に投じ、老後は大和法隆寺に自適の生活を送った。1の准后伝について、山田孝雄氏はその著神皇正統記述義の北畠親房卿年譜略の末尾に「この書、その時代を明かにせねど、室町時代の著なるべく、中に親房の日記などを材料とせるあり、悉く信ずべからずと雖も、全然無稽のものにあらず。この書伝本稀なりといふ。余が蔵するものは故男爵北畠治房氏の手づから写して余に与へられしものにして、その原本は田中勘兵衛氏の蔵書といふ」とある。この書「附批評」とあるのは、「此冊通計十七枚前紙九枚半者明治三十四年六月下旬以原本所謄写後紙者有所思為子孫聊加注焉大正三年四月一日　北畠一畝裔孫八十二翁源治房手録　上半孫女房子謄下半同穏子写　右大正三年四月三日」でわかるように、准后伝に対して、訂正意見を注記したものである。2は金刀比羅宮図書館本、延享元年(一七四四)本の慶応三年(一八六七)転写本。内題は「源親房伝 論賛附 弘文院学士林春斎」とある。3は国会図書館蔵寛政二年(一七九〇)書写本。2と3とは全く同じもの。林春斎は羅山の第三子、父羅山は職原抄神祇官太政官注・職原抄(六冊本の注釈書、寛永八年本)の著者、春斎も父の跡をついで職原抄聞書・職原会通・職原抄不審問答(東大史料本、岩波国書総目録は答問)を著わした。4は親房の七世の孫材《き》親《ちか》の著、図書寮蔵本。内題に「北畠准后伝」とある。材親(応仁二年(一四六八)—永正八年(一五一一))は正三位権大納言伊勢国司、初名具方。足利十代将軍義稙(初名義材)と親交あり、材の一字をもらって材親と改名した。

これら四本を参照しながら親房の伝記を略示する。

伏見院(弘安十一年三月十五日即位)。

正応六年（一二九三）　一歳。正月二十九日（一説十三日）北畠師重（二十四歳）の長子として出生。
時に父は正三位右衛門督、母は左少将藤原隆重の娘。祖父入道権大納言師親に養われる。六月
二十四日叙爵。

永仁二年（一二九四）　二歳。正月六日従五位上。

永仁五年（一二九七）　五歳。二月十八日正五位下。

永仁六年（一二九八）　六歳。五月二十三日従四位下。

後伏見院（永仁六年十月十三日即位）。

正安二年（一三〇〇）　八歳。正月五日従四位上。閏七月十四日兵部権大輔。元服。

後二条院（正安三年三月二十四日即位）。

乾元二年（一三〇三）　十一歳。正月二十日正四位下。（八月五日改元）十二月三十日右中将。

嘉元三年（一三〇五）　十三歳。十一月十八日（一説十二月三十日）権左少弁。

徳治元年（一三〇六）　十四歳。十二月二十二日左少弁（一説左中弁）。

徳治二年（一三〇七）　十五歳。七月二十八日父師重出家に伴い家督をつぐ。十一月一日弾正大弼。

延慶元年(一三〇八)　十六歳。十一月八日従三位。

　花園院(延慶元年十一月十六日即位)。

延慶三年(一三一〇)　十八歳。三月九日(一説四月二日)正三位。十二月十七日参議。

延慶四年(一三一一)　十九歳。正月十七日兼左中将。三月三十日備前権守。(四月二十八日改元)

　七月二十日左近衛督兼検非違使別当。十二月二十一日権中納言。督・別当は元のまま。

応長二年(一三一二)　二十歳。三月十五日督・別当をやめる。(三月二十日改元)八月十日従二位。

正和二年(一三一三)　二十一歳。三月十六日石清水臨時祭、庭座公卿権中納言親房。

正和四年(一三一五)　二十三歳。四月十六日祖父師親没、服暇。四月十七日前権中納言。

正和五年(一三一六)　二十四歳。正月五日正二位。

　後醍醐天皇(文保二年三月二十九日即位)。

文保二年(一三一八)　二十六歳。十二月十日還任権中納言。世良親王の養育にあたる。

元応元年(一三一九)　二十七歳。八月五日中納言。

元応二年(一三二〇)　二十八歳。十月二十一日淳和院別当。

元応三年（一三二一）　二十九歳。源納言引二易文一依二革命一改元、亨字有レ便由数剋演説。太珍重也。庸才愚心不レ能二記尽一（師賢卿記）。

元亨二年（一三二二）　三十歳。正月五日長子顕家従五位上、五歳。正月十三日父師重没。三月六日除服出仕。

元亨三年（一三二三）　三十一歳。正月十三日権大納言。六月十六日陸奥出羽按察使を兼ねる。六月二十日中殿詩御会。御遊笙按察大納言。十月十一日此日内々御覧二舞曲一、伶人笙按察大納言。

元亨四年（一三二四）　三十二歳。三月十二日世良親王元服加冠。五月二十七日親房大納言となるか（一説四月二十七日）。九月十九日正中の変。

正中二年（一三二五）　三十三歳。正月七日内教坊別当。十二月十八日続後拾遺集勅撰さる。親房の和歌二首入撰。

正中三年（一三二六）　三十四歳。四月二十六日改元、定勘文、上卿源大納言親房。

嘉暦二年（一三二七）　三十五歳。正月十六日世良親王踏歌節会に参加。閏九月三十日法勝寺上卿。

嘉暦三年（一三二八）　三十六歳。この年義良親王生誕。

元徳二年（一三三〇）　三十八歳。二月二十三日中殿歌御会。親房和歌序を書く。九月十七日世良親王没に伴い親房出家、法名宗玄（宗玄は禅宗による法名、後の覚空は真言宗による）。

元徳三年（一三三一）　三十九歳。五月元弘の乱。（八月九日改元）八月二十四日天皇笠置潜幸。

元弘二年（一三三二）　四十歳。三月七日天皇隠岐の島へ。

元弘三年（一三三三）　四十一歳。閏二月二十八日天皇隠岐から伯耆船上山に行幸。五月二十二日鎌倉陥り北条幕府滅亡。六月五日天皇京都還幸。八月五日顕家従三位陸奥守。十月七日世良親王ゆかりの芹河殿敷地を臨川寺に寄進。十月二十日義良親王を奉じて親房・顕家陸奥に下る。

建武二年（一三三五）　四十三歳。七月中先代の乱。十一月二日高氏・直義叛く。十二月二十二日顕家、義良親王を奉じて西上出発。親房は先きに帰京か。

建武三年（一三三六）　四十四歳。正月十日高氏京都に入る。正月三十日親房・顕家京に入る。二月十二日高氏九州に逃げる。（二月二十九日改元）三月十日義良親王元服三品陸奥太守。顕家と共に任国に赴く。八月十五日高氏のはからいにより光明院践祚。十月十日後醍醐天皇京都に還幸。親房、第二子顕信と共に伊勢国に下る。度会家行と交わり伊勢神道に親しむ。十二月二十一日天皇神器を奉じて吉野へ行幸。南北朝に分裂。

延元二年(一三三七)　四十五歳。正月一日書を顕家に送り天皇南山行を告げる。五、六月の頃東国の結城宗広に書を与え上京を促す。この年伊勢国にあって兵を催す。元元集成立か。

延元三年(一三三八)　四十六歳。正月二日顕家、義良親王を奉じて再度西上出発。美濃青野原に敗れ京都進攻を中止、伊賀・伊勢を経て奈良に入る。義良親王吉野に帰る。五月二十二日顕家戦死。閏七月二十六日顕信中将に転じ従三位陸奥大介鎮守府将軍となる。親房・義良親王・顕信伊勢へ。九月義良・宗良両親王を奉じて、親房・顕信・顕時・宗広等東国へ出帆、暴風雨にあい、親房は常陸国東条浦に着き神宮寺城に入る。九月二十九日親房、結城親朝に書を与え奮起を促す。この年五回に及ぶ。阿波崎城を経て小田城に入る。

後村上天皇(延元四年八月十五日即位)。

延元四年(一三三九)　四十七歳。二月四日春日中将顕国小田城に入る。三月三日常陸水戸吉田神社に吉田郷を寄進する。八月十五日後醍醐天皇崩御。義良親王即位。この秋神皇正統記成立。結城親朝に書を送ること十二回。

延元五年（一三四〇）　四十八歳。二月職原鈔（抄とも）成立。結城親朝に書を送ること十一回。
（四月二十八日改元）

興国二年（一三四一）　四十九歳。春、二十一社記成立。閏四月五日阿蘇大宮司宇治惟時に書を送る。十一月十日小田城主小田治久賊に降る。親房は関城に顕時は大宝城に移る。結城親朝に書を送ること二十三回。

興国三年（一三四二）　五十歳。三月二十八日付親朝への書状に「於二身上事一者宜レ任二天命一之間、付二善悪二不二驚動一。以二一命一欲レ報二先朝一許也」と叫ぶ。七月獲麟書一巻を親朝に送るか。親朝に書を送ること十二回。

興国四年（一三四三）　五十一歳。七月神皇正統記を修訂する。十一月十一日関・大宝城陥る。この数年来吉野和平派の律師浄光・多田入道宗貞及び吉野を遁れて藤氏一揆を試みる前左大臣近衛経忠に味方する小山氏等の反親房運動展開。この年の暮常陸を去って海路尾張へ。度会家行に迎えられて伊勢に帰る。親朝に書を送ること四回。

興国五年（一三四四）　五十二歳。春、准大臣宣下か。

興国七年(一三四六)　五十四歳。十一月十三日日本書紀を源顕能に授く(図書寮本奥書)。東家秘伝・熱田本紀など成るか。(十二月八日改元)

正平二年(一三四七)　五十五歳。二月十九日権律師亮運に霊棋経を授く(東大付属図書館本奥書)。春、後村上天皇の勅により古今和歌集注を著わす。信州の宗良親王に詠歌を贈る。冬、高師泰の発向に伴い河内へ移る。

正平三年(一三四八)　五十六歳。正月五日楠木正行四条畷に戦死。正月十五日吉野行宮焼亡。後村上天皇賀名生へ。親房同行。

正平五年(一三五〇)　五十八歳。南朝、十二月十三日足利直義の降服を許す。親房事に当たる。

正平六年(一三五一)　五十九歳。二月二十一日足利高氏・直義和睦。八月直義鎌倉に去る。南朝、十月二十四日足利高氏・義詮の降服を許す。正平の一統成る。十二月二十一日准三宮宣下。

正平七年(一三五二)　六十歳。二月二十六日高氏、直義を殺す。閏二月二十四日親房十六年ぶりに京都に入る。四月一日海田荘地頭職を高野山蓮華乗院に寄せる。五月十一日天皇と共に賀名生に帰る。冬、天皇の勅により後醍醐天皇御撰年中行事を書写する。

正平八年(一三五三)　六十一歳。六月八日官軍京都攻略。七月二十五日足利軍京に入る。この年千首和歌会に詠進。

正平九年(一三五四)　六十二歳。九月十五日大和宇陀郡福西荘灌頂寺阿弥陀院に没(一説四月十七日賀名生に没)。

付記　北畠治房に「北畠親房墓所在異見」という一冊がある。明治四十一年九月九日故従一位准后北畠親房に正一位を贈る策命使が差遣されることになり、その差遣場をいずくにすべきかについて、奈良県知事に忠告かつ奉行猶予哀請の顚末書である。賀名生の黒木御所址華蔵院の親房の墓と称せられている五輪塔は信ずべからずとして、その派遣の中止を求めたものである。奈良県宇陀郡室生寺境内に今も伊勢国司墓と称するものがあり、左方は親房右方は顕能とされている。治房は宇陀郡にこそあるべきであると主張している。

親房の著書

北畠親房七世の孫北畠材親の著北畠親房卿御伝記の中に、「神皇正統記五巻職原抄二巻元元集

七巻古今集抄四巻二十一社記一巻熱田本紀一巻東家秘伝一巻神教秘伝一巻、凡八部皆出二日本神道一而可レ治二国家一之術也。我国之風俗総有二此中一」としている。材親はこの伝記を北畠神道の先師としての親房に焦点をあてて「北畠准后一品儀同三司源親房公明二倭漢之諸書一極二諸道之根源一立二神道内外之篇一。以二我国之道一欲レ治二天下一。誠其功偉哉。為二神明一顕二其道一為二皇帝一尽二其忠一為二国土一立二其法一為二万民一施二其教一。可レ謂二神道中興之祖師一」と述べている。神皇正統紀は「為三奉レ教二幼帝一」に「奏レ之」とし、他の七部も「奏レ之」としている。北畠治房本に以上の八部以外に建武元年禁詠集三巻、延元二年春「又命二親房卿一撰二延元礼節三百六十箇条一」、延元三年十二月二十七日「撰二鹿嶋香取両社勘文一巻一」、興国三年七月三日「述二獲麟書一巻一而贈二奥州結城修理大夫親朝許一」と四部の名が見える。東大図書館本に「本朝葬祭記　全」と題する楮葉七枚本（享保二年二月橘久通が書写したものを同三月諸材が転写したもの）、及び「伊賀記伊賀史」六葉本（「信友云伊賀記トハ後人ノ私ニ題セルモノ也削ルヘシ」との奥書がある）とがある。伊勢神宮文庫本東家秘伝（一冊）の表題に「幷伊勢の訓」と併題し、「伊勢者以二天神一為レ勢以二地祇一為レ伊。此陰陽之和合而生二日本国一。（中略）内宮ハ勢字火徳陽ニシテ陰神、外宮ハ伊字水徳陰ニシテ陽神」などと度会神道説による簡単な解説的一文がある。真言内証義(岩波日本古典文学大系本、仮名法語集所収)については宮坂宥勝氏の解説にゆずる。

親房の著書のうち、神皇正統記・職原鈔・元元集・真言内証義・二十一社記・古今和歌集注などについては研究されているが、その他のものには伝本も少なく名のみのものもあり今後の研究にまつ他はない。

親房と和歌

親房の和歌で勅撰集に入撰している歌数は、続千載集に権中納言として二首、続後拾遺集に大納言として二首、計四首である。他に続現葉和歌集(十巻、後宇多・後醍醐天皇を中心とする大覚寺統の歌人と二条為世流の二条派歌人中心。正中元年ごろ成立か)に四首、臨永和歌集(十巻、後醍醐天皇中心、二条派歌人中心。元弘元年夏ごろ成立か)に六首、吉野拾遺にも一首見える。

新葉和歌集には二十七首入撰、春五首夏一首秋三首冬三首羇旅一首神祇二首釈教二首恋二首雑七首哀傷一首、巻十八では巻頭歌としての地位を与えられている。この二十七首のうち十八首は李花集に見えている。李花集は宗良親王の家集で、この十八首を含む八十三首は、その詞書に「中院准后詠歌どもあまたかき集めて、よしあししるしつけて、歌をもよみ加はふべきよし申したりし」(一五)、「とありしそばに、書きそへし」(二〇)、「中院准后歌よみて吉野よりみせ侍りし」(一一七)、「吉野にてよみ集めたる詠歌ども」(四一二)、「中院准后歌見せ侍るとて、さりぬべきには必ず歌をそばによみ加ふべき由申したびたりしに」(四七三)——番号は松田武夫、岩波文庫本李花集による——などとある。本来は百首歌であったとみるのが穏当で、親房は歌道では宗良親王を師と仰ぎ、共に伊勢国に下って戦い、東国行の船旅の苦を共にした親しさをもっていた。この贈答の行なわれたのは正平二年(一三四七)頃の春と覚しく、歌稿は吉野から信州へ送られ、返歌をそばに書いて送りかえされたものと見える。

親房の古今集抄について一言する。続群書類従本古今集序注一巻の奥書に「本云、此注則後村上院正平年中。仰ニ中院入道准后親房公ニ而被レ注。仍宗匠(一条流定家卿)摭拾於諸家多説所注也。則先師中書大王(宗良親王宗匠為世卿外孫)加一見而上奏之、相伝之畢。嫻雲子釈竺源恵梵」とある。竺源恵梵は後村上天皇皇子師成親王のこと、新葉和歌集に兵部卿師成親王として四首入撰。先師とは宗良親王、親王の母は二条為世の女贈従三位為子。宗良親王は中務卿であったので信州中書王とも中書大王とも言う。吉野歌壇の重鎮、新葉和歌集の撰者。前述の通り親房の和歌の師匠格にあたり二条歌風の代表者である。この古今集序注は完本ではなく端本であって、古今和歌集註(注とも)・北畠親房抄上中下・古今集註(注とも)・古今集抄などと、種々の名称がある。この序注ではまず勅撰次第を述べ、古今集仮名序を十五段に分かち主として二条家流の説に立って述べている。特に第一段やまと歌の注では、神皇正統記の「やまと」の語義の解釈と全く軌を一にし詳細を極めている。

神皇正統記の成立

親房の前に一筋の道がある。その道は遠い悠遠の昔から今に通じている道である。親房はその道を確信をもって歩いている。唯一絶対と信ずるこの道以外に別人の道を行く足音を耳にする。それは乱臣賊子の道であって、神国の道ではないと固く拒否するけれども、人それぞれに歩む道があって、却って正統な道がせばめられて行く概がある。かつて共に歩いた顕家は死んだ。義良親王・顕信・結城宗広も近くにはいない。顕家の諫言が納れられて、一統の計成り、それぞれ大命を帯びて伊勢大湊を出帆した兵船は台風のため散り散りとなった。延元三年（一三三八）九月常陸の内海東条浦にやっと着岸して、常陸の宮方に迎えられて神宮寺城に入った親房を、いこう間もなく攻撃して来たのは常陸守護佐竹義篤の被官烟田時幹・宮崎幹顕等であった。常陸国鹿島郡烟田又太郎時幹軍忠事という目安文（水戸彰考館本烟田文書）に「右吉野没落朝敵人北畠源大納言入道以下凶徒等、経海路当国東条庄著岸之間、為誅伐之被発向之間、時幹罷向云々」とある。誰が何故に凶徒であり、己の行動の必然性がどこにあり、どうする事が正しい道であるかを自覚しないものと戦うことの空しさ、しかも一度武力が行使しはじめられると個人の意志に関係なく周囲をとりこみ集団の中に埋没して互いに傷き死んでゆく。

混濁それは人の世、紛乱それは世の様、しかし如何にそれを悲歌しても解決は与えられない。歩いたあとが道になる人、道を歩かない人、様々である。神宮寺城から阿波崎城へ、更に小田治久に擁せられて小田城へ。かつては陸奥太守義良親王・陸奥大介鎮守府大将軍源顕家・東国武士の重鎮結城宗広と共に東国経営にあたり、威令の行なわれたのは今からは昔、今の親房は入道大納言でしかない。いかに吉野朝廷の重臣をもって任じていても、論功による即決の昇進・知行の獲得を願う武士を統御することは容易でなく、現実にはその無力を嘆ぜざるをえない。援兵を求めて結城親朝に書を寄せるが、恩賞任官を行動の絶対条件とする彼は容易に動こうとしない。宗広・親光と同じ血の親朝は必ず立つに相違ないと信ずる親房は、延元三年(一三三八)から興国四年(一三四三)までの五年三個月の間、訓諭・説得・懇願をくりかえすこと六十七回(横井金男、北畠親房文書輯考――この数は現存する文書の数であって、この他に散逸したものも多かったであろう)に及んだ。親房の軍事行動には限界があり、現在を生きる親朝に対して、過去と現在と未来に生きる親房も、兵と戦費との援助をうけなければ現在はありえない。しかも形勢は日に日に非、それは時代のなりゆく姿でもある。

親房は立ちどまって、今一度脚下を凝視し、日本という国、その創成、経て来た跡、眼前の現象、将来への展望に思いをめぐらす時、若いころから身につけた学問、それは神・仏・儒の三道にわたる広汎な思想、人生から得た体験などから帰納して、われ人と共に守るべき根本のものを把握しこれを宣布することの重要さに気がついた。親房は歴史に照らして克明に立証し人々の行動の根元に培うことを志した。子顕家が二十一歳の若さで後醍醐天皇に奉った上奏文は作られた文章ではなくして肺腑に出る直言である。手許に多少の参考すべき書物もある。神道五部書や家行の著書から得たものもある。これをまとめて一巻の書とすることは顕家を生かし宗広の一途な忠節に酬いる道である。親房の頭の中に神皇正統記は形づくられつつあった。ところが後醍醐天皇崩御の悲報に接した。「ぬるが中なる夢の世は、いまにはじめぬならひ」と観じても「かず〳〵めのまへなる心ちして老泪もかき」あえず、筆を投じようと考えもしたが、「神皇正統のよこしまなるまじき理を申のべて、素意の末」(一八九頁)を宣揚せんがために完成した。

神皇正統記は誰のために書かれたか

此記者去延元四年秋為レ示二或童蒙一所レ馳二老筆一也。旅宿之間不レ蓄二一巻之文書一。纔尋二得最略皇代記一任二彼篇目一粗勒二子細一畢。其後不レ能二再見一已及二五稔一。不レ図有二展転書写之輩一云々。驚而披二見之一処錯乱多端。癸未秋七月、聊加二修訂一。以レ此可レ為レ本。以前披覧之人莫二嘲哂一耳。

これは白本をはじめ多くの伝本に——奥書・前書・巻中に入るものとその形式は種々である

が——見られる一文である。「童蒙」という用語から十二歳で即位した後村上天皇に献じたとする説が古くから行なわれているが、「示」「不ㇾ図」「展転書写之輩」「驚」「以前披覧之人」の意味するところに注意すべきである。

親房は神皇正統記執筆のいわれを本文中に四個所にわたって述べている。「神代より正理にてうけ伝へるいはれを述ことを志き。常に聞ゆることをばのせず。しかれば神皇の正統記とや名け侍べき」(二四頁)。「大かた天皇の世つぎをしるせるふみ、昔より今に至まで家々にあまたあり。かくしるし侍もさらにめづらしからぬことなれど、神代より継体正統のたがはせ給はぬ一はしを申さむがためなり」(一一二頁)、「源の流も久くなりぬる上に、正路をふむべき一はしを心ざしてしるし侍るなり」(一二五頁)、「神皇正統のよこしまなるまじき理を申のべて、素意の末をもあらはさまほしくて、しゐてしるしつけ侍るなり」(一八九頁)と。親房は元元集巻五神器伝授篇に「為ㇾ撃二愚蒙一重以広ㇾ之」と言い、竜門文庫本神皇正統記には「今注《シ》侍《シハ》専《ラ》皇統《ノ》タヽシク御座《ノ》故《ヲ》明《メテ》末世《ノ》䟽カナル類《ニモ》令悟為《ナレハ》神皇正統記名《ト》付《ケル》侍」(䟽の字体明瞭さを欠く。一度書いた上をなぞったと認められるが、恐らく伝写の際もとの本の字体が不明瞭であったのであろう。䟽と読めるが、䟽は疎の謌字で疏と同じく、いずれも「おろそか」と読んでよい)とある。童蒙も愚蒙も疎かなる類も筆のあやである。特定の人物をさすものでなく、シナの童蒙訓、わが国の童蒙頌韻、和歌童蒙抄などの語が示す通り、その用例の出典は易経の「匪㆔我求㆓童蒙㆒。童蒙求㆑我」にあるとしても、親房から見れば、「家塾訓課」「初心者むき」「思慮いまだ不十分なもの」の意で使用したものであろう。同じ親房の著職原鈔の奥書には「為㆑示㆓于初心㆒」二十一社記の奥書には「或人尋㆓問之㆒、大概記録畢」とあるのと同じく、吉野朝廷に参じ自分の意志を継承してほしい後進に対する呼びかけの称であって同志意識に発するものと見てはどうか。父として、顕家への追慕供養、同時に後に続く顕信・顕時・顕雄等の子に期待する家訓の書であり、剣を筆に代えたのではなく剣と筆とを両手にもってからだごとで言い残したものである。

　最近神皇正統記は結城親朝に書き与えたものとする説がある。岩波日本古典文学大系本神皇正統記に添付された月報所載の松本新八郎氏論文では「童蒙」は結城親朝を指すとする。日本の名著九「北畠親房」の著者永原慶二氏はその解説において松本説を支持し新説を裏づける材料をあげ、職原鈔をもおそらく親朝に贈ったものとしている。官職と家柄・勲功との関係、恩賞を乱してはならないことを親朝に訓諭しようとしたと判断したための新説と考えられる。

私は前述の奥書の「示」「不図」「展転書写之輩」「驚」「以前披覧之人」につき改めて論及する。親房の神皇正統記の用字用語はきびしい一面をもっている。「輩」と「人」とは厳密に区別して用いられている。「輩」は本文中に二十二回使用されており、十五例は後醍醐天皇の条に集中している。「官位昇進せし輩もみな元弘元年八月よりさきのまゝにてぞありし」（一七一頁）とあるのが唯一の例外で京都に残って光厳院に仕えて昇進していた廷臣を指すもので、親房から見れば望ましくない連中である。その他の十四例は「義兵をおこす輩」（一八七頁）、「御志ある輩」（一六九・一八八頁）、「御方にまいる輩」（一六九頁）のように官軍に投じた武士を示すか、「高氏が一族ならぬ輩」（一七三頁）、「功にほこれる輩」（一八〇頁）、「身をたかくする輩」（一八三頁）のように足利方の武士を示すにしろ、全体を通じて公家に奉仕すべき輩である。これに対して「人」の用例は「都にある人々」（一七〇頁）、「本位ある人」（一七四頁）、「将相にいたる人」（一七七頁）、「職にかなひぬべき人」（一七七頁）、「奏聞する人」（一八三頁）、「さるべき人々」（一八五頁）、「実世の卿以下の人々」（一八六頁）が示す通り、武士階級よりも上位に位する廷臣を指している。正成・長年・親光・義貞は「者」であり、実世・顕季は「人」である。「輩」は「人」「者」より一段と劣るものであり、武士階級を自分より低級なものとする発想による呼称である。しかも「以前披覧之人」とあるのは、武士ならぬ選ばれた、親房と同類の公卿階級を示している。それらが「以前」に読んだとするのはそれこそ先ず読んでほしかった人々であったはずである。その神皇正統記が「不レ図」も東国の武士達の間でも展転と書写されたのである。したがって「驚」いたのである。

延元四年秋神皇正統記が執筆されていた頃はやや平静を保って戦いの止んでいた時であるが、それにしても心血をそそいで文筆を揮って一本を書きあげると言うことは並大抵の業ではない。使命の重きを自覚し危機意識に立つが故にする格別の営みである。親房のみずから書いた貴重本を親朝に贈ったとは考えられない。期待はもっと高い次元のところにある。(岩佐正、神皇正統記伝本考、広島大学文学部国文学攷三十五号)

神皇正統記はいかに受容されたか

神皇正統記は成立後どのように取り扱われたか。正統記は当代に強力に訴える書である以上読者はこれに敏感に反応するにちがいない。その読者には三つの部類を考えうる。一は南朝人、二は北朝人、三は後世の人々である。南朝人にとっては正統記はおのれの正統を高揚する精神的なかてであり、これに親しむことによってその信念につちかい活動力の根源としたであろう。北朝人はこの書に接して複雑な思いをしたであろう。その言うところに内心では賛意と共感を覚えるにしても、足利幕府体制の下にあるものとしては、高氏を「功もなく徳もなきぬす人」(一九〇頁)と断じ、後醍醐天皇の御怨念によってもその滅亡近きを確信をもって絶叫する、この書の説く執念の前には恐しさを感じたにちがいない。かくして時の経過と共に北朝人の手で正統記の本文に対する加筆削除変更が行なわれはじめた。その良い例は白本・脇本等の巻末に見られる北朝系譜の記入、花園院・後村上天皇の条の補筆、補注の「人」一一に見る数々の改ざんであり、刈本・天村本・静本等が第九十二代後伏見院の条は一行のみで、以下全文を欠いていることに見られる。山田孝雄、神皇正統記述義附録(七四〇頁)はこのことにふれて「この本に(注、清家本のこと)、後伏見院のはじめを記して以下を記さざるは如何なる理由なるか。今にしてこれを知るを得ざる次第なれど、これにつき考へらるべき事情は二あるべし」とし、「一は以下が原本に欠けてなかりしか、一は以下が錯乱ありて、書きつづくるに堪へざりしか、この両者の一を出でざるべし」と論じている。後者の論拠は薄弱と言うべく、それ程錯乱のある伝本も見当らず、また書写するものが錯乱ありとしてみずから中止することは考えられにくく、むしろ書写の際の原本がこれ以後を欠いた残闕本であったと認める他にない。要はなぜそうした原本を生じたかである。私はこれを北朝人の意識的な作為に基づくものと断定したい。刈本は後伏見院の条に次のような皇統系図を記載している。

土御門二子
○後嵯峨
- 八十八 後深草（持明院ト号）— 九十一 伏見
  - 九十二 後伏見（北朝）
    - 九十六 光厳
      - 九十八 崇光 — 栄仁 — 貞成 — 百三 後花園 — 百四 後土御門
      - 九十九 後光厳 — 百 後円融 — 百一 後小松 — 百二 称光
    - 九十七 光明
  - 九十四 花園
- 八十九 亀山（大覚寺殿ト号）— 九十 後宇多
  - 九十三 後二条
  - 九十五 後醍醐（南朝）— 二 後村上 — 三 長慶 — 四 後亀山

しかも後伏見院の右に傍書して「南朝紀伝ニ曰、延文元年三月二十八日持明院上皇（注、後伏見院）院宣ヲ尊氏ニ賜ル。五月二十五日楠兄弟湊川ニテ討死ス。王代一覧ニ後伏見院ヨリ尊氏ニ院宣ヲタマフ」とある。高氏が院宣を拝したのは延元三年（一三三八）二月九州へ敗走の途次光厳院からで、この記載と異なるが、正統記にさかしらな手を入れた北朝人のあるものが考えついた結果、足利幕府の正当性は院宣拝受につながり、時の北朝系の天皇が正統であり、それは後伏見院につながる以上、後村上天皇以下は皇統から除外して、南朝二・三・四代とせざるを得なかったのであろう。このことは国会図書館本が第九十六代光厳院を立て「後村上天皇諱ハ、義良、第九十六代五十世ト云。是ハ南方偽主ノ御事ナリ。当朝日嗣ニハ加ヘタテマツラズ」とするのと一致するものである。後伏見院の第一子が光厳院、その院宣によって高氏は、朝敵の汚名を逃れて幕府を開きえたことを徳として、持明院統の正当性を主張すると共に、自己に不都合な歴史的事実を抹消して、神皇正統記は後伏見院をもって終るものとする、姑息な自衛手段を講じた結果と見るべきである。現存する伝本の性格はこうした意識的な作為の有無によって二大別しうるが（詳細は岩佐正、神皇正統記伝本考、広島大学文学部国文学攷三十五号）、この傾向を一層高度にしたものが続神皇正統記の出現である。神習文庫所蔵本には「正統続記」(北朝正統記)とあり、史料編纂所謄写本には「神皇正統記追加」とあり、天理図書館本続神皇正統記によると題簽に「神皇正統記追加 文明写本 全」とし、奥書に「神皇正統記至二後醍醐院一全部也。光厳院以来継嗣大概加二載之一。為レ備二老後之忽忘一也。敢不レ及二外見一矣。散位小槻判」としている。第九十六代を光厳院、第九十七代後醍醐院重祚、第九十八代光明院、第九十九代崇光院、第百代後光厳院、第百一代後円融院、第百二代後小松院、第百三代称光院、第百四代後花園院と列示して、漢字平仮名交り文で治世間のことどもを羅列している。その文章・思想・構想において神皇正統記とは比較にならない。塩尻の著者天野信景はこの著述を難じて、宝永五年(一七〇八)十一月続神皇正統記考を著わし、その弁続神皇正統記中に「続記の作者世にへつらひけるにや正統の名分みだれ侍る。是も季世学廃れて道なき時の故なり」とし、改正続神皇正統記を書いてその誤りを訂正した。第九十六代後村上院の条は神皇正統記よりも事細かにその治世の事蹟を述べ第九十七代後亀山院及び第九十八代に後小松院をたて、南北朝合一の成立した事実に即して北朝を「明徳三年壬申以来正統也」とした。世に南北朝の抗争とか対立とかいうけれども、詳細に観察すれば、吉野朝廷に対する足利氏を中心とする武士団の興起と幕府政治開設につらなる乱世と見る方が正しい。吉野朝廷と京都の皇室、吉野の公卿と京方の公卿とが正面切って闘争したのではない。時代の大きな転換のさ中に処して、双方ともに心ならずも時代の激流に流されたのである。南北朝合一後親房が特に高く評価されたのは、その生涯を貫く生活態度と神皇正統記をはじめその著書の徳の然らしめるところであろうが、その底流にこうした両朝の親近性のあったことは見逃しえない。続神皇正統記の著者さえ「抑此記は北畠准后親房卿当朝までも准后の号ゆるされしなり南朝の寵臣として録出せり」と述べ、三条西実枝《さねえ》は三内口《さんないく》訣《けつ》に「一親房卿事。於二南朝一昇進之人一切不レ用レ之候。然処此親房卿計北畠准后天下称レ之候。御家規模無二比類一事候。広才博覧所二世之推一候」と称揚し、親房の子孫が足利将軍の世にも歴代伊勢国司を世襲し公卿としての地位を永く保っていたことを偉としている。

中御門宣胤《のぶたね》卿記文明十三年（一四八一）二月五日の条に「自二内裏一神皇正統記令二書写一可レ進之由被二仰下一。（中略）次参内。今日被二仰下一御双紙書様不審事、以二言国朝臣一申入了」と見え、同三月八日「神皇正統記今日書了」、その上巻を翌九日勾当内侍を経て進入、中巻を四月四日に下巻を六月四日侍従中納言をもって進上している。「一身早速ニ書写叡慮之旨被二仰下一。（中略）今日所進正統記被レ出レ之。余与二為広卿一令二校合一」とあるが、時の天皇は後土御門天皇である。三条西実隆《さねたか》公記にも「神皇正統記三冊、全部沽却之本召二置之一。自愛者也」（明応五年（一四九六）十二月三日の条）、「神皇正統記三冊、愚本久親王御方被三召二置之一。宗祇法師一覧大切之由所望之間、申出二遣之一了」（同六年（一四九七）十一月二十七日）とある。公卿・僧侶などの間にも広く書写珍重されたものと認められる。また法隆寺所蔵本に、聖徳太子御憲法玄恵《げんえ》註抄二巻がある。親房の宋学の師独清軒玄恵法印が十七個条にそれぞれ注を加え、ある後人が更に細注を施したものである。神皇正統記と明記してその本文を引用した個所九、「又或説ニハ」とはあるが天竺開闢説の部分を長々とあげている。長禄二年（一四五八）阿闍梨祐成《ゆうせい》の筆になる霊安寺御霊大明神縁起に、神皇正統記桓武天皇の条を引用して論を進めているが、本文の記事と相当な開きがあるが異本系統のおもかげを残すというよりも摘記と見たい。善隣国宝記三巻は文正元年（一四六六）八月十日、泉南臥《が》雲《うん》山人周鳳《しゅうほう》の作であるが、周鳳はその序に「今録二両国相通之事一、先当レ令下人知中吾国為二神国一之由上。故述二十一二一耳。此皆神皇正統記中所レ載也。其記過半倭字、今改作二漢字一矣」と述べ、神皇正統記の冒頭の神代の部分を詳述し、「捨レ近取レ遠」の愚をいましめ神皇正統記をも学ぶべきことを指示し、垂仁天皇・応神天皇・欽明天皇・後宇多院の条を抄出している。周鳳の日記臥雲日件録の寛正六年(一四六五)乙酉六月十二日の条に「常忠居士(外記清原業忠)来。茶話数刻。予問下製二神皇正統一之人上。曰名士也。久我之族源氏。名曰二親房一。後出家至二于准后一」、文正元年(一四六六)丙戌七月十二日の条には「又後醍醐天皇代、有二宣房定房親房一云々。親房乃今伊勢飛驒国司之先也。神皇正統記此人作也」とある。尊敬をもって遇しており神皇正統記が尊重されていたことがわかる。一条兼良《かねよし》は親房の学説に私淑した人であるが、その著尺素往来《せきそおうらい》に、玄恵法印の議に付して資治通鑑《つがん》・宋朝通鑑等の伝授を受けている多数の中で「特ニ北畠入道准后被レ得二蘊奥一云々」と賞讃している。

江戸時代に入ると現存の伝本の半数近くが書写されている。武士や僧侶の求めによるものが多い。水戸の大日本史編纂の思想の根底には神皇正統記の存在が大きく作用している。大日本史巻三列伝源親房伝には関城書《せきじょうしょ》を全文掲げて、親房を礼讃し「方三帝即二位行在一、親房深嘆二中興不レ終皇統垂レ絶、乃推二本皇祖建国之意一著二神皇正統記一。上起二于神代一終二于興国初一、揚二皇統於已微一以明二神器之有レ帰。其明レ微扶レ正誠有レ合二于春秋遺旨一云」と評している。神皇正統記が大日本史と結びついたことはやがて神皇正統記が神典として認められる根拠となり、山鹿素行《やまがそこう》の中朝事実に頼《らい》山陽の日本外史・日本政記に、と及び、明治維新の業に大きく浮かび上がってくるのである。新井白石《はくせき》は読史余論において、後醍醐天皇の重祚説をとりながら全巻にわたって神皇正統記の本文を援用してその論を進めている。こうした場合江戸幕府政治を擁護するために頼朝・泰時の善政論が多用される傾向があることは興味のあることである。室鳩巣《むろきゅうそう》は駿台雑話巻三「士の節義」の条に、義朝が父為義を殺した論に及び、「但此事は北畠親房の神皇正統記の論正しうして、最理にあたれり。此事の断案とも言ふべし。正統記にいへるは」として、二条院の条の論を引用し、その最後に「此時代是程正しき議論あるを聞かず。さすが親房南朝の耆老とて此見識ある程に此議論もあるぞかし」と評している。その他随筆・史書等で神皇正統記に部分的に言及したり引用したものは数多く、しかもそれは後世の史論の根拠あるいは規範とされたものに相違ないけれども本文校訂上にはこれら引用文はたいして力とはならない。板本として刊行されたのは慶安二年(一六四九)版の神皇正統紀六冊と群書類従板本の二種類しかなく、注釈書としては慶応二年(一八六六)九月上梓された藤原(川喜多)真彦の評註校訂神皇正統記があるに過ぎない。この書は慶安二年版を他の伝本により校合、頭注として諸家の説を漢文体で付したものである。

なお一言すれば、室町中期以後江戸時代にかけて神皇正統記よりも職原鈔の方が目立って研究され、親房学の隆盛さを見うる。岩波国書総目録によれば伝本も八十種近く見え、刊本は慶長四年(一五九九)勅版古活字版をはじめ慶長元和年間版・正保二年(一六四五)版・万治二年(一六五九)版・延宝七年(一六七九)版・延享四年(一七四七)版・文政七年(一八二四)版・刊行年不明版の多きを数え、注釈書・研究書にいたっては百五十種を越すほどである。

神皇正統後記は国会図書館蔵本。五巻五冊、巻頭に神皇正統後記（遺稿藍渠平景惇復初稿 讃岐国隠士男藍永平景紹訂正）とあり、「平氏文庫」の蔵書印がある。この神皇正統後記は「歴朝要紀」編集の副産物として成立したもので、まず歴朝要紀について説明する。歴朝要紀の原著者は前記の平景惇《けいじゅん》である。景惇は姓梶原号は藍渠字は復初。その祖は梶原平三景時、永く播州高砂に住んだが追われて阿波を経て讃岐に移住。藍渠は若くして詩書画をよくし寛政の頃、帝王編年の国史編集を志し度々上洛、公卿の家に出入して草稿起草に着手した。高松藩は水戸藩と重々の姻戚関係にあり、始祖松平頼重は水戸の頼房の長子、常陸下館五万石から高松十二万石の主となる。第二代松平頼常の父は光圀、第三代松平頼豊の子完堯は水戸第六代を継ぎ、歴朝要紀の業を藩の事業として取りあげた第八代松平頼恕は水戸の治紀の二男。第五代松平頼恭は宗藩水戸の大日本史が南北朝合一後のことに及ばなかったのを憾み続修の志あり、後藤芝山に命じて準備を進めたが中途で没し中絶した。頼恕は父祖の遺業を継承しようとして、たまたま藍渠の稿本を天保三年(一八三二)七月入手、その完成を目指して藍渠を十分にとり立て、藩士のうちから和漢の学者を指し加えて校訂を開始した。藍渠は天保五年四月没したので第四子藍永を起用、天保六年四月城内西の丸に史局考信閣を建て、総裁・博士・佐官・有司の四職二十八名をもって組織し、有司の一人として藍永も訂補修刪にあたった。歴朝要紀には三つの系統本がある。一は天保十年(一八三九)五月光格上皇・仁孝天皇に献上した後醍醐天皇紀二十三本を含む第一の校訂本、二は孝明天皇の勅によって奉った際の校訂本、三は明治初年元田永孚の召に応じて藍永自身が家伝の手沢本に訂正を加えて差し出したものである。神皇正統後記五巻五冊はこの歴朝要紀稿本作成の業の発展として南朝の正統性を宣揚するために執筆したが、稿本のまま遺稿として家に伝えられていたものを幕末明治初年の間に藍永が訂正加筆したものである。第一巻は序文・引用書目表と延元四年(一三三九)八月から正平二年(一三四七)十一月までの本文五十枚、第二巻は正平三年(一三四八)一月から正平七年(一三五二)十二月までの本文五十三枚、第三巻は正平八年(一三五三)一月から正平二十三年(一三六八)四月まで(後村上天皇崩御に伴う後記を含む)の本文七十一枚、第四巻は正平二十三年三月から天授四年(一三七八)十二月までの本文五十枚、第五巻は天授五年(一三七九)一月から南北朝合一の元中九年(一三九二)閏十月(後亀山天皇崩御に関することどもの後年の部分を追加)までの本文四十八枚からなる。次に神皇正統後記の内容について論じてみよう。A「今按」として、記載された事実に対して参考意見考証所見を加えたところ二十四個所、B特に太平記の記事の疑わしさや虚飾虚誕を指摘したところ十個所、C史実に対し批判を加え主張を述べ感慨を述べたところ七個所、D頭注あるいは別注して正誤を考証し意見を付したところ八個所となっている。このうちC項は神皇正統後記著述の意義と深く関連し、この書の性格価値と相わたる面が多い。(詳細は岩佐正、神皇正統後記、広島大学文学部国文学攷五十号)

明治時代になると職原鈔に代わって神皇正統記が花々しく登場する。明治二十四年頃から校訂・評注・講義式の神皇正統記が中等学校の教科書として徒然草と共に数多く出版された(詳細は岩波日本古典文学大系本神皇正統記解説、参考文献の項参照)。このことと関連する重修神皇正統記について一言する。

重修神皇正統記は神皇正統後記と共に出版には至らなくて、天理図書館に一本、その草稿本ともいうべきものが丸山季夫氏の許に所蔵されている。天理図書館本は三巻三冊。飯田武郷・栗田寛・丸山作楽三氏の校合書入れ本で、上巻の本文は丸山正彦筆、朱字訂正は丸山作楽である旨の丸山季夫氏の鑑定がついている。上中下三巻漢字片仮名交り十行本、中巻の奥書に

明治二十三年七月十四日與皇典講究所重修本校勘了。明治二十三年七月二十九日與白山本校合了。九月三十日原本ト校鑑了。十月二十日写シ終ハル

と見えているが、ここの原本は神皇正統記のある一伝本を指すものでなく、次に述べるこの重修本の草稿原本とも言うべき、丸山季夫氏蔵の一本を意味しているのである。丸山季夫氏は前記の丸山作楽の養嗣子丸山正彦の嗣子にあたられる。私は同氏の御厚意によってその草稿本をフィルムに収めることを許されたので、まずこの草稿本について一言する。

この書は木版本神皇正統記(群書類従本二十九上)に修補を試みたものであるが、巻末に「明治

十二年十二月二十一日得之於小川町書肆・価二十銭。此月十九日辱叙従七位。小石川区長内藤耻叟　時年五十三」とあり、続いて「別本重修神皇正統記(蔵弘文荘)は飯田武郷・栗田寛・丸山作楽の校合本なり。上巻は正彦の書写本にして巻末に明治二十三年七月十四日(以下前記の天理本重修神皇正統記の上巻の奥書と同文)とあり」と見え、最後に「栗田・内藤・井上・武笠及先大人相議りて本書を訂正重修せんとて各〻朱訂せられたるは此の書なり。まことに珍蔵すべきものぞ。明治三十六年十二月十三日　丸山正彦しるす」とある。この巻末に呼応して巻頭には「栗田・内藤・井上・武笠・先人　各大人自筆書入本　丸山正彦記」と見え、次の紙には「栗田寛・内藤耻叟・井上頼圀・丸山作楽・武笠昌蔵大人修補　丸山正彦註釈」とある。これら六人に共通していることの一つは、皇典講究所の講師であるか、講究所の月例講演集に論説を発表するとかで、この方面に志を同じくする人々であることである。皇典講究所は明治十五年九月有栖川宮熾仁親王を総裁として創設されたが、十一月四日の開黌式に親王が「凡学問ノ道ハ本ヲ立ルヨリ大ナルハ莫シ。故ニ国体ヲ講明シ、以テ立国ノ基礎ヲ鞏クシ、徳性ヲ涵養シテ、以テ人生ノ本分ヲ尽スハ、百世易フベカラザル典則ナリ。而シテ世或ハ此ニ暗シ。是本黌ノ設立ヲ要スル所以ナり」(国学院大学七十年史一六・一七頁)と告諭しておられるように、明治初年以来の欧化万能思想からめざめて、日本古来の伝統にかんがみ次第に国家主義的な日本主義への道を歩もうとしていた時代の機運に沿って創設をみたものである。この動きは、明治十五年、時の総理加藤弘之が、時世をあげて欧米文化の輸入に汲々として固有の学問が漸く衰えようとするのを是正しようとして、東京大学に修業年限三年の古典講習科を五月三十日新設したこと、皇大神宮祭主久邇宮朝彦親王の告諭によって神宮皇学館が九月一日、神官の養成と国体の顕揚を志して開校したこと(後に内務省所管)、同じ年に元田永孚の幼学綱要が宮内省刊として出たことなどとも相通ずる。

天理本重修神皇正統記に見られる削除をあげると、開題・神代の条の削除は大系本神皇正統記で四三八行のうち一一九行の多きに及んでおり、その削除は四つの立場から行なわれた。国史の教科書的な性格から、なるべく純粋に日本的な記事を中心にするために、シナ・インドの開闢説話をけずり、次に仏教儒教等内外典に関する記事を、三に親房の信奉した度会神道説を、四に神代五代の年序に関するものを削除した(百王説など日本に存在する根拠なしとする立場からかその部分は完全に削除している)。この四つの立場のうち前の三つは人皇の部分にも適用されている。その結果本文の削除五十二個所、補訂百十八個所(裏書は七個所全部削除)に及んでいる。補訂の多くは、補注「天」一七にあげた項目の8と9との間に「コノ天皇云々」として治世間の重要事項を加え、6から9にかけて、「此ノ御時」「此ノ御代」「是時」などとして、その治世の紀年の前中後にかかわらず治世全体としての重大な史や論を補ったものである。神皇正統記成立後から北朝人による改ざんが後醍醐天皇の条に集中しているのに対して、重修本では後醍醐天皇の条では「天子灌頂」の一項を除いているだけであってその態度に微妙な差異がある。

これを要するに数年に亙って多数の人々が重修本作成に努力したが、こうしたさかしらは古典を冒瀆するものであって、その試みは全く失敗に終ってしまった。ちなみに重修とは興国四年秋の親房の修訂をふまえた意味の重修である。

古典は古典として万人に正しく読まれることを欲している。時代により読者により、それが何等かの特殊な意図をもって、都合よく部分を誇張したり全体が色めがねをもって曲げられてはならない。それは古典の卑小化であり古典の生命を害うものである。この前後二度に亙る神皇正統記に対する改ざん・重修は親房の神皇正統記を幻想の神皇正統記とするものであり、それが個人の思い上がりの試みでなく、その背後にそうさせざるを得なかった時勢の存在していたことを認めるとするも、どのみち神皇正統記としては最大の不幸であった。皇典とか神典とかの与えられた名のもとではなく、日本の古典として広く正しく静かに読まれるべきものと思う。

注釈書としては山田孝雄著神皇正統記述義(昭和七年刊)を白眉とし、大町桂月著神皇正統記評釈(大正十四年刊)・大塚龍夫著神皇正統記新講(昭和八年刊)・小林一郎著神皇正統記(皇国精神講座本・昭和十七年刊)、口訳本には神皇正統記(文部省編・昭和九年刊)・永原慶二編集北畠親房(日本の名著第九巻・昭和四十六年刊)。頭注本としては、村上寛著頭注神皇正統記(大正二年刊)をはじめとして数多い。岩波日本古典文学大系本神皇正統記(昭和四十年刊)もある。

この文庫本の底本は京都下御霊社出雲路敬直氏所蔵本である。底本は縦二九センチメートル横二七センチメートル、袋とじ、天地人全三冊箱入本。一枚目の本文の右下に「下御霊社蔵」、上欄に「出雲寺」の角印があるが、先きの神主敬豊氏は室町期の写本の由を申されたが、すみながし等から見て江戸の初期ごろのものと認められる。

神皇正統記の伝本は岩波国書総目録に列挙してあるが、真福寺(室町末期写四冊)とあるのは神皇正統録であって正統記ではない。なお新しく京都高橋貞一所蔵本を拝見しえた。漢字片仮名交り十二行本。国会図書館本・竹中本と同系統。東大図書館に栗山潜鋒書入れ本がある。水戸青山氏蔵印が神皇正統記巻之一目録 栗山潜鋒遺本 の下にある。慶安二年版に朱字をもって書き入れたものであるが、第五十八代の終り四行目から第六十二代の終りまでは版本の本文を欠き別の書入れ本となっている。伝本についての詳細は、山田孝雄、神皇正統記諸本解説略(述義附録)・平泉澄、神皇正統記諸本の研究・岩佐正、神皇正統記伝本考等を参照されたい。

結びのことば

神皇正統記の構成を見ると、序論と神代の部及び後醍醐天皇の条に最も力点がおかれている。特に後醍醐天皇の条が、史・論の総まとめとなっていることは、その信任を辱うして遺託に酬いようとする、親房にしてみれば当然の配慮であろう。全体の一四パーセント、人皇の部としては一七パーセントの多きを占めている。親房は神皇正統記において、日本の歴史の跡をたどるよりもその歴史の中に歴史そのものを読みとろうとした。今日を歴史の中に中今《なかいま》と洞見しそれは未来に正しく実現されるものと信じた。その結果神代と今日とは時間的制約を越えて直結するものと確信し、その正統の正理を強調した。ために神代の条では天竺・震旦・本朝との比較論を展開し、詳細を極めた。その後の歴代については、その治世の列次に従って史と論とを互に交錯させながら、随所に国体・神器・皇統・臣節・恩賞・政治・学問・神道・仏教・儒教等万般に亙って説いているが、すべては後醍醐天皇の条への伏線ともみるべきものであって、部分的にくりかえされたものがここに結論的に集中されている。全巻を貫く精神は、神国の実はその生成・継承において神意の発現とそのおのずからの展開にあり、有徳な天皇が神器を奉じて神器に表象される仁政を行ない、血脈正しく、学才あり職分と秩序を重んずる廷臣が輔佐分掌し、武士はその下にあって忠を致し、農工商の人民はそれぞれの業に専念する。そこに日本の優秀性と永遠性が存するものとする。その今日の神国顕現者としての新帝の弥栄を念じて第九十六代を最後として巻を閉じているると見るべきである。史実の細部については多少の誤りもあり、その論の構成に神・仏・儒思想の調和と統一をはかりながら、貴種主義尊重におちいり、度会神道説に深入りして部分的には矛盾と破綻のあとを残している。しかし稀に見る該博な知識と異常な体験と国を思う至情に昇華して成ったものであって、和歌の新葉和歌集と共に史・論の神皇正統記は吉野朝文学の双璧として、公家文化の最後の夕映えとして思いのたけを咲きにおったものと言うべきであろう。

病床に横たわる親房を賀名生に残して、南朝の人々は後村上天皇を奉じて吉野へ移って行った。生を終ろうとするその親房の脳裏に去来したものは、何等悔いのない生涯への追想と、後に残るものに対する無限の期待と個人の現身としてのはかなさであったろうか。


今この稿の成るにあたり、筆を改めて一言したい。文庫本の底本として御所蔵の貴重本の使用を許して下さった出雲路敬豊・敬直氏に対し厚く御礼を申し述べるものである。文庫本神皇正統記は昭和九年山田孝雄先生の校訂本として出版された。今回はからずも私がその跡を追って文庫本として出版することになった。山田先生には文庫本新葉和歌集執筆に際しご芳情に浴した。また ご令息山田忠雄さんには大系本執筆の昔から、いまも変わらぬご親切をいただき、貴重な資料や好意あるご助言を得ている。お二人に対して満腔の謝意を申し上げる。

資料収集・図書閲覧について、在職中とかわらず便宜を与えて下さった広島大学付属図書館の方々特に参考係の鎌倉・森岡・橋本事務官、いろいろと便宜をはかって下さった広島文教女子大学の武田ミキ学長、勝亦章君、岩波書店の山鹿太郎・永見洋・樫村志郎・栗田玲子のお四方にも感謝の意を表したい。

昭和五十年十月二十二日、三年前の次女恭子のことをしのびつつ

岩　佐　正

神皇正統記《じんのうしようとうき》

1975 年 11 月 17 日　第 1 刷発行 ©
2024 年 8 月 26 日　第 21 刷発行

校注者　岩《いわ》佐《さ》 正《まさし》

発行者　坂本政謙

発行所　株式会社 岩波書店
〒101-8002 東京都千代田区一ツ橋 2-5-5
案内 03-5210-4000　営業部 03-5210-4111
文庫編集部 03-5210-4051
https://www.iwanami.co.jp/

印刷・精興社　製本・牧製本

ISBN 978-4-00-301161-4　Printed in Japan

読書子に寄す

――岩波文庫発刊に際して――

岩波茂雄

真理は万人によって求められることを自ら欲し、芸術は万人によって愛されることを自ら望む。かつては民を愚昧ならしめるために学芸が最も狭き堂宇に閉鎖されたことがあった。今や知識と美とを特権階級の独占より奪い返すことはつねに進取的なる民衆の切実なる要求である。岩波文庫はこの要求に応じそれに励まされて生まれた。それは生命ある不朽の書を少数者の書斎と研究室とより解放して街頭にくまなく立たしめ民衆に伍せしめるであろう。近時大量生産予約出版の流行を見る。その広告宣伝の狂態はしばらくおくも、後代にのこすと誇称する全集がその編集に万全の用意をなしたるか。千古の典籍の翻訳企図に敬虔の態度を欠かざりしか。さらに分売を許さず読者を繫縛して数十冊を強うるがごとき、はたしてその揚言する学芸解放のゆえんなりや。吾人は天下の名士の声に和してこれを推挙するに躊躇するものである。このときにあたって、岩波書店は自己の責務のいよいよ重大なるを思い、従来の方針の徹底を期するため、すでに十数年以前より志して来た計画を慎重審議この際断然実行することにした。吾人は範をかのレクラム文庫にとり、古今東西にわたって文芸・哲学・社会科学・自然科学等種類のいかんを問わず、いやしくも万人の必読すべき真に古典的価値ある書をきわめて簡易なる形式において逐次刊行し、あらゆる人間に須要なる生活向上の資料、生活批判の原理を提供せんと欲する。この文庫は予約出版の方法を排したるがゆえに、読者は自己の欲する時に自己の欲する書物を各個に自由に選択することができる。携帯に便にして価格の低きを最主とするがゆえに、外観を顧みざるも内容に至っては厳選最も力を尽くし、従来の岩波出版物の特色をますます発揮せしめようとする。この計画たるや世間の一時の投機的なるものと異なり、永遠の事業として吾人は微力を傾倒し、あらゆる犠牲を忍んで今後永久に継続発展せしめ、もって文庫の使命を遺憾なく果たさしめることを期する。芸術を愛し知識を求むる士の自ら進んでこの挙に参加し、希望と忠言とを寄せられることは吾人の熱望するところである。その性質上経済的には最も困難多きこの事業にあえて当たらんとする吾人の志を諒として、その達成のため世の読書子とのうるわしき共同を期待する。

昭和二年七月

《日本文学（古典）》〔黄〕

古事記　倉野憲司校注
日本書紀　全五冊　坂本太郎・家永三郎・井上光貞・大野晋校注
万葉集　全五冊　佐竹昭広・山田英雄・工藤力男・大谷雅夫・山崎福之校注
竹取物語　阪倉篤義校訂
伊勢物語　大津有一校注
玉造小町子壮衰書 ―小野小町物語　杤尾武校注
古今和歌集　佐伯梅友校注
土左日記　紀貫之　鈴木知太郎校注
蜻蛉日記　今西祐一郎校注
紫式部日記　池田亀鑑・秋山虔校注
紫式部集 付 大弐三位集・藤原惟規集　紫式部　南波浩校注
源氏物語　全九冊　柳井滋・室伏信助・大朝雄二・鈴木日出男・藤井貞和・今西祐一郎校注
源氏物語補作 山路の露・雲隠六帖 他二篇　今西祐一郎編注
枕草子　池田亀鑑校訂
和泉式部日記　清水文雄校注
更級日記　西下経一校注

今昔物語集　全四冊　池上洵一編
堤中納言物語　大槻修校注
西行全歌集　久保田淳・吉野朋美校注
建礼門院右京大夫集 付 平家公達草紙　久松潜一・久保田淳校注
拾遺和歌集　小町谷照彦・倉田実校注
後拾遺和歌集　久保田淳・平田喜信校注
金葉和歌集　川村晃生・柏木由夫・伊倉史人校注
詞花和歌集　工藤重矩校注
古語拾遺　斎部広成撰　西宮一民校注
王朝漢詩選　小島憲之編
新訂 方丈記　市古貞次校注
新訂 新古今和歌集　佐佐木信綱校訂
新訂 徒然草　西尾実・安良岡康作校注
平家物語　全四冊　梶原正昭・山下宏明校注
神皇正統記　北畠親房　岩佐正校注
御伽草子　全二冊　市古貞次校注
王朝秀歌選　樋口芳麻呂校注

定家八代抄 ―続王朝秀歌選　全二冊　樋口芳麻呂・後藤重郎校注
閑吟集　真鍋昌弘校注
中世なぞなぞ集　鈴木棠三編
千載和歌集　久保田淳校注
謡曲選集 読む能の本　野上豊一郎編
おもろさうし　外間守善校注
太平記　全六冊　兵藤裕己校注
好色一代男　井原西鶴　横山重校訂
好色五人女　井原西鶴　東明雅校註
武道伝来記　井原西鶴　横山重・前田金五郎校注
西鶴文反古　井原西鶴　片岡良一校訂
芭蕉紀行文集 付 嵯峨日記　中村俊定校注
芭蕉おくのほそ道 付 曾良旅日記・奥細道菅菰抄　萩原恭男校注
芭蕉俳句集　中村俊定校注
芭蕉連句集　中村俊定・萩原恭男校注
芭蕉書簡集　萩原恭男校注
芭蕉文集　潁原退蔵編註

芭蕉俳文集 全二冊 — 堀切実編注

芭蕉自筆 奥の細道 — 上野洋三・櫻井武次郎校注

蕪村俳句集 付 春風馬堤曲 他二篇 — 尾形仂校注

蕪村七部集 — 伊藤松宇校訂

近世畸人伝 — 伴蒿蹊 森銑三校註

雨月物語 — 上田秋成 長島弘明校注

宇下人言 修行録 — 松平定信 松平定光校訂

新訂 一茶俳句集 — 丸山一彦校注

一茶 父の終焉日記・おらが春 他一篇 — 矢羽勝幸校注

増補 俳諧歳時記栞草 全二冊 — 曲亭馬琴編 藍亭青藍補 堀切実校注

北越雪譜 — 鈴木牧之編撰 京山人百樹刪定 岡田武松校訂

東海道中膝栗毛 全二冊 — 十返舎一九 麻生磯次校注

浮世床 — 式亭三馬 和田万吉校訂

梅暦 全二冊 — 為永春水 古川久校訂

百人一首一夕話 全二冊 — 尾崎雅嘉 古川久校訂

こぶとり爺さん・かちかち山 —日本の昔ばなしI — 関敬吾編

桃太郎・舌きり雀・花さか爺 —日本の昔ばなしII — 関敬吾編

一寸法師・さるかに合戦・浦島太郎 —日本の昔ばなしIII — 関敬吾編

芭蕉臨終記 花屋日記 付 芭蕉翁終焉記・前後日記・行状記 — 小宮豊隆校訂

醒睡笑 全二冊 — 安楽庵策伝 鈴木棠三校注

歌舞伎十八番の内 勧進帳 — 郡司正勝校注

江戸怪談集 全三冊 — 高田衛編・校注

柳多留名句選 — 山澤英雄選 粕谷宏紀校注

松蔭日記 — 上野洋三校注

鬼貫句選・独ごと — 復本一郎校注

井月句集 — 復本一郎編

花見車・元禄百人一句 — 雲英末雄 佐藤勝明校注

江戸漢詩選 全二冊 — 揖斐高編訳

説経節 俊徳丸・小栗判官 他三篇 — 兵藤裕己編注

《日本思想》〔青〕

風姿花伝（花伝書）　世阿弥　野上豊一郎 西尾実 校訂
五輪書　宮本武蔵　渡辺一郎 校注
葉隠 全三冊　山本常朝　和辻哲郎 古川哲史 校訂
養生訓・和俗童子訓　貝原益軒　石川謙 校訂
貝原益軒 大和俗訓　石川謙 校訂
蘭学事始　杉田玄白　緒方富雄 校註
島津斉彬言行録　牧野伸顕 序
塵劫記　吉田光由　大矢真一 校注
兵法家伝書 付 新陰流兵法目録事　柳生宗矩　渡辺一郎 校注
農業全書　宮崎安貞 編録　貝原楽軒 刪補　土屋喬雄 校訂
上宮聖徳法王帝説　東野治之 校注
霊の真柱　平田篤胤　子安宣邦 校注
仙境異聞・勝五郎再生記聞　平田篤胤　子安宣邦 校注
茶湯一会集・閑夜茶話　井伊直弼　戸田勝久 校注
西郷南洲遺訓 附 手抄言志録及遺文　山田済斎 編
文明論之概略　福沢諭吉　松沢弘陽 校注

新訂 福翁自伝　富田正文 校訂
学問のすゝめ　福沢諭吉
福沢諭吉教育論集　山住正己 編
福沢諭吉家族論集　中村敏子 編
福沢諭吉の手紙　慶應義塾 編
新島襄の手紙　同志社 編
新島襄 教育宗教論集　同志社 編
新島襄自伝 ―手記・紀行文・日記　同志社 編
植木枝盛選集　家永三郎 編
日本の下層社会　横山源之助
中江兆民 三酔人経綸問答　桑原武夫 島田虔次 訳・校注
中江兆民評論集　松永昌三 編
一年有半・続一年有半　中江兆民　井田進也 校注
憲法義解　伊藤博文　宮沢俊義 校註
日本風景論　志賀重昂　近藤信行 校訂
日本開化小史　田口卯吉　嘉治隆一 校訂
新訂 蹇蹇録 ―日清戦争外交秘録　陸奥宗光　中塚明 校注

茶の本　岡倉覚三　村岡博 訳
武士道　新渡戸稲造　矢内原忠雄 訳
新渡戸稲造論集　鈴木範久 編
キリスト信徒のなぐさめ　内村鑑三
余はいかにしてキリスト信徒となりしか　内村鑑三　鈴木範久 訳
代表的日本人　内村鑑三　鈴木範久 訳
後世への最大遺物・デンマルク国の話　内村鑑三
宗教座談　内村鑑三
ヨブ記講演　内村鑑三
足利尊氏　山路愛山
徳川家康 全二冊　山路愛山
妾の半生涯　福田英子
三十三年の夢　宮崎滔天　島田虔次 近藤秀樹 校注
善の研究　西田幾多郎
西田幾多郎哲学論集 II ―論理と生命 他四篇　上田閑照 編
西田幾多郎哲学論集 III ―自覚について 他四篇　上田閑照 編
西田幾多郎歌集　上田薫 編

西田幾多郎講演集　田中裕編
西田幾多郎書簡集　藤田正勝編
帝国主義　幸徳秋水　山泉進校注
兆民先生 他八篇　幸徳秋水　梅森直之校注
基督抹殺論　幸徳秋水
貧乏物語　河上肇　大内兵衛解題
河上肇評論集　杉原四郎編
西欧紀行 祖国を顧みて　河上肇
中国文明論集　宮崎市定　礪波護編
史記を語る　宮崎市定
中国史 全二冊　宮崎市定
大杉栄評論集　飛鳥井雅道編
女工哀史　細井和喜蔵
奴隷 —小説・女工哀史1　細井和喜蔵
工場 —小説・女工哀史2　細井和喜蔵
初版 日本資本主義発達史 全二冊　野呂栄太郎
谷中村滅亡史　荒畑寒村

遠野物語・山の人生　柳田国男
海上の道　柳田国男
野草雑記・野鳥雑記　柳田国男
孤猿随筆　柳田国男
婚姻の話　柳田国男
都市と農村　柳田国男
十二支考 全二冊　南方熊楠
津田左右吉歴史論集　今井修編
特命全権大使 米欧回覧実記 全五冊　久米邦武編　田中彰校注
日本イデオロギー論　戸坂潤
古寺巡礼　和辻哲郎
風土 —人間学的考察　和辻哲郎
イタリア古寺巡礼　和辻哲郎
倫理学 全四冊　和辻哲郎
人間の学としての倫理学　和辻哲郎
日本倫理思想史 全四冊　和辻哲郎
「いき」の構造 他二篇　九鬼周造

九鬼周造随筆集　菅野昭正編
偶然性の問題　九鬼周造
時間論 他二篇　九鬼周造　小浜善信編
田沼時代　辻善之助
パスカルにおける人間の研究　三木清
構想力の論理 全二冊　三木清
漱石詩注　吉川幸次郎
新版 きけわだつみのこえ —日本戦没学生の手記　日本戦没学生記念会編
新版 第二集 きけわだつみのこえ —日本戦没学生の手記　日本戦没学生記念会編
君たちはどう生きるか　吉野源三郎
地震・憲兵・火事・巡査　山崎今朝弥　森長英三郎編
懐旧九十年　石黒忠悳
武家の女性　山川菊栄
覚書 幕末の水戸藩　山川菊栄
忘れられた日本人　宮本常一
家郷の訓　宮本常一
大阪と堺　三浦周行　朝尾直弘編

国家と宗教 —ヨーロッパ精神史の研究　南原繁
石橋湛山評論集　松尾尊兊編
民藝四十年　柳宗悦
手仕事の日本　柳宗悦
工藝文化　柳宗悦
南無阿弥陀仏 付 心偈　柳宗悦
柳宗悦茶道論集　熊倉功夫編
雨夜譚 —渋沢栄一自伝　長幸男校注
中世の文学伝統　風巻景次郎
平塚らいてう評論集　小林登美枝・米田佐代子編
最暗黒の東京　松原岩五郎
日本の民家　今和次郎
原爆の子 —広島の少年少女のうったえ 全二冊　長田新編
暗黒日記 —一九四二—一九四五　清沢洌 山本義彦編
臨済・荘子　前田利鎌
『青鞜』女性解放論集　堀場清子編
大津事件 —ロシア皇太子大津遭難　尾佐竹猛 三谷太一郎校注

幕末遣外使節物語 —夷狄の国へ　尾佐竹猛 吉良芳恵校注
極光のかげに —シベリア俘虜記　高杉一郎
イスラーム文化 —その根柢にあるもの　井筒俊彦
意識と本質 —精神的東洋を索めて　井筒俊彦
神秘哲学 —ギリシアの部　井筒俊彦
意味の深みへ —東洋哲学の水位　井筒俊彦
コスモスとアンチコスモス 東洋哲学のために　井筒俊彦
幕末政治家　福地桜痴 佐々木潤之介校注
渡辺一夫評論選 狂気について 他二十二篇　大江健三郎・清水徹編
維新旧幕比較論　木下真弘 宮地正人校注
被差別部落一千年史　高橋貞樹 沖浦和光校注
花田清輝評論集　粉川哲夫編
英国の文学　吉田健一
中井正一評論集　長田弘編
山びこ学校　無着成恭編
考史遊記　桑原隲蔵
福沢諭吉の哲学 他六篇　丸山眞男 松沢弘陽編

政治の世界 他十篇　丸山眞男 松本礼二編注
超国家主義の論理と心理 他八篇　丸山眞男 古矢旬編
田中正造文集 全二冊　由井正臣・小松裕編
国語学史　時枝誠記
定本 育児の百科 全三冊　松田道雄
大西祝選集 哲学篇 全二冊　小坂国継編
哲学の三つの伝統 他十二篇　野田又夫
大隈重信演説談話集　早稲田大学編
大隈重信自叙伝　早稲田大学編
人生の帰趣　山崎弁栄
転回期の政治　宮沢俊義
何が私をこうさせたか —獄中手記　金子文子
明治維新　遠山茂樹
禅海一瀾講話　釈宗演
明治政治史　岡義武
転換期の大正　岡義武
山県有朋 —明治日本の象徴　岡義武

近代日本の政治家　岡義武

ニーチェの顔 他十三篇　氷上英廣　三島憲一編

伊藤野枝集　森まゆみ編

前方後円墳の時代　近藤義郎

日本の中世国家　佐藤進一

岩波茂雄伝　安倍能成